中国棉纺织行业
2017年度发展研究报告

中国棉纺织行业协会 编著

中国纺织出版社

内 容 提 要

本报告汇总了 2017 年我国棉纺织行业和上下游产业的发展状况、特点以及趋势，内容涉及棉纺织科技进步、产品创新、品牌建设、智能化制造节能减排以及企业（集群）运行等发展重点，对 2017 年行业重大事件、行业排名、企业及个人获奖情况及年度国内外统计资料等内容进行整理汇编。

本报告内容全面、有一定的分析高度，是棉纺织行业经营管理者了解掌握全年行业发展的一本重要读物，同时也可供国家宏观部门以及纺织院校有关人员阅读参考。

图书在版编目（CIP）数据

中国棉纺织行业 2017 年度发展研究报告 / 中国棉纺织行业协会编著.--北京：中国纺织出版社，2018.6

ISBN 978-7-5180-4651-5

Ⅰ.①中… Ⅱ.①中… Ⅲ.①棉纺织工业 - 工业发展 - 研究报告 - 中国 - 2017 Ⅳ.①F426.81

中国版本图书馆 CIP 数据核字（2018）第 018063 号

策划编辑：范雨昕

中国纺织出版社出版发行
地址：北京市朝阳区百子湾东里 A407 号楼　邮政编码：100124
销售电话：010-67004422　传真：010-87155801
http: //www.c-textilep.com
E-mail: faxing@c-textilep.com
中国纺织出版社天猫旗舰店
官方微博 http://weibo.com/2119887771
廊坊市子鑫印刷有限公司印刷　各地新华书店经销
2018 年 6 月第 1 版第 1 次印刷
开本:787×1092　1 / 16　印张:19.25
字数:187 千字　　定价:260.00 元

前 言

2017 年是我国纺织工业转型升级重要的一年，也是成果突显的一年，特别是在科技创新、智能制造方面有了跨越式进展，中国纺织工业正向着“科技、时尚、绿色”方向努力前行，成为实现我国纺织工业高质量发展转型之路的有力保障。

2017 年我国棉纺织行业整体运行良好，企业产销平稳，效益稳中向好，企业在技术改造、产品创新等方面的转型升级措施力度进一步加大，企业家信心较前几年明显增强。然而行业也面临着许多新形势、新特点，包括国际贸易格局复杂多变，新疆棉纺织区域发展规模基本形成，棉花调控政策面临新的改革等。

本报告旨在阐述 2017 年我国棉纺织行业发展中的重点关注的事宜，在特定的时间节点上做适当总结与归纳，以把握好当前经济发展节奏，挖掘行业发展的潜在动力。

报告从五方面展开：

1、专家论坛篇：总结纺织工业发展现状与亮点，以及对下一步发展的思索。从产业链的原料端到终端市场，整体把握行业发展脉搏，互相借鉴和学习。

2、专题研究篇：综合分析 2017 年行业发展情况，预测 2018 年行业发展方向；从棉纺纱到棉织造的产业转型之路进行归纳与提升，具体从成本分析、智能制造、品牌建设、节能减排和产融结合等多个维度分析我国棉纺织产业的竞争力。

3、政策篇：报告收录了 2017 年与棉纺织行业相关的重要文件和通知，对企业把握宏观环境、制定发展战略具有重要意义。

4、统计篇：收录了世界、国内有关棉纺织行业的重点统计数据，供读者查询。

5、风采篇：对行业的重大事件、企业典型事宜以及协会相关活动等内容进行整理汇编。

本报告可供国家宏观部门、院校以及纺织上下游企业阅读参考。

编者
2018.5

目 录

专家论坛篇

专题研究篇

政 策 篇

统 计 篇

风 采 篇

专家论坛篇

《中国纺织工业发展历程》导言（摘要）

中国纺织工业联合会原会长　杜钰洲

纺织工业，中国工业化的先导产业，中国最大的民生产业、最大的实体经济部门之一。

中国纺织工业的兴衰历史与中华民族命运紧紧地联系在一起。

1840年之前，中国的GDP曾占世界GDP总量的1/3，超过整个欧洲与美国的总和（托马斯佛利德曼《世界是平的》）；而到了1949年，中国的GDP已下降到世界的6%。昔日的纺织大国——丝绸之路发源地，在1949年仅能生产18.9亿米棉布，全国平均每人只达3.5米。

新中国诞生和社会主义制度的建立，是我国历史上最深刻最伟大的社会变革，标志着中华民族开始走向新的复兴，它为中国纺织工业带来了勃勃生机。2016年与1950年相比，中国纤维加工总量从88.5万吨增加到5420万吨，增长了61.2倍，占世界的比重从9.4%增长到55%。

中国从1950年到2016年人口增长了1.5倍，城乡人均收入按可比价提高了21倍；中国城乡百姓的装束丰富多彩，已成为人民过上更加殷实的小康生活的重要标志，这是中国纺织工业作为民生产业的最大贡献。中国纺织工业作为民生产业的另一个重大贡献是扩大就业。1952年纺织工业系统从业100万人，占当年全国工业从业总人数的20%；2017年年销售收入达2000万元以上的企业就有38540户，加上数以十万计的小微企业，全部从业人员约2100多万，约占全国工业就业总人数的10%，是名副其实的富民产业。

中国纺织工业作为国民经济传统支柱产业，不仅为经济社会每时每刻创造日益增多的民生和产业用的物质财富，而且始终为社会主义建设积累大量资金，纺织工业上缴利税占全国比重在1952年是19.3%、1962年是16.4%、1982年是15.3%，在我国国民经济持续高速和中高速增长、产业结构不断扩展和升级的趋势下，纺织工业利税总额至今仍保持在占全国5%左右。

中国纺织工业作为国际竞争优势明显的产业，始终对我国国际收支平衡发挥着重要支柱作用。中国 1965 年纺织服装出口 4.95 亿美元，占当年世界 4.37%；半个世纪后的 2015 年，纺织服装出口额达到 2829 亿美元，占当年世界 38%。2015 年中国出口服装 304.3 亿件，相当于全世界（73.46 亿人）平均每人 4 件。纺织工业不仅是我国最大出口产业之一，而且是第一大净出口创汇产业，为当今“一带一路”战略奠定了重要的国际市场份额和外汇储备基础。

中国纺织工业的加工技术已从新中国成立之初处于 20 世纪 30 年代水平，跃升到当代世界较先进或最先进水平。在纤维材料领域、服用、家居和产业应用领域的科研与制造技术已取得长足进步；各类工业、交通、环境保护、医卫、航天、建筑、水力以及国防等领域的技术纺织品的纤维加工量，已占全部纤维使用量的 1/4。

中国纺织工业作为新中国经济社会发展的重要实体经济，取得今天这样辉煌的成就来之不易，其发展历程并非一帆风顺，经历了几代人艰苦卓绝的探索、拼搏、创造，战胜了无数困难和挑战。其间主要经历了三个大的历史时期。

第一时期：独立自主、艰苦创业，建立较完整的纺织工业体系（1949～1978 年）

这个历史时期，是中国人民在中国共产党的领导下，为改变旧中国落后面貌而独立自主、艰苦创业、开展大规模社会主义建设的三十年，同时也是探索社会主义建设规律、不断战胜困难和挫折、曲折发展的三十年。这三十年，纺织工业取得了巨大成就。

新中国成立的时候，世界以原子能技术、航天技术、电子计算机的应用以及人工合成材料、分子生物学和遗传工程等高技术为标志的第三次科技革命正在兴起，而当时的中国还停留在 20 世纪 30 年代的工业水平，工业总产值只占工农业生产总值的 30%（1949 年纺织工业占工业总产值的 36.74%），是一个典型的落后农业国。

鉴于纺织工业事关国计民生，又是当时全国工业的主要成分和中央财税收入的主要来源，党中央和中央人民政府于 1949 年 10 月 19 日就选派钱之光任纺织部党组书记和主持常务工作的副部长（曾山同志任部长，但从未到任）。

新中国的纺织工业在这三十年，基本建成了新中国的纺织工业体系，为纺织工业持续高速发展奠定了坚实的基础。大体经历五个阶段。

一、年经济恢复时期（1949～1952年）

新生政权面对人民群众衣被甚少的困难以及恢复国民经济的急需，必须尽快稳定纺织生产，稳住棉布市场，打击投机活动。纺织工业部主要依靠发动群众，挖掘现有生产潜力，总结推广郝建秀等劳模的先进工作法，成功地恢复和增加生产。早在新中国成立前夕，钱之光就由中财委授权召开全国棉花会议，为争取棉花增产作出多项卓有成效的部署。同时从全国召集300多名工程技术人员，着手自力更生设计生产新中国第一代纺纱机械（后来定型为 54 型棉纺成套设备），同时组建起第一支基本建设队伍，成立纺织工业部设计院和工程建设队伍。很快建成四座新的棉纺厂，取得了社会主义可以集中力量办大事的初步经验。到1952年纺织工业生产总产值达94亿元，占全国工业总产值达27.4%；利税总额占全国19.3%；生产棉布38.3亿米，比1949年增长102.7%。

二、社会主义改造时期（1953～1956年）

党中央此时制定了过渡时期总路线：在一个相当长时期内，逐步实现国家的社会主义工业化，并逐步实现国家对农业、对手工业和对资本主义工商业的社会主义改造。1956年底全国所有私营纺织业都纳入公私合营的轨道，职工群众的主人翁积极性充分发挥。1953年到1957年第一个五年计划顺利完成。1956年提前一年实现了棉纱、棉布的发展目标；棉纱产量84.4万吨，比1950年增长1.2倍；棉布50.5亿米，比1950年增长1.3倍。到 1957 年，纺织部依靠自己的纺织机械制造的核心力量，自力更生建成了北京、石家庄、邯郸、郑州、西安五个新型棉纺基地，共建有 19 个棉纺厂，总规模达 161 万锭。此外还在中西部其他地区建成了许多新棉纺厂。全行业“一五”期间新增锭数超过了 300

万锭，实现了毛泽东在制定纺织工业“一五”计划时亲自确定的发展目标。1957 年纺织工业总产值达 173 亿元（按 1952 年不变价），实现了每年递增 9.5%的高速发展。

三、大规模的社会主义建设时期（1957～1966 年 4 月）

这个历史时期，党和国家尚在探索如何以较高的速度来发展经济，是我国社会主义建设在曲折中发展、并曾遭受严重挫折的十年。虽然如此，工业固定资产按原价，增长了三倍，棉纱、原煤、发电量、原油、原钢和机械设备等主要工业产品，都有很大增长。石油全部自给。电子、石油化工等新兴工业初步建设起来。工业布局改善。农业基本建设和技术改造大规模展开，并逐渐收到成效。教育和科技也有比较突出的成果。

这十年，我国 GDP 年均 4.78%，人均 GDP 年均增长 3.07%。纺织工业在这十年受到困难时期的冲击很大。“二五”时期（1958～1962 年）全国 GDP 年均负增长-1.02%，人均 GDP 年均负增长-2.89%；同期纺织工业总产值却是平均每年以-3.65%的速度负增长。全国棉花大幅减产，仅 1960 年、1961 年、1962 年这三年就减产了 193.9 万吨，相当于 1955 年产量的 1.28 倍。加上大跃进时各地对纺织下达高指标，盲目扩张，浪费大量资源，致使纺织工业开工严重不足，全国棉布供应不得不从每人十几尺减到一丈以内以至 7 尺（约米）。到 1962 年纺织行业关停并转的企业占企业总数的三分之一，精简了 71 万人。1961 年 1 月党的八届九中全会总结三年经济困难的教训，制定了“调整、巩固、充实、提高”的方针，消化大跃进带来的苦果。之后纺织工业形势逐年好转，1963～1965 年年均增速恢复到 21.3%，1965 年棉纱、棉布产量恢复到 1959 年的水平。1966 年棉花产量 233.8 万吨，比 1960 年提高 119%；棉纱产量达 156.5 万吨，比 1960 年提高 43%；棉布产量达 73.1 亿米，比 1960 年提高 34%。

四、“文化大革命”时期 （1966 年 5 月～1976 年 10 月）

“文化大革命”使党、国家和人民遭到新中国成立以来最严重的挫折和损失。这十年，中国人均GDP年均增长2.32%。

五、国民经济恢复和发展时期（1976年10月～1978年底）

“文化大革命”结束后，广大干部和群众以极大的热情投入大生产。纺织工业产值从1966～1975年的平均增速5%，提高到1977年的13.7%和1978年的15.8%。

中国纺织工业经过新中国成立后三十年独立自主、艰苦创业，战胜了一系列来自外部的封锁、压力和来自内部的各种干扰、挫折，以及自然灾害，并基本建成了门类齐全、供应链完整的纺织工业体系，改善了全国纺织工业战略布局；基本建起了化学纤维生产体系和纺织机械设备制造体系，奠定了中国纺织工业长远发展的深厚基础。1978年与1952年相比，全国棉纺锭增长了2.1倍，棉纱产量增长了4.4倍，布产量增长了3.4倍；化纤产量几乎是从无到有，发展到28.5万吨。在凭票供应条件下使人民衣被甚少的状况得到明显改善。棉布产量按全国人口平均分得量从1950年4.57米布到1978年的11.46米，增长4.5倍。1978年衣着类商品零售总额278.5亿元，比1952年50.8亿元增长了4.48倍，比全部社会消费品零售总额增幅高出67个百分点。同时，1978年纤维制品出口创汇24.31亿美元，占全国商品出口总额的29.1%，有效缓解了20世纪70年代中期以来全国进出口贸易逆差的经济压力。1949年全国仅有7个以修配为主的纺机厂，产值仅420万元，到1978年增加到153个纺机厂，产值达到8.27亿元；依靠自主研发制造的总值达5.9亿的成套设备，建成了棉、毛、丝、麻纺织和化纤、印染等行业的许多新工厂。

第二时期：改革开放、产业振兴，全面推进纺织工业发展（1978年12月至1999年）

一、农村改革先行，城市改革开始探索（1978年12月～1984年）

（一）农村改革取得巨大成功

农村家庭联产承包责任制体制取代“三级所有、队为基础”的人民公社制度，在全国农村普遍执行。这样，也就为纺织工业快速发展创造了重要条件：棉花产量从1980年到1984

年以年均 23.2%的速度增长，1984 年产量已达 625.8 万吨，是 1979 年产量的 2.84 倍。

（二）城市改革试点

纺织工业在 1982 年生产 153.5 亿米布，达到全国人均 15 米；于是国务院在 1983 年底宣布取消布票制度，市场完全放开。从此，中国告别了人民群众衣被供应短缺的历史。

1984 年纺织工业部做出下放七项权限，扩大国营工业企业自主权：（1）减少指令性计划指标扩大指导性计划指标和市场调节范围；（2）小型基建项目的审批；（3）质量指标的制定、考核；（4）技改项目的审批；（5）技术引进技术和技贸结合项目的审批；（6）科研项目的管理；（7）对经济特区、14 个开放城市、海南岛实行特殊政策。

（三）乡镇企业异军突起

1978 年以后，国家和地方政府制定了一系列政策措施鼓励和扶持乡镇工业发展。纺织服装业就是乡镇工业十五大产业之一，其产值在“七五”末已达全国纺织工业总产值的 30%。

（四）开启对外开放战略

以 1979 年 8 月 6 日全国人大批准在深圳市境内划出 396 平方公里地域设置经济特区为标志，中国开始对外开放。此时纺织部决定组织直属单位和全国 17 个省市厅局，与中信公司合资成立深圳华联纺织联合公司，“华联”成为中国纺织工业经济直接对外开放的最大窗口。随后，大批外资和港澳台资企业进入大陆市场。

国务院于 1979 年 9 月颁布了《关于开展对外加工装配和中小型补偿贸易办法》。从此，补偿贸易的热潮风涌大地。

二、城市改革启动 （1984～1992 年）

（一）国有企业变为国有企业

实行政企分开，所有权与经营权分离。全国人大颁布了《全民所有制工业企业法》，企业真正成为相对独立的社会主义商品生产者和经营者、成为具有一定权利和义务的法人。两权分离，极大提高企业活力和创造力。

（二）国有企业可依法破产

《中华人民共和国企业破产法（实行）》在1986年12月2日中华人民共和国主席令第四十五号公布。重庆针织总厂，1950年建厂，有4000多万元资产，3000名职工，曾为重庆发展立下过不可磨灭的功绩，然而，这座西南地区最大的一家国有针织企业，在市场大潮中因为经营管理不善，连续6年亏损，资不抵债，不得不在1992年1月3日宣布破产。这成为《企业破产法（实行）》颁布施行以来中国最大的一桩破产案，也是国有大型企业中的“破产第一家”。它提示人们：在市场经济中，国企并不是一劳永逸，铁饭碗原来并不铁。国企两权分离之后，企业法人既有广阔的驰骋空间获取巨大发展，也面临着失败和倒闭的风险。

（三）生产资料正式成为商品 ，国企可以发行股票上市

两权分离以后，国家建设项目从拨款改贷款，国家不再给新建企业投入资本金，国有企业进行股份制试点。1991年12月10日上海市人民政府批复同意组建上海第二纺织机械股份有限公司、上海嘉丰股份有限公司、上海联合纺织实业股份有限公司，并于第二年先后挂牌发行股票在沪深上市。为纺织企业股份制试点迈出了第一步。

（四）改革所有制结构，个体经济、外资经济、乡镇企业大发展

从此以后，纺织工业的所有制结构、生产及出口企业结构发生巨大变化。非国有经济逐渐成为纺织经济的主体。从1984年到1992年，乡及乡以上独立核算的纺织服装企业从4.3万户增加到5万户，从业人数从578万人增加到918万人，占全国制造业总人数的16.7%。

（五）落实轻纺优先政策和促进纺织品外贸体制改革

中央制定优先发展轻纺工业，出台轻纺优先政策，大力支持传统纺织技术及装备更新改造。

1991年11月1日，党和国家领导人听取纺织工业技术进步工作汇报时，指出：纺织工业的问题首先是纺织机械的问题，纺织工业部要把纺织机械制造工业摆在突出地位来抓，并明确宣布，国家技改资金将重点支持纺织装备技术进步。12月21日国务院生产办

宣布成立“纺织机械引进和国产化领导小组”以自动络筒机、无梭织机为重点开展技术引进和国产化、技贸结合工作。1992 年先后有德国的赐来福，日本的津田驹、丰田，瑞士的苏尔寿、意大利的萨维奥等公司与中方签署了转让设计制造合同。这批技术的国产化极大地改变了我国纺织机械制造业的产业面貌，大幅提高了纺纱织造业的生产质量和效率。

从 1984 年到 1992 年，纺织服装出口额增长了 5.9 倍，年均增长 27.23%，中国占世界纺织服装出口比重从 6.4%上升到 10.2%；进出口顺差增长了 5.7 倍，年均增长 26.8%。全国从 1990 年开始扭转了货物贸易从 1984 年以来持续逆差的局面。1992 年纺织服装进出口顺差 182.4 亿美元，使全国货物贸易顺差达到 43.9 亿美元。这一时期，进口纺织原料从 60 万吨扩大到 134 万吨。

（六）服装行业划归纺织部实行行业管理

根据国民经济发展战略部署，为适应人民群众对衣着日益提高的需求，特别是国家急需发挥纺织工业作为重点出口创汇产业的作用，国务院于 1986 年 10 月 24 日召开 121 次常务会议，专题讨论扩大纺织品出口，振兴纺织工业问题。会议指出，纺织品是我国今后一个时期增加出口创汇的重点行业。必须采取切实有效的政策和措施，进一步解决纺织行业的困难。同时决定把服装和丝绸归口纺织部实行行业管理。国务院办公厅 11 月 29 日发出通知，决定从 1987 年开始服装行业转化到纺织部门。落实这一决策，实现了纺织服装协调发展，加速了服装行业从手工业向现代工业的转变，并不断增强中国纺织服装在国际市场上的竞争优势。

三、初步建立社会主义市场经济体制（1992～2000 年）

（一）国有企业战略性改组与国有经济布局的战略调整，取得重大成果

从 1991 年到 2000 年，中国现代化建设第二步战略目标胜利实现，人均国内生产总值从 1990 年的 5091 元（按当年汇率 348 美元），到 2000 年达 7942 元（按当年汇率为 959 美元）。这十年里，纺织工业在国民经济中的支柱作用、改善民生作用和出口竞争优势作

用日益突出。根据国家统计局 2000 年投入产出流量表分析，纺织服装行业每增长一个单位的最终使用，对国民经济各部门所产生的需求拉动程度，即影响力系数，比国民经济各部门影响力系数平均值高出 19 个百分点。这十年城乡加权人均年衣着支出（现价）增长 7.48 倍，产业用纺织品销售额（现价）增长了 3.5 倍。2000 年纤维加工总量 1360 万吨，占世界 25.83%，比 1978 年占世界的份额扩大了 2.58 倍。尽管长期遭受美国和西欧对中国纺织品服装极其苛刻的配额限制，但中国纺织工业大力开拓多元市场，出口额在 1994 年就已达 355.39 亿美元，占世界 12.27%，已然成为世界第一大纺织服装出口国。到了 2000 年，出口额已达 530.4 亿美元，占世界纺织品服装出口总额的 14.7%。1991～2000 年，这十年纺织服装出口额增长 2.46 倍，纺织品服装进出口贸易顺差总额 2564.93 亿美元，是同期全国贸易顺差总额的 1.49 倍，即全国除纺织服装之外的货物贸易逆差是 699.35 亿美元。

从 1991 年到 2000 年，纺织工业的资本结构发生了巨大变化，2000 年全国国有及年销售收入 500 万元及以上的非国有企业，全部实收资本为 2571.27 亿元；其中国家资本占 24.67%；在服装行业中，国家资本只占 7.98%。

（二）国有企业改革突破口

进入 20 世纪 90 年代中后期，与非公经济迅速发展形成鲜明对照的是，不少国有企业，由于长期僵化体制下粗放发展、技术改造欠账多、高负债、冗员多、社会负担重、员工积极性受影响，陷入了发展的困境。1996 年纺织工业有 4758 户国有企业，亏损面 44.5%，亏损额达 106 亿元。党和国家领导人在上海召开的座谈会上指出：“当前国有企业再不改革，后果非常严重。国有企业的改革必须找一个突破口，这就是纺织行业。因为国有企业当中最困难的行业是纺织行业。”随后在 12 月中央经济工作会议上正式确定“以纺织行业为突破口，推进国有企业改革”。要求纺织全行业从 1998 年到 2000 年淘汰 1000 万落后棉纺锭，一批国有纺织企业退出，一批纺织国企改革重组建立现代企业制度。中央动员各级政府制定并落实 120 万纺织职工下岗再就业政策和有关企业破产、兼并重阻、土地置换等政策。决定对每销毁一万棉纺锭，中央财政补助 150 万元，地方财政补助 150 万元。经过三年艰苦努力，到 2000 年终于淘汰了近 1000 万落后棉纺锭。纺织国企与 1997 年相比，户数减少了 23%，从业人员从 417 万下降到 242 万人；销售额增长 44.59%，亏损企业数下降 1/3，增加值增长 61.34%。从全行业亏损转为盈利 69 亿元，扭转了连续 6 年亏损的困境。纺织工业全行业在 2000 年出口额已达 530.4 亿美元，比上一年增长 21%。

第三个时期：建设现代化纺织强国，创造参与国际合作与竞争新优势（2001～2020 年）

一、全面建设小康社会为中国纺织工业由大变强创造了重要的历史条件

2008 年世界金融危机之后，世界经济长期疲软，中国经济从持续高增长转入中高速增长的新常态。国际纺织品服装市场低迷，纺织工业出口首次出现负增长，2015 年比 2014 年下降 5.2%；但由于世界纺织品服装出口总额下降了 7.39%，中国占世界出口总额的比重反而从 2014 年的 37%上升到 38%。世界纤维加工总量 2015 年比 2000 年增长 59%，同期中国纤维加工总量增长 289.7%，如扣除中国的增长量，那么世界在中国之外的区域纤维加工总量却减少了 421 万吨。

二、国家工业管理体制重大改革，产业协会承担起历史重任

2001 年 2 月 9 日国家宣布撤销纺织、轻工、机械、石油化工、冶金、有色金属、煤炭、建材、国内贸易等九个国家局；作为转变政府职能，建立和完善社会主义市场体制的重大决策，拉开了 21 世纪工业经济深化改革开放的序幕。中国纺织工业联合会（2011 年由 2001 年时的“中国纺织工业协会”更名为“中国纺织工业联合会”）从撤销国家纺织局开始，就以中国纺织工业现代生产力要素的身份，站到了全球化工业经济的大舞台上。

三、中国加入WTO，纺织工业改革开放进入新阶段

（一）加入WTO，扩大了中国纺织工业的国际增长空间

中国纺织工业由于赶上WTO取消配额十年过渡期的最后四年，直到2005年贸易壁垒最终破除，争取到更大的国际贸易增长空间和更多的国际交流合作机遇。2000年世界纺织服装出口总额中，出口到设限国家（美国和欧盟）的比重是62%；而在中国纺织服装出口总额中，对设限国（美国和欧盟）出口的比重只有22.6%。2005年世界取消配额制度以后，美国、欧盟针对我纺织品贸易在2005～2008年实施“特保条款”，即对我国纺织品和服装一些重点产品继续设置数量限制措施。但中国纺织服装出口额到2015年依然达2911.48亿美元，比2000年提高4.5倍；其中出口美国、欧盟达1041.27亿美元，比2000年提高8.46倍，占全部出口比重增加到35.76%。

（二）加入WTO，使改革开放与结构调整进入快车道

第一，企业获得自营进出口权。

加入WTO，极大地促进了国内改革开放的深化。中国纺织服装企业不仅在全球化竞争中可以不误时机自主决策、随机调整生产、自行博弈价格、学习先进理念、吸收先进技术、降低改造成本，从国际竞争的实际出发不断自我调整、自我发展、转变经营机制，完善现代企业制度。2001年以来中国纺织工业的国际竞争力空前提高，国际市场份额迅速扩大。

第二，多种所有制经济大发展，结构调整加快。

在20世纪末国企改革脱困的基础上，各地落实中央大政方针，纺织国有经济的调整和改革进一步深化，非公有经济迅速发展。

2015年纺织工业规模以上企业38412户（规模以上企业的标准在2000年时是年主营业务收入500万元以上，2011年以后调整为年主营业务收入2000万元以上），实收资本8870亿元，比2000年提高2.45倍。其中国家资本比重已从24.67%下降到2.18%；而非国家资本总额扩大了4.48倍。

第三，扩大中西部对外开放，促进了中部崛起、西部大开发，纺织工业区域布局调整加快。

中西部地区规模以上企业主营业务收入占全行业比重，在“十二五”时期从 16.8%上升到 23.2%。特别是新疆纺织工业发展迅猛，截至 2017 年 12 月底，新疆纺织服装产能快速增长，年产纱 152 万吨，粘胶纤维年产量 85 万吨。

第四，产业集群成为全行业新型社会化生产力。

中国纺织工业联合会于 2002 年年底，首次召集 19 个产业集群发达的市（县）和 19 个产业集群特色鲜明的镇到北京研讨，交流经验，总结规律，分析存在的问题，探讨发展方向。中国纺织工业联合会决定从以上 38 个市（县）、镇集群试点跟踪服务，试点很快在全国推开。截至 2017 年 12 月底，与中纺联建立试点关系的纺织产业集群达 209 家，分布在全国 21 个省区，以长江三角洲、珠江三角洲、海西地区和环渤海三角洲为主，其中地级区域 11 个，县级区域 97 个，镇级区域 100 个。试点集群统计显示，2016 年集群内规模以上企业户数约占全行业规模以上企业的 44.83%，主营业务收入约占 44.67%，利润约占 45.56%。截至 2016 年年底，有 10 个产业集群试点地区年主营业务收入过千亿元，集群经济已经成为我国纺织产业转型升级以及强国建设的重要力量。

第五，纺织企业营业额超百亿光荣榜。

全世界规模最大的以纺织印染服装为主业的联合企业魏桥创业集团公司，2016 年集团公司营业额 3750 亿元，位列世界 500 强企业第 159 位，在 2016 年中国 500 强企业中排 37 位。它拥有棉纺约 600 万锭，织机 4 万台，形成纱印染家纺及服装全产业链。

然而，即便有如此众多优秀的大型企业，中国纺织工业仍以中、小、微企业为主体，所有的企业都为中国经济的发展做出了贡献。2015 年中国纺织工业规模以上企业，每户平均只有 248.7 人。2016 年中国纺织服装出口 2701.2 亿美元，其中规模以上纺织服装企业出口交货值只占 51.5%；而服装业规模以上企业出口交货值，只占全国服装出口总额的 43.45%；由此可见，规模以下企业做出了巨大贡献。

第六，纺织专业市场作为产业集群的孪生姊妹应运而生。

在中国市场化改革以后，市场主体依照市场脉络、资源禀赋和劳动力比较优势寻找机遇，必然产生相互交织的两种趋势，一是商品生产的集聚，二是商品交易的集聚，前者发展为产业集群，后者发展为专业市场。

截至2016年年底，全国一万平方米以上的纺织服装专业市场894家，经营面积达到7052万平方米，商户111.52万个，年交易额2.11万亿元。其中被吸收为中国纺织工业联合会流通分会会员的专业市场共410家。专业市场与产业集群同步升级，目前专业市场的电子商务总额已达9780亿元，占市场总交易额的46.35%。

（三）加入WTO，促进了中国市场开放和国内外两个市场接轨

进入21世纪以来，中国纺织工业联合会通过中国纺织贸促会在国内举办的全行业性国际纺织面料、服装、家纺、产业用纺织品、纺织机械等五大国际展览会，成为中国与世界各国纺织工业各领域的国际贸易大平台、搭建纺织工业各领域跨国供应链与发展各国广泛合作的联系纽带、考察当代世界纺织工业创新趋势与发展机遇的开放窗口。从2000年至2016年，这些国际性展会的展览面积从13.34万平方米扩大到104.56万平方米，参展商从543户扩大到1.5万余户；其中海外参展商达1/4左右，吸引世界各国大批采购商云集中国。同时中国纺织贸促会每年组织企业参加海外同类展会；参展面积已达3.4万平方米，创造条件让中国企业自由选择出展国参加海外专业展览会、促销或采购。

世界金融危机以后，中国纺织、服装、化纤、纺机制造等品牌企业以多种方式投资、收购国外企业，或投资控股名牌名企，或引进发达国家的科研和经营管理人才。越来越多的中国品牌企业走出国门到东南亚、南亚、非洲等发展中国家投资办企业。还有许多品牌企业到欧盟、北美、澳大利亚等发达国家投资办独资或合资企业，发展跨国集团。在当前“一带一路”机遇中，中国纺织工业有了新的发展空间。

（四）加入WTO，提升了中国产业的国际话语权

中国纺织工业联合会多次组织国际会议，每年组织有关企业到一些发展中国家和发达

地区考察投资与合作环境。这一系列活动，提升了中国纺织服装业的良好国际形象。中国纺织服装出口额占世界的比重，在 2001 年是 14.83%、2005 年是 23.94%、2010 年是 34.11%、2015 年已达 38%。“十五”期间纺织服装贸易顺差 3351.62 亿美元，是全国贸易顺差总额的 1.58 倍；“十一五”期间纺织服装贸易顺差 8029.8 亿美元，是全国贸易顺差总额的 71.9%；“十二五”期间纺织服装贸易顺差 12774.6 亿美元，是全国贸易顺差总额的 78.8%。

三、确立四大主攻目标，全面推进纺织强国建设

（一）加快第一生产力升级，建设纺织科技强国

伴随第四次工业革命的兴起，“加速改造传统纺织工业”成为纺织强国建设的首要任务。纺织工业联合会在“十五”期间落实党的十六大指出的“新型工业化道路”和“用高新技术和先进适用技术改造传统产业，大力振兴装备制造业”的方针，重点考察高新技术在世界纤维材料、纺织、服装及产业用纺织品领域的应用状况，以及中国纺织工业用高新技术推进全方位改造的现实需要，于 2004 年 10 月向全行业推出新世纪第一个纺织工业《科技进步纲要》。

2010 年 10 月，向全行业推出第二个《科技进步纲要》。2016 年 9 月向全行业推出第三个《科技进步纲要》。

前后三个“纲要”持续深入，·接力实施，为国家实施纺织工业五年规划起到了重要参考作用。

行业科技支撑体系建设呈现旺盛活力，已建成纺织类国家工程技术研究中心、国家重点实验室，承担一批国家 973 计划、863 计划、国家科技支撑计划、国家自然科学基金项目，建立一批企业技术中心和产业技术联盟，以企业为主体，大学和科研院所广泛参与，产学研紧密结合，使产业技术不断创新突破。

棉纺行业从 2000 年到 2015 年由于技术进步，使得纺 32 支纯棉纱全员人均年产量从

5.6 吨增加到 27 吨。两化融合、技术装备的进步、基础工艺研发和产品创新实力的增强，有力推进传统制造业的升级换代。棉纺万锭用工在 2000 年为 250 人，2015 年 60 人，现代自动化和部分智能化纺纱工厂万锭用工不到 20 人。自 2000 到 2015 年，布产量从 277 亿米增长到 600 亿米，其中无梭织布从 20%上升到 87%。目前已在化纤、纺纱、织造、服装、针织、印染等各领域建成示范性智能化或半智能化工厂或车间。节能环保减排节水等技术、材料、设备的研发和产业化普及推广，都取得了较大进步。

（二）实施名牌战略，建设纺织品牌强国

第一，全力建设品牌价值体系。“十五”期间，围绕实施名牌战略，对于品牌价值的本质在全行业取得了共识，即品牌价值的本质是“质量、创新、快速反应、社会责任”四位一体的价值体系。所谓“名牌”，就是以“四位一体的价值体系”为公共标准，取得市场和消费者广泛认可的优秀品牌。

“质量”是品牌的生命。质量是品牌商品使用价值的物质基础。

“创新”是品牌的灵魂。产品只有满足人们的物质消费和文化消费的求新需求，才能产生人们对该品牌的偏好。“快速反应”是品牌的活力。“社会责任”是品牌的社会道德。中国纺织工业联合会在 2005 年 5 月 31 日联合 160 多家骨干企业发出倡议，要在全行业加强社会责任建设。并负责起草制定了第一个行业自律性文件《中国纺织服装企业社会责任管理体系》（CSC9000T），于 2005 年发布，同时成立了社会责任推广委员会、办公室。接着对各类企业开展大量培训,并以试点企业的定期的“执行社会责任 CSC9000T 报告”为样板，向全行业推广。中国纺织工业联合会于 2008 年 8 月加入联合国契约组织。从此，落实“社会责任”成为中国纺织服装产业品牌建设的重要实践。

第二，提高科技与品牌两个贡献率。中国纺织服装企业越来越重视品牌建设，早在 1997 年中国纺织总会（1993 年国务院行政机构改革将纺织、轻工两部改为国务院事业单位，更名为中国纺织总会和中国轻工总会）开始推行“名牌战略”。在 2016 年由国家工业和信息化部与中国纺织工业联合会联合调查 130 个品牌样本企业，平均利润率 11.07%，比

全行业平均利润率 5.46%高出一倍。

纺织工业联合会自 2005 年以来，每年都通过对企业品牌文化的大量调查研究，向行业推介“十大品牌文化”，促进品牌文化生态的提升。

（三）发展绿色产业，建设纺织可持续发展强国

节约能源、节约资源、保护环境、发展绿色生产，是中国纺织工业建设纺织强国必须解决好的战略性任务，是纺织工业转型升级的新动力。《建设纺织强国纲要》对发展低碳纺织工业列出 5 项前沿性节能公关项目和需推广的 8 项低碳节能技术；对发展绿色纺织工业列出普及推广 11 项清洁生产和治理技术；对发展纤维和化学品资源循环利用提出 5 项前沿攻关项目；对水资源循环利用提出 6 项重点工艺开发项目；推广国际通行的环境标准、能源管理标准，开展“碳足迹”研究，制定和实施低碳企业评价体系和核查指南、纺织机械效能标准体系等。“十二五”期间，节能减排与资源循环利用技术已取得新成效。发展高效节水工艺技术，如无水染色、低温快速前处理、印染废水大通量膜处理及回用等一批关键技术取得突破，小浴比染色、平幅式连续水洗等先进工艺技术与装备推广应用比例进一步提高。2015 年与 2010 年相比，纺织工业单位增加值能耗降低 20%，工业二氧化碳排放强度降低 20%，用水量降低 30%，主要污染物排放下降 10%。预计到 2020 年，在 2015 年基础上能耗再下降 18%，用水量再下降 23%，主要污染物排放再下降 10%。再利用纤维比重已从 2010 年的 9.6%（约 400 万吨）达到 2015 年 11.3%（约 600 万吨），到 2020 年这一比重将进一步增加。“十三五”期间，中纺联又结合发展的新趋势、科技进步的新资源，对发展绿色产业做了调整和深化；这是一项有严格宏观规划约束的技术研发、生产实践和管理机制相结合的系统工程。纺织工业将大力倡导绿色消费，打造绿色产业。

（四）坚持以人为本，建设纺织人才强国

1、纺织工业人才队伍的素质不断提高

伴随新技术革命持续深化，产业升级日益紧迫，全球化竞争日益激烈，对纺织工业人才队伍的要求更高了，既需更多具有扎实学科基础和科技前沿突破能力的专门人才，也需

要更多不负时代使命善于捕捉发展机遇的复合型人才。落实新时期人才战略，一是立足于自力更生，充分发挥大专院校、中专和技工学校、各类专业培训等的专业教育，倡导“三个面向”和教育与科研、生产实践相结合，提高教育质量和效率；二是坚信实践出真知，引导干中学，企业事业单位要建立良好的人才机制，发挥产业内生动力；三是坚持对外开放，扩大交流合作，引进智力、引进人才。

2、中国近代纺织工业的兴起与兴办教育事业是分不开的

截至 1998 年原部属普通高校共 8 所，在校生 27000 人。另外，设有纺织专业系科的非纺织部直属高校共 26 所，全国普通高校和成人高校在校纺织类学科的学生总共约 70000 人。

1998 年国家高校管理体制改革，中国纺织大学（现东华大学）改为教育部直属，其余七所纺织学院改为教育部与所在省市共建大学。

进入 21 世纪以来，中国教育事业大发展，伴随纺织工业产业升级和强国建设需要，原纺织行业直属院校都已发展成为在校生规模约两万名、以纺织类教育为特色的综合型大学，各校的科研、本科和研究生教育、国际交往都有较大提高，并普遍加大了成人教育的力度。东华大学已经是国家“211 工程”重点建设高校，东华大学和天津工业大学都已成为国家“双一流”、世界一流学科——“纺织科学与工程”建设的高校。由于中国纺织工业从纺织大国向纺织强国转变过程对人才的客观需要，除了原来的纺织院校迅速扩大规模外，在全国约有 200 多所大学设置了纺织服装类学科，这使全国纺织服装类学科的在校生在 2015 年大约有 60 多万人（这还不算已融汇在其他院校综合专业中的化纤、机电、自动控制、计算机、环境、管理等学科的学生），其中，纺织工程专业有 16600 人，服装设计与工程专业有 30400 人，研究生在校生有 2592 人（其中纺织 905 人，服装 544 人，博士生 441 人，硕士生 2151 人）。全国各类大学的不同专业都向纺织行业输送了大批优秀人才。现代大学不仅向产业输送人才，而且直接向产业输送技术，在纺织工业几乎所有技术攻关成果中都有大学教授、研究员、教师、工程实验中心的积极参与并作出了重要贡献，尤其在基础工艺技术攻关方面发挥着主力军作用。

伴随中国纺织工业的大发展，各地纺织中专、技校也获得大规模发展，到 1998 年全国有纺织中专校 48 所，在校生 70880 人,技工学校 168 所,在校生 11926 人。1998 年后，部分中专学校已升格为职业技术学院,部分学校升格为综合性专科学校，但都保持了纺织专业特色。目前含纺织服装类专业的高等职业学校约 300 所。在新时期许多大型企业或集团公司都办起了中等专科或技校。纺织教育大发展将为纺织职工人才队伍壮大、素质提升创造更加有利的条件。

3、“纺织之光科技教育基金会”是对科技及人才重视的提现

“纺织之光科技教育基金会”是在原纺织工业部“钱之光科技教育基金”（1997～2007 年）由纺织行业老领导、党和国家领导人根据钱之光部长夫人刘昂倡议，以钱之光同志的部分党费和动员几家大型国企积极参与筹资或增值服务，于 1997 年建立起来的纺织行业内部基金，在该项基金的存量资产 1231 万元的基础上，中国纺织工业联合会经民政部、国务院国有资产管理委员会批准，征得广大纺织服装企业捐助，以 2331 万元资本金于 2007 年注册，截至 2016 年净资产已达 11269.58 万元。基金会注册以来用于科教奖励公益性支出，表彰科技成果奖项和优秀师生。由中国香港著名爱国实业家、香港回归大紫荆花勋章获得者查济民先生捐资在香港建立的“香港桑麻基金会”成立于 1992 年，奖励青年科技人员、纺织杰出青年学者、优秀教师以及优秀学生。由中国纺织工程学会主持的“陈维稷科学论文奖基金”，从 1989 年到 2017 年在 18 届行业学术年会上表彰了行业优秀论文。

4、重视企业人才队伍建设和复合人才的培训培养

早在 1983 年纺织工业部根据中央两个文明一起抓的精神，成立了“中国纺织职工思想政治工作研究会”，时至今日，一直发挥其推动行业学习贯彻中央大政方针，调查研究推广先进经验，先后推介了国有企业吉林化纤集团公司董事长付万才、国有控股企业富润控股集团有限公司党委书记赵林中、民营企业红豆集团党委书记周海江等重视企业基层党的建设、和他们作为优秀企业家的事迹，从企业文化建设角度连续十二年向全行业推介

“十大品牌文化”的经验。

四、改革开放，结构调整和产业升级永远在路上

中国纺织工业从新中国建立发展到今天，是中华民族和平崛起的有力见证。纺织工业作为国民经济传统支柱产业、重要的民生产业和国际竞争优势明显的产业，始终是中国重要的实体经济。在中国整个社会主义初级阶段，特别在为实现“两个一百年”的伟大目标而奋斗的进程中，纺织工业不仅与人民群众日益增长的物质文化生活需要息息相关；而且由于它与现代文化、高新技术和新兴产业相互渗透交叉发展的强劲势头，决定了它在当代中国较长时期仍将发挥举足轻重的“三大作用”，纺织工业现已从纤维型生活资料的生产，扩展到纤维型生产资料的生产领域，在国家新兴产业和高新技术领域已经占据无可替代的一席之地；它与中国工业化、信息化、城镇化、农业现代化、国防现代化的内在联系也必将越来越紧密。

到 2020 年全面建成小康社会，实现第一个百年目标，是我们党向人民、向历史作出的庄严承诺。我们要按照党的十六大、十七大、十八大提出的全面建设小康社会各项要求，突出重点、补短板、强弱项，特别是要坚决打好防范化解重大风险、精准脱贫、污染防治的攻坚战，坚定不移深化供给侧结构性改革，推动经济社会持续健康发展，使全面建成小康社会得到人民认可、经得起历史检验。我们纺织行业将在党的十九大即将提出具有全局性、战略性、前瞻性的行动纲领的指引下，在质量变革、效率变革、动力变革的基础上，建设中国纺织工业现代化产业体系，提高全要素生产率，不断增强产业创新力和竞争力，全面实现第一个百年建成纺织强国的奋斗目标，并为在第二个百年实现小平同志设想的中国现代化第三步目标，实现中华民族伟大复兴而继续奋勇前进。

今天的中国纺织工业，不仅以其巨大的发展、升级和贡献，一再地证明着中国人民物质文化生活的进步，一再显示着中华民族伟大复兴的进程；而且正如人民群众对美好生活的向往永无止境，国家经济社会的发展永无终点一样，中国纺织工业的改革开放、结构调整和产业升级也永无止境。

2017 年 7 月

激荡40年，市场配置资源让中国纺织业活力迸发

中国纺织工业联合会原会长　王天凯

1978 年 12 月举行的党的十一届三中全会是我国社会主义事业发展的重要转折点，会议确立了建立社会主义市场经济的总目标，提出了改革开放的伟大决策。纺织工业率先投入了改革开放大潮，40 年来，中国纺织工业的成就举世瞩目，多年来保持平稳、健康发展，在大的经济波动中发挥稳定剂作用，支柱产业地位始终没有动摇。

改革开放 40 年，实际上也是社会主义市场经济不断完善的 40 年。对于中国纺织业来说，可以大致划分为两个发展阶段，而这两个阶段是以 2000 年为重要节点的。

一、改革开放系列政策，推动纺织行业最早进入市场竞争

从 1978 年到 20 世纪末可以划分为第一阶段，这期间中国纺织业发展有以下几个鲜明的特色：

一是随着改革开放的深入，发达国家和地区的资本、技术开始进入我国，特别是 20 世纪 80 年代初期，港澳台地区的资本、技术大量进入珠三角，随后又扩展到长三角。技术、资本的引进，也带来了先进的管理理念，这对中国纺织业的改革开放作用明显。

二是乡镇企业的异军突起，当时对吸纳农村劳动力，促进工业化、城镇化发挥了重大作用。如今行业不少有影响力的龙头企业，大多是那个时期发展起来的。

三是先进的装备大量引进，比如棉纺无梭织机、气流纺以及先进化纤设备的引进，对于改造提升中国纺织业、提高纺织业整体装备水平起到了非常积极的作用。同时，通过消化、吸收，对我们自身装备制造业的提升帮助很大。当时，国家实施“两机”项目，支持无梭织机、自动络筒机关键部件的进口，以市场换技术，通过消化吸收，我们的装备制造业得到快速发展。

四是国有企业的改革、改组、改造全面推进。从国家层面上，实行政企分开，把经营

权和所有权分开，一系列国企改革措施提高了国企的经营活力。而当时在全国国有企业改革中，纺织业走在了前面。

在 20 世纪 80 年代中后期，国家出台了轻纺拉动出口政策，通过轻纺优先、两头在外、大进大出，促进沿海地区经济发展。而同期国家决定将服装划归纺织行业管理，大纺织的格局以及服装、装饰、产业用三大终端产品形成。改革开放的初期实践，已使行业的产权结构发生很大变化，20 世纪 90 年代中期，已形成国有、三资、民营企业三分天下，行业的整体活力大大提高，综合实力显著增强。

在 20 世纪 90 年代中后期，最早进入市场竞争的纺织国有企业，由于市场机制还不完善，以及面临内部的沉重负担和外部的竞争压力，也逐渐陷入十分困难的境地。总量过大，结构不合理，中低档产品过多，国有企业体制机制还不够灵活，再加上出口受到配额限制，造成全行业连续 6 年亏损。

1997 年秋的中央经济工作会议，将在中国纺织工业发展史上记上重重的一笔。在这次会议上，党中央和国务院作出决定，把纺织工业作为国企改革解困的突破口，用三年时间先行扭亏，为整个国企改革起到重点突破、取得经验、带动全局的作用。目标是三年时间压缩 1000 万锭，分流安置 120 万职工。这是纺织工业一次难得的历史机遇，也是纺织工业的历史重任。

三年脱困，党中央、国务院下了很大决心，提供了核销呆坏账指标、压锭补贴等六项政策措施。而行业上下更是以“壮士断腕”的决心，用三年时间分流安置 120 万纺织职工，这是在我国其他行业没有过的先例，国有纺织职工为国家和行业的调整和发展作出了巨大的奉献。

经过三年调整，到 20 世纪末，中国作为重要的纺织生产、消费、出口大国的地位初步形成，纺织作为传统的支柱产业、重要的民生产业、具有国际竞争比较优势的产业定位已经明显。最早进入市场竞争的纺织行业，竞争意识大大增强。纺织业不惧怕竞争，更期望公平、公正、透明的市场环境。

二、公平公正市场环境，力促纺织行业又好又快发展

随着进入新世纪，我国改革开放也进入了新时期，纺织业的改革开放里程也进入了第二阶段。2001 年世界贸易组织（WTO）第四届部长级会议审议并通过了中国加入世贸组织的决定，它标志着中国的对外开放进入了一个新阶段，也意味着纺织业开始融入全球经济一体化，参与国际市场竞争。2002 年党的十六大明确 21 世纪前 20 年是重要战略机遇期，提出全面建设小康社会的战略目标。这以后的十八届三中全会、四中全会、五中全会又相继提出了更大限度发挥市场在资源配置中的基础性作用，以及市场在资源配置中起决定性作用，充分表明了政府改革的决心。这样的重大背景和外部条件，使纺织行业改革开放、结构调整进入了快车道，为中国纺织业发展创造了重要的历史条件，未来增长空间大大增加。

外部环境的变化，也催生了纺织业内部体制的变革。2001 年 2 月，国家纺织工业局宣布撤销，中国纺织工业协会成立，行业管理体制发生重大改革。伴随着国家机构改革的进程，纺织工业进一步完成了历史性的嬗变。从纺织部到纺织总会，到纺织工业局，政府职能到此结束，计划体制光环褪尽的纺织工业，完成了角色转变，朝着社会主义市场经济阔步前进。

纺织业从行政管理转为行业管理，政府到行业协会，管理思路有了很大变化，服务空间、服务形式都有了很大变化。协会从行业调查研究开始，确定行业发展方向，提出行业一系列发展目标，特别是在本世纪早期，中国纺织工业提出了科技、品牌、人才、可持续四大发展战略。

应该讲，在改革开放第二阶段，我国进入了相对完善的社会主义市场经济体系，市场配置资源起决定作用的论述为纺织工业参与国内外竞争创造了宽松环境。这个时期是我国纺织行业发展最快最好的时期。如今，我们已经成为全球纺织生产大国、出口大国、消费大国，正在向纺织强国迈进。

40 年的实践表明：中国改革开放的伟大事业给中国带来了翻天覆地的变化，也给纺

织业带来了活力源泉。

首先，改革开放为行业发展带来了比较充分的国内外市场公平竞争的大环境，特别是第一阶段外资的引入、国有企业改革、乡镇企业发展，让行业迸发出市场活力。一直以来，纺织业最不怕竞争，怕的是竞争环境不公平、不公正、不透明，充分的市场竞争是行业顺利发展最重要的基础。如今的市场环境依然还存在不公平的地方，需要不断完善，比如棉花体制问题、融资难融资贵的问题没有彻底解决。

其次，改革开放让我们比较好地把握了行业发展方向、目标、途径。21 世纪初，中国入世后，纺织业视野更加开阔，充分把握了国内外形势，及时提出了行业发展四大战略，明确到 2020 年建成纺织强国的目标。

第三，改革开放让市场配置资源越来越重要。行业企业充分运用好国内外市场资源，比较快地形成了一批具有国际竞争优势的优秀企业和优秀企业家，这批企业和企业家是我们行业非常宝贵的财富，也是行业从大到强的重要基础。

40 年来，纺织业发展从小到大，再到强，最根本的是坚持改革开放，创造了一个公平竞争的市场环境。营造公平的市场经济环境是政府的重要职责，放手让市场去配置资源。协会则把握行业发展方向，为企业提供有价值的服务，做到政府信得过、企业有需求、行业有价值。

就企业来说，纺织业中小企业居多，自身发展历程各不相同，不可能有一成不变的发展模式，但会有一些共同的特点。其中一个就是把握好自身定位，确定好自身发展方向。务实、创新，把握好资源优化配置，坚持以质量效益为主是企业永远要把握住的发展方向。

三、改革仍是进行时，纺织产业调整升级依然在路上

改革开放 40 年，我们取得了令人瞩目的成就，但是改革还没有完结，行业发展环境还有待新的突破。从外部来说，公平、公正、透明的竞争环境依然是头等大事。多年来，棉花体制问题、融资问题、知识产权保护问题都有待从根本上破解，与企业发展相关的产

业政策也需要高度关注。只要市场的事交给市场办，政府营造好公平、公正的经济环境，中国纺织业的创新动力将得到更充分的发挥。

从行业自身来说，也有关键问题待解决，比如重大基础研究、重要原材料、重要装备、重大成果推广等。如何集中各方力量，形成好的体制机制，实行风险共担、利益共享，值得深入探索。有些重大攻关单靠企业自身，无力也无法攻破，我们应该探索新机制，集中各方优势力量形成合力，实现突破。最近的中兴通讯芯片事件，也给纺织业带来思考。虽然我们并没有到那种被卡脖子的程度，但类似的情况也有，比如装备制造业关键零部件很多还要进口，有些高端纤维材料也要进口。因此，我们仍要居安思危，要有紧迫感，力争经过几年有新的突破。而对于后备人才问题、招工难问题，也要早做筹谋，以自动化、智能化等多种方式来寻求化解之道。

站在改革开放 40 年的节点上，我们正在向强国目标冲刺。党的十九大提出中国特色社会主义进入新时代，纺织行业也面临全新的战略发展机遇。“科技、时尚、绿色”正在成为中国纺织行业的新标签、产业的新定位，新特征与中国纺织业四大战略目标一脉相承。

到 2020 年，我们将在一些关键领域，包括关键性材料、关键性装备、品牌等方面接近或者达到国际领先水平。随着全面建成小康社会目标的深入，随着经济增长、人民生活水平提高，消费将继续升级，我们依然面对挑战。行业要不断满足消费需求，产业用纺织品渗透到社会各领域也在加快，随着国家“一带一路”建设的推进，纺织行业将在更大范围内布局，继续优化配置资源，真正实现新时代的高质量发展。

40 年前，改革开放一声春雷，一代人筚路蓝缕，改变了自身的命运，也让百年中国告别积弱积贫，重拾伟大复兴的民族自信。回顾历史，展望未来；总结过去，开辟新天！

用一句话说：改革开放没有尽头，行业结构调整、产业转型升级还在路上。让我们以改革创新改革，以开放接力开放。未来的道路依然任重道远，我们还要继续努力！

2017 年度棉花市场供需分析报告

中储棉花信息中心有限公司　冯梦晓

2017 年度，全球棉花市场产量大幅增加，消费扩大，扭转了连续两个年度产不足需的局面。伴随中国库存快速下降，2017 年度全球棉花供需形势呈现区域性显著分化格局，中国以外国际市场供给过剩，中国棉花产需缺口略有缩小，棉纱市场竞争激化或将于年度后期突显。

一、2017 年度棉花市场供需特征

内紧外松是 2017 年度棉花市场供需格局的显著特征，全球市场、中国以外国际市场以及中国市场棉花供需水平各异。

（一）2017 年度全球棉花产需走向平衡

据美国农业部（USDA）12 月数据发布数据显示，2017 年度，全球棉花产量 2611.8 万吨，比上年增加了 291.7 万吨，增幅超过 12%；全球消费量 2603.7 万吨，比上年扩大 104.7 万吨，扩大幅度为 4.1%；全球棉花产大于需 8 万吨，改变了过去两个年度产不足需的紧张局面。如图 1 所示。

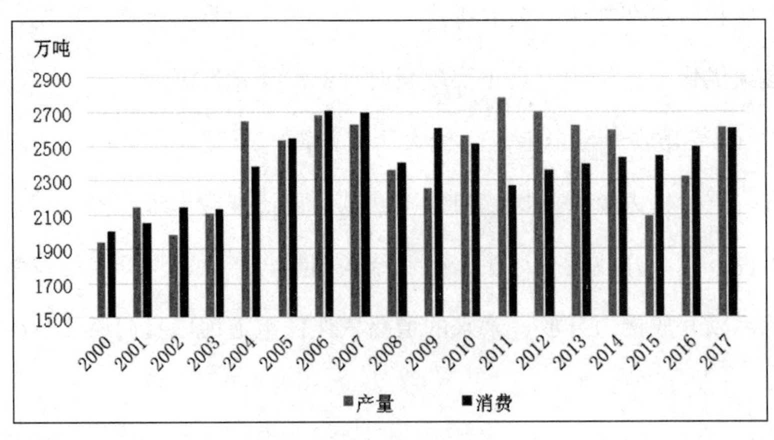

数据来源：美国农业部（USDA）

图 1　2000 年度以来全球棉花产需对比

随着中国国储棉两年来的规模性出库，2017 年度全球期末库存消费比为下降至 73.6%，比 2016 年度下降 2.8 个百分点，比 2015 年度下降 11.3 个百分点，与 2014 年度相比，下降了 25.8 个百分点。如图 2 所示。

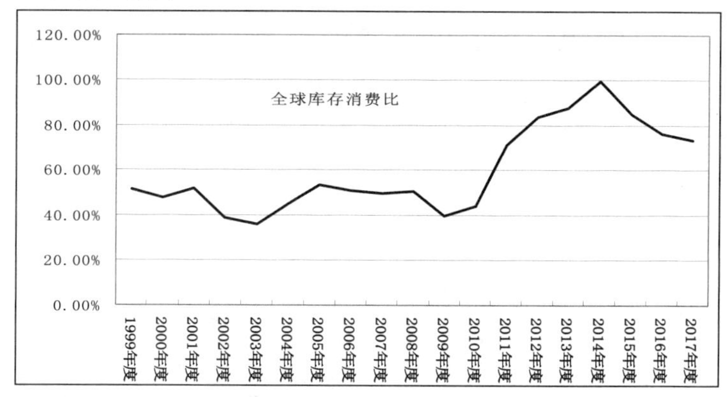

数据来源：美国农业部（USDA）

图 2　1999 年度以来全球棉花期末库存消费比

（二）中国以外国际棉花市场供给严重大于需求

根据美国农业部（USDA）2017 年 12 月发布的数据，2017 年度，中国以外国际市场产量为 2067.5 万吨，比 2016 年度增加了 242.7 万吨，增幅为 13.3%；消费量预计为 1754.6 万吨，比 2016 年度增加了 72.2 万吨，增幅达 4.3%，为近三个年度以来最大增幅。中国以外国际市场产大于需 312.9 吨，期末库存消费比为 60%，与 2005 年度相当，为 2000 年度以来供给较为充沛的一年。如图 3 所示。

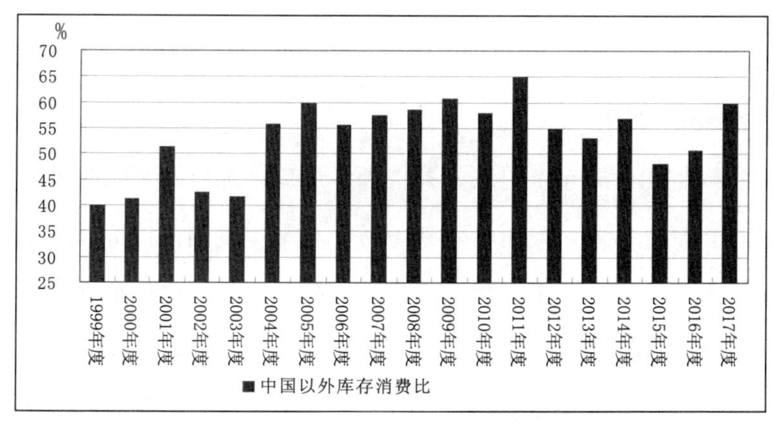

数据来源：美国农业部（USDA）

图 3　1999 年度以来中国以外国际市场库存消费比

（三）储备棉规模性轮出

2017 年度是我国供给侧结构性改革深化之年，储备棉出库将继续推进，我国棉花产需有所回升，期末库存大幅度下降。据国家棉花市场监测系统发布数据显示，2017 年度，中国棉花产量 569.8 万吨，比上年增加 58.1 万吨，增幅 11.35%，消费量 812.6 万吨，比上年增加 11.48 万吨，增幅 1.43%， 产需缺口 242.8 万吨，较上年收窄 46.6 万吨。如图 4 所示。

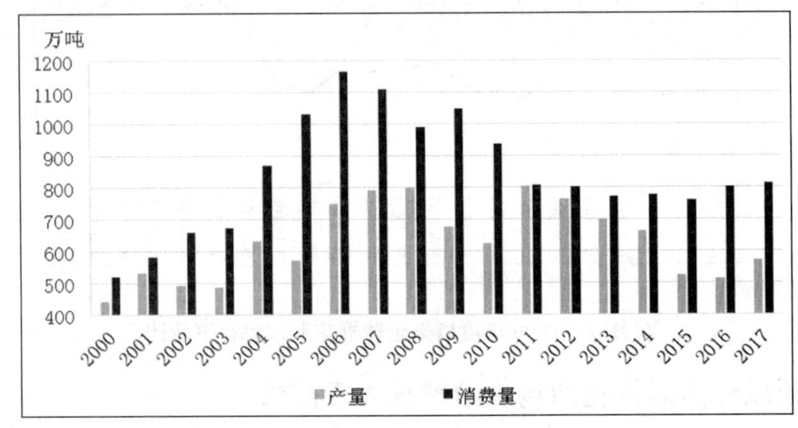

数据来源：国家棉花农市场监测系统

图 4　2000 年度以来中国棉花产需对比

2016 年度储备棉轮出 322 万吨，比上年多轮出 56 万吨，国内棉花期末库存降至 651.4 万吨，同比下降 20.4%，期末库存消费比为 80%，同比下降 21.9 个百分点。

二、2017 年度棉花价格走势

鉴于较为悬殊的供需格局，2017 年度国内外棉价走势分道扬镳，形态各异。

（一）国内棉价弱势下滑

新棉上市、国储棉出库延至 9 月底、外棉外纱进口增加以及金融防风险、去杠杆等多重因素叠加导致国内棉花现货市场价格不断下滑，与上年度国内棉价以及本年度国际棉价走势相比均明显背离。内外棉价差一度居高不下，外棉、外纱进口扩大。据海关发布的数据，与上年同期相比，2017 年 9 月、10 月、11 月，中国进口外棉增幅分别为 53%、89%、31%，外纱进口增幅分别为 9%、21%、8%。截至 1 月 4 日，代表国内棉花现货市场价格水平的国棉 B 指数 2018 年 1 月平均为 15676 元/吨，比 9 月下降了 204 元/吨，降幅约为

1.3%。内外棉价差从9月的2325元/吨，收窄至1157元/吨。

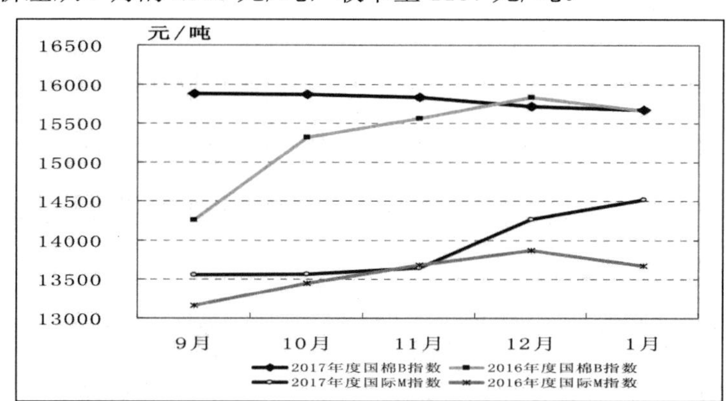

数据来源：中国棉花信息网

图5 近两个年度9月至次年1月国内及国际棉花现货价格走势对比

（二）2017年度国际棉价先抑后扬

伴随着北半球棉花收获上市，供给压力不断释放，国际棉花现货价格于10月降至底部，代表国际棉花现货价格的国际棉花价格M指数月度平均价格为80.51美分/磅。受天气、虫害等灾害影响，2017年度实际产量与预期相比有所下滑，供给压力略有缓释。鉴于国际棉价、纱价大幅低于中国市场，在中国外棉、外纱进口明显扩大的同时，国际棉价快速上涨，12月国际棉花价格M指数平均为85.07美分/磅，2018年1月（截至1月18日）均价上涨至89.9美分/磅。2017年度国际棉价上行倾斜程度明显大于2016年度，见图5。与上年同期相比，2017年12月和1月国际棉花现货价格上涨幅度分别为8%和13%，见图6。

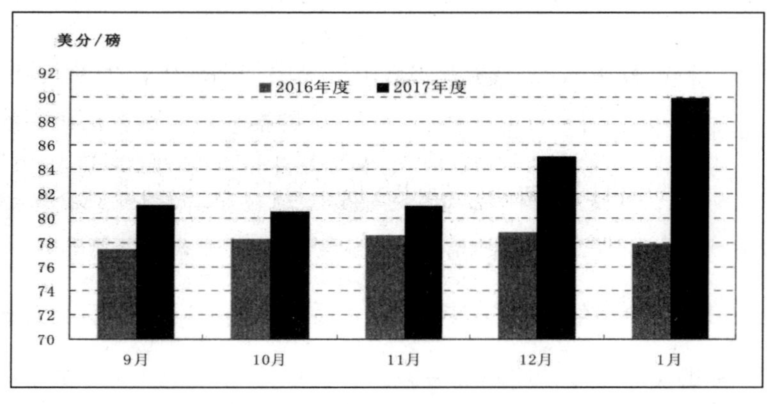

数据来源：中国棉花信息网

图6 近两个年度9月至次年1月国际棉花现货价格走势对比

三、2017年度中后期预计全球棉纱市场竞争或将进一步激化

2015 年度以来的本轮棉花市场升温，其主要动力为中国供给侧结构性改革。随着外围经济环境触顶，后期包括棉花在内的消费景气进一步回升的难度加大。棉纱市场竞争激化的态势或将于2017年度中后期逐步突显，或将对棉价上行空间形成一定制约。

（一）2018年宏观经济触顶

2017 年，世界经济从过去 10 年低迷停滞中走来，主要经济体 2008 年国际金融危机以来全部实现正增长。经济合作与发展组织预计，2017 年全球经济增速将达到 3.6%，2018 年上升至 3.7%。2017 年中国经济增速 10 年来首次回升，前三季度按可比价格计算，GDP 同比增长 6.9％，与上半年持平，比上年同期加快 0.2 个百分点。全年预计6.8%。前三季度，外贸出口增长7.5％，进口增长17.3％，同比分别提高16.1和25.6个百分点。外需对经济增长的贡献由负转正。不过考虑到，在本轮经济增长的主要因素中大宗商品上涨贡献较大，下游属于被动补库跟涨。随着上游价格的不断上涨，2017 年三季度市场需求开始走弱。预计2018年全球宏观经济触顶，2019年将滑落至3.6%。

（二）2017年度后期棉花消费对棉价的承受能力相对弱化

随着宏观经济回暖，纺织品服装消费有所回升。据海关数据，2017 年全国纺织品服装进出口贸易额 2931.5 亿美元，增长 1.2%，其中出口增长 0.8%，进口增长 5.3%，累计贸易顺差增长2.9%。2017全年纺织品服装出口有望结束连续两年下滑态势。

美国农业部（USDA）12 月报告预计 2017 年度全球棉花消费量扩大至 2603.7 万吨，为2008年国际金融危机以来新高。2000年度以来的棉花最高消费量为2006年度的2688万吨，2017年度与之相差84万吨。

考虑到 2018 年全球经济运行态势以及货币政策的正常化的逐步实施，后期下游终端市场对棉花产业的贡献力度或将略显疲态。我们预计 2017 年度棉纱市场国际竞争有所加剧，大型及中高端优质企业有望处于稳中向好运行态势，生产传统产品的中小型企业运营难度加大。由此，对后期棉花消费及棉价走势构成一定制约。

2017 年我国纺织服装行业运行分析及 2018 年展望

中国纺织工业联合会产业经济研究院　刘欣

2017 年，我国纺织服装行业坚持深化供给侧结构性改革，努力化解各种外部风险，努力适应国际国内的市场变化，总体上保持了“稳中有进、稳中提质”的发展态势，各项经济运行指标均实现正增长，部分指标增速较上年同期有所加快，运行质效稳步提升，转型升级成效逐步显现。2018 年，纺织服装行业将深入贯彻十九大精神，持续推进行业实现高质量发展。

一、2017 年纺织服装行业经济运行情况

2017 年，我国纺织服装行业努力适应国际国内的市场变化，克服了诸多国内外市场的挑战，总体上保持了“稳中有进、稳中提质”的发展态势，各项经济运行指标均实现正增长。运行特点具体表现如下：

（一）行业景气总体保持发展区间，订单较上年改善明显

据中纺联企业景气综合测算结果显示，2017 年内，纺织服装行业的总景气指数保持在 60.70～63.15 之间，总体保持在发展区间，且整体较 2016 年运行区间有所提升，显示 2017 年内行业发展景气度较上年有所提高。见图 1。

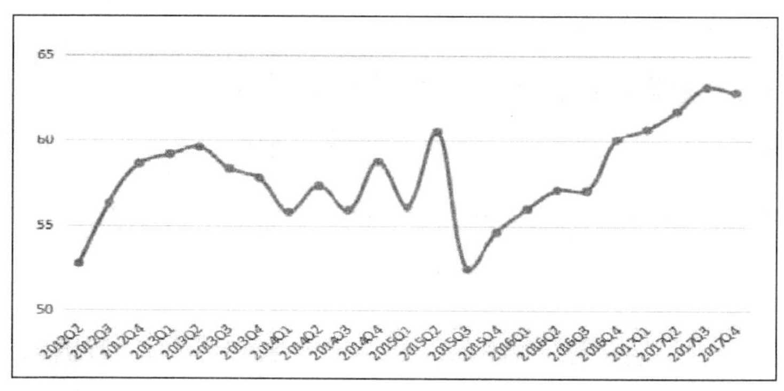

数量来源：中国纺织工业联合会产业研究院

图 1　近年来我国纺织服装行业景气指数变化情况

从分项指数中来看，2017 年整体行业景气水平较上年有所提升，主要在于行业新订单指数、销售价格指数较上年有明显提升。据测算，2017 年内，纺织服装行业各季度新订单指数保持在 64.22~69.13 之间，而 2016 年内，该项指数仅在 2016 年四季度才突破 60 水平；2017 年内各个季度的产品销售价格指数保持在 59.92~64.18，基本高于上年同期价格指数水平。

（二）生产增速保持低速增长，纺织业减缓明显

2017 年以来，纺织工业增加值增长较为稳定，较 2016 年有所放缓。根据国家统计局数据，2017 年我国规模以上纺织企业工业增加值同比增长 4.8%，低于上年增速 0.1 个百分点。其中，纺织业增加值增速相对较低，同比增长 4.0%，增速较上年回落了 1.5 个百分点；服装业同比增长 5.8%，较上年提升 2 个百分点；化纤业同比增长 5.8%，较上年回落 0.3 个百分点。总体来看，2017 年内，受到原料价格波动影响较大的产业链前端环节工业增加值增速减缓较明显。见表 1。

表 1　2017 年全国工业及纺织行业工业增加值情况

行　业	工业增加值增速（%）	较 2016 年增减（百分点）
全国工业	6.6	0.6
纺织行业	4.8	-0.1
纺织业	4.0	-1.5
纺织服装服饰业	5.8	2
化学纤维制造业	5.8	-0.3

数据来源：中国纺织工业联合会产业研究院

（三）投资保持一定增长，化纤行业投资增长较快

2017 年，我国纺织行业固定资产投资保持一定的增长，但增速有所回落。据国家统计局数据，纺织行业 500 万元以上项目固定资产投资完成额为 13507.32 亿元，同比增长 5.2%，增速较上年同期回落 2.56 个百分点。

受到产品结构调整、盈利水平提升等因素影响，2017 年内，我国化纤行业投资信心增强，投资额为 1330.36 亿元，同比增长 19.2%，投资规模占全行业 9.85%，但其对全行

业新增投资贡献度达 32.06%。见图 2。

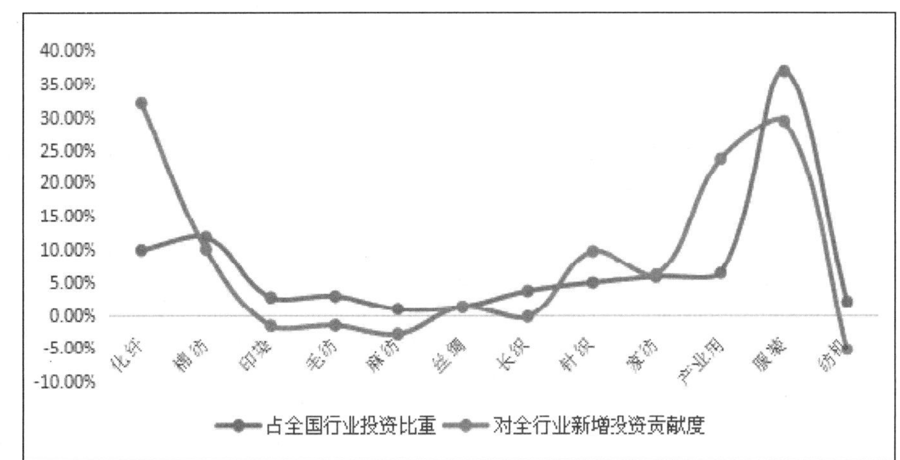

资料来源：中国纺织工业联合会产业研究院

图 2　2017 年纺织子行业投资占比及新增投资贡献度对比图

2017 年内，东部地区投资增长快于中西部地区。2017 年，东部地区投资额同比增长 7.9%，中部和西部地区投资额分别同比增长 3.2%和-3.5%。新疆地区随着投资基数的增大，投资完成额增速逐步放缓，2017 年全年投资总量甚至较上年有所下降。

（三）出口规模保持增长，数量增长贡献突出

2017 年，我国纺织服装产品出口呈现企稳回升态势。据我国海关数据显示，2017 年我国累计出口纺织品服装 2745.05 亿美元，同比增长 1.62%，增速较上年同期提高了 8.84 个百分点，扭转了 2015 年、2016 年连续两年的年度负增长。其中，纺织品出口 1156.97 亿美元，同比增长 4.54%，服装出口 1588.08 亿美元，同比下降 0.4%。若以人民币计价，2017 年我国纺织品服装出口同比增长 4.31%。

主要出口市场中，2017 年内，对韩国、加拿大、土耳其市场的出口恢复较快，出口增速分别较上年提升了 19.14 个百分点、20.95 个百分点和 21.68 个百分点；对美国、欧盟、日本市场的出口增速均保持了 7 个百分点左右的增长恢复；“一带一路”及非洲也成为行业出口增长新亮点，“一带一路”沿线国家占我国纺织品服装出口总额的三分之一，对非洲纺织品服装出口额占出口总额的 6.69%，均较上年同期有所提升。

从分产品来看，纺织品和服装均呈现出口量增价跌的特点，纺织品出口价格同比下降

3.93%，数量同比增长 8.18%；服装出口价格同比下降 6.18%，出口数量同比增长 6.16%，见图 3。

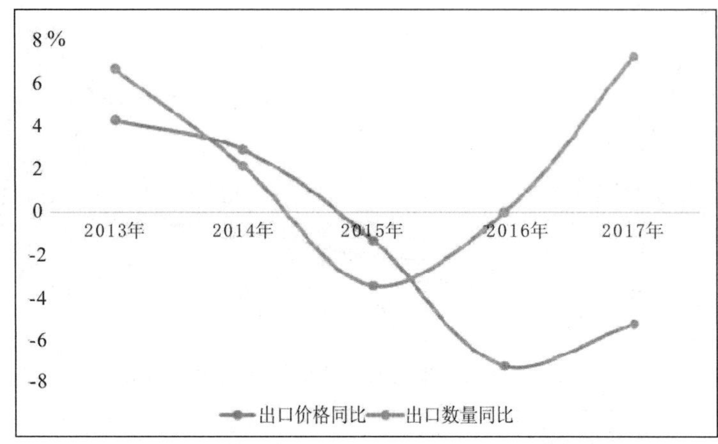

数据来源：中纺联产业经济研究院

图 3　近年来我国纺织品服装出口量价关系变化情况

（四）内销保持平稳增长，线上销售增长较快

内需市场继续保持平稳增长。根据国家统计局数据，2017 年，全国限额以上服装鞋帽、针纺织品零售额 14557 亿元，同比增长 7.8%，增速较上年同期略加快 0.8 个百分点，增速低于同期全社会消费品零售总额增速 2.4 个百分点，见图 4。

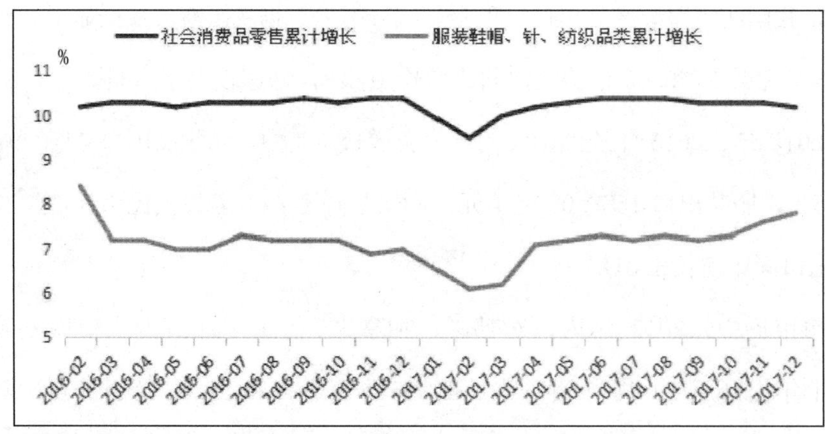

数据来源：国家统计局

图 4　近年来我国消费品零售额增长情况

在居民消费结构持续升级，纺织服装类商品需求增长速度平稳放缓的同时，国内网络消费增长较快。据中纺联估算，2017 年内，我国纺织行业电子商务交易额同比增长 20%左

右。消费渠道的动能转换为我国纺织服装行业内销市场的平稳发展提供了有效的市场驱动保障。

（五）运行质效平稳提升，高质量发展夯实步伐

2017 年内，我国纺织企业效益情况稳中趋好。2017 年，我国规模以上纺织企业累计实现主营业务收入 68935.65 亿元，同比增长 4.2%，增速较上年提高 0.1 个百分点；同期，规模以上纺织企业实现利润总额 3768.81 亿元，同比增长 6.9%，增速较上年提高 2.42 个百分点。

2017 年内，受产业结构调整、产品价格提升等因素影响，我国化纤行业主营业务收入、利润增长水平突出。据统计，化纤行业主营业务收入 7905.82 亿元，同比增长 15.22%，增速高于上年 11.51 个百分点，对全行业新增主营业务收入贡献度为 38.81%；化纤行业实现利润总额 444.95 亿元，同比增长 38.30%，对全行业利润增长贡献度达 50.51%，见图 5。

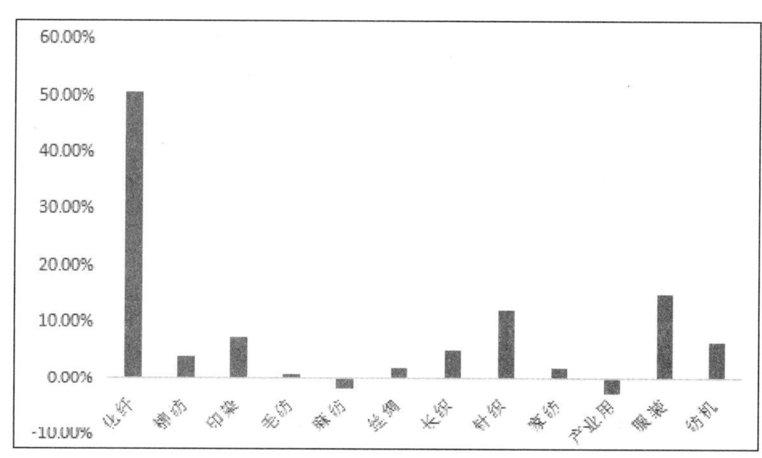

数据来源：中国纺织工业联合会

图 5　2017 年各子行业对纺织服装行业利润增长贡献对比

纺织行业运行质量稳步提高。2017 年，规模以上纺织企业销售利润率为 5.26%，高于上年同期 0.13 个百分点；总资产周转率为 1.5 次/年，较上年同期下降 0.98%；三费比例为 6.21%，较上年同期增长 0.03 个百分点。行业企业结构积极调整，虽然亏损企业数同比增加 11.01%，但亏损企业亏损额同比下降 6.23%。

纺织行业供给侧结构性改革成效明显，产能利用率水平持续提升，位居工业前列。据统计，2017 年，化纤业、纺织业的产能利用率水平分别达 83.7%和 80.2%，较上年分别提

高了 2.3 个百分点和 4.2 个百分点，较同期工业产能利用率平均水平分别高出 6.7 个百分点和 3.2 个百分点。产业链终端转型升级效果显著，品质提升、品牌建设工业取得成效。2017 年内，纺织行业消费终端的产业链环节——家纺、产业用、服装行业的利润率分别达 5.88%、5.70%和 5.77%，均高于全行业平均水平。此外，纺织行业电子商务的快速发展对消费驱动的有效支撑，居民消费能力的提升、消费升级的持续等，也都反映出我国纺织行业向高质量轨道发展的步伐在不断夯实。

二、2017 年纺织行业运行中存在的主要问题

（一）行业转型升级仍存在制约因素

当前，我国纺织行业处于转型升级的关键阶段，企业迫切需要加大技术装备投入的力度。但近年来，我国纺织行业固定资产投资增长缓慢，行业扩大投资、推进升级等均面临着制约因素。

近年来，国家出台了很多减税降费的政策，但是纺织企业成本负担仍然较重。根据中纺联“企业经营者跟踪调查”结果显示，42.7%的企业认为成本上涨仍是目前生产经营中遇到的第一大问题。成本压力也是造成纺织企业在国内投资的积极性下降部分企业将新增投资转向海外。同时，融资难、融资贵问题长期未能有效解决。税收负担依然较重，生产型企业“营改增”后可抵扣进项税占主营业务收入比重极小，加上服务售价提高转嫁税负、小额纳税人开具发票困难等原因，企业普遍反映受益有限。

（二）国内外市场竞争更趋激烈

2017 年内，虽然国际贸易环境总体较上年有略有改善，但在美国、欧盟、日本等市场，我国纺织品服装所面临的竞争压力仍较大。据有关数据显示，2017 年 1～11 月，美国、日本、欧盟从全球进口纺织品服装总金额同比增速分别为 1.24%、 4.04%和 1.78%。但国际市场的贸易竞争更趋激烈，我国在传统市场所占份额逐年下降，2017 年 1～11 月，我国在美国、日本、欧盟纺织品服装进口市场所占比重分别下降 0.35 个百分点、

0.93 个百分点和 0.90 个百分点。

国际市场需求竞争压力增大的同时，内需市场也持续进入消费升级阶段。品质型、改善型消费增长较快，而吃穿类基本消费增长放缓。根据国家统计局数据，2013 年，我国服装针纺织品零售占全社会商品零售占比为 4.7%，之后比重逐渐下降，至 2017 年比例仅为 4.0%。纺织行业面对新零售模式的变化、消费渠道的变化，需挖掘内需市场新消费热点。

二、2018 年纺织行业发展形势与预期

2018 年，全球制造业及贸易活动升温仍将持续，消费者信心增强，大宗商品价格稳定，都将为行业出口增长提供稳定的贸易环境保障。内需市场的平稳增长、新消费渠道的快速发展、主要原料、重点产品供需顺畅衔接，也将继续助力纺织行业向高质量发展稳步推进。但我国纺织行业面临的发展环境依旧复杂严峻，实现平稳运行的压力仍然存在。

（一）2018 年国际经济保持复苏，将继续改善我国纺织品服装出口

2017 年全球经济复苏步伐有所加快，制造业和服务业生产活动有所反弹、全球贸易有回暖表现。2018 年，全球制造业及贸易活动升温仍将持续。根据世界银行预测数据显示，2018 年全球增长将从今年的 2.7%升至 2.9%。

全球经济复苏势头仍将保持，支撑国际市场对我国纺织品服装的进口需求，有利于我国纺织品服装对外出口。此外，随着人民币国际化进程的持续推进，人民币汇率趋稳或将常态化，也将有利于我国相关出口企业对外贸易的稳定。预期，2018 年内，我国纺织品服装出口增速将较 2017 年有所提升。

（二）2018 年我国国内市场保持平稳，有利于纺织品服装内销稳定

2017 年以来，国内经济保持稳定增长，我国无论是居民收入、居民消费还是居民储蓄，也都呈现不同程度的增长态势，有利支撑了国内消费市场的稳定提升。虽然国内纺织服装零售市场板块增速水平低于预期，但国内网络消费中纺织服装的增长较快，整体来看国内纺织品服装消费仍较为平稳。2018 年，国内经济将继续保持缓中趋稳增长态势，将为国内消费继续提供健康良好的经济环境。预测同时，在“三品战略”的持续推动下，国

内纺织企业将继续积极调整，加速实施“增品种、提品质、创品牌”等各项工作，将为国内纺织服装的消费提供更多的选择空间，更好地挖潜内需潜力。预期，2018 年内，我国纺织品服装内需增长将保持 7%以上的增长水平。

（三）2018 年棉花价格趋稳，有利于稳定国内企业安排生产

2018 年内，全球棉花供需基本平衡。据中国棉花协会预测，2017/18 年度全国棉花总产量为 546.7 万吨，比上年度增长 10.23%，消费量或为 827 万吨，较上年度提高 3%；据国际棉花咨询委员会预测，2017/18 年度，全球棉花产量预计增长 9%，达到 2510 万吨，全球棉花消费量预计为 2510 万吨，消费量增长 2%。总体看，2017/2018 年度，国内外棉花供应量都将有所增加。从国内的棉花供需关系来看，尽管新年度棉花产量增长，但产需之间仍然存在较大缺口，需要通过进口棉和储备棉弥补市场需求，棉花价格大幅下降可能性不大，预计新年度国内棉花价格仍将趋于平稳。而从国际棉花供需关系看，整体供需格局也将为宽松，预期也将不会有过大幅度的价格波动。棉花原料价格的稳定将有利于国内相关企业的成本控制，便于企业正常接单、安排生产。

（四）2018 年内国际原油价格或将上行，助推化纤行业继续向好

随着国际原油供应过剩局面的逐渐缓解，预期 2018 年国际原油价格或将上涨。原油价格的上涨，虽然会推高相关化纤产品的原料成本，但也将相关化纤产品的市场销售价格提供有力的上行支撑。在下游纺织服装行业运行基本平稳的情况下，随着化纤行业结构调整逐步深入，在油价上行带动下，化纤行业有望继续保持 2017 年以来的较快增长势头，对纺织全行业平稳发展发挥积极作用。

（五）不确定因素仍然较多

2018 年，纺织行业发展面临的不确定因素仍然较多。我国宏观经济仍处于调整中，全球经济复苏力度仍显疲弱，成本压力也仍然存在，纺织行业参与国内外市场竞争的压力仍然较为突出。诸如国际贸易争端、贸易保护主义升温、部分经济体经济和政治政策的高度不确定性等也将成为我国纺织品服装出口贸易需面临的潜在风险。国内环保监管更趋严

格，企业生产、投资活动受限，也是纺织全行业平稳发展的瓶颈制约。

面对各种不确定风险，纺织行业仍需进一步深入推进转型升级，积极化解各种风险矛盾，全面提升国际竞争力，努力确保行业运行基本平稳，为国民经济发展做出有益贡献。预期 2018 年我国纺织行业工业增加值或将保持 5%的增长；主营业务收入、利润总额同比增长 7%左右；我国纺织服装产品出口将保持 2%左右增长水平。

新时代 新定位 新征程--中国纺织业国际化发展的成绩与展望

中国纺织工业联合会　徐迎新

2017 年是不平凡的一年：全球经济自世界金融危机之后首次同步复苏，国内供给侧结构性改革取得重大进步，我纺织服装行业稳中有进。特别是中共十九大的胜利召开，确立了以习近平总书记为核心的新的中央领导集体，把习近平新时代中国特色社会主义思想作为中国发展的行动指南，确定了到 2020 年全面建成小康社会和到 2050 年分两步走建成社会主义现代化强国的宏伟目标，明确了未来几年中国的经济政策方向。

站在 2018 年年初这个历史关口，我们有必要总结 2017 年中国纺织业国际化发展的成绩，明晰行业进一步国际布局所面临的国内外形势，对新时代行业如何实现高质量的国际化发展提出相应建议。

一、近年来中国纺织业“走出去”成绩

（一）行业境外直接投资基本情况

近几年，纺织企业通过“走出去”进行生产力跨国布局及优质资源全球配置，并与国内产业转型升级产生良性互动取得了令人瞩目的成绩。我国纺织业对外投资整体上呈现高速增长态势，且呈现出多区域、多行业、多形式的特点，骨干企业主动进行国际布局的意识明显提高。从国家层面的“外因”来看，中国 2015 年开始从资本输入国向资本输出国转变，特别是随着“一带一路”倡议和国际产能合作战略的坚定推进，给纺织产业资本顺利“出海”进行全球布局创造了前所未有的宏观政经环境。从行业层面的“内因”来看，金融危机以来，世界总需求复苏始终乏力，内外诸多因素造成我产业国际比较优势受到空前挑战。“走出去”，在全球范围内主动进行垂直产业链优质资源的掌控，成为行业再创国际竞

争新优势的必然之举。

根据商务部统计口径，2003 年至 2016 年，我国纺织产业对外直接投资累计 76.3 亿美元，年均增速为 28.25%，占制造业对外直接投资累计总额的 7.89%。其中，纺织业对外直接投资存量 47.3 亿美元；纺织服装、服饰业对外直接投资存量 20.59 亿美元；化学纤维制造业对外直接投资存量 8.42 亿美元。2008 年全球金融危机以来，纺织产业对外直接投资年均增速达 30.88%。2016 年，我国纺织产业整体对外直接投资大幅度创下历史新高，较前一年同期增长 89.3%，达 26.6 亿美元。2015 年和 2016 年两年的对外直接投资额达 40.65 亿美元，占 2003~2016 年总存量的比重为 53.28%。见图 1。

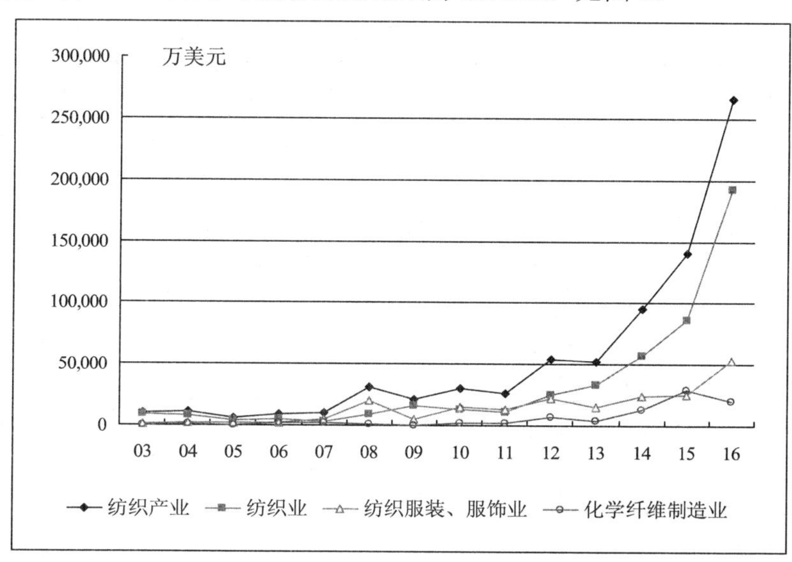

数据来源：商务部

图 1　2003~2016 年中国纺织业对外直接投资情况

根据商务部统计口径快报，2017 年我国制造业对外直接投资 191.2 亿美元，同比下降 38.4%。纺织产业整体对外直接投资额为 11.8 亿美元，其中纺织业 8.4 亿美元，纺织服装、服饰业 2.6 亿美元，化学纤维制造业 0.8 亿美元。应该说，行业 2017 年的境外投资与 2016 年相比明显下降，这与 2017 年境外投资相关政策明显收紧密切相关。

（二）近期我国纺织业国际化发展的特征

1、“一带一路”沿线成为纺织业对外投资热门区域

越南、埃及、柬埔寨等“一带一路”沿线国家和“一带一路”建设重要参与国是纺织行业对外投资的热门区域，也是重点项目落地实施区域。同时，中国香港、新加坡成为重要的资金周转地和资金池根据地，英属维尔京群岛、开曼群岛等离岸区域也成为资金中转地。根据商务部相关数据显示，2015～2016 年，中国纺织业对外投资的主要国家和地区的前十位中，“一带一路”沿线国家和地区占了七位。中国香港、新加坡和越南分别排名前三位。其中中国香港接受投资金额最多，达到 21.73 亿美元，占纺织行业两年总对外投资额的 53.46%。见表 1.美国是发达国家中，中国纺织行业成立境外企业最多的国家，2015-2016 两年共有来自中国的 154 家企业在美投资，在美成立企业 150 家。

表 1　2015 至 2016 年纺织行业对外投资目的地排名

国家和地区	2015 年（亿美元）	2016 年（亿美元）	投资总额（亿美元）
中国香港	5.05	16.68	21.73
新加坡	1.83	2.30	4.13
越南	1.63	2.26	3.89
英属维尔京群岛	0	2.11	2.11
美国	0.97	0.43	1.40
埃及	0.73	0.42	1.15
缅甸	0.65	0.30	0.95
柬埔寨	0.42	0.48	0.90
法国	0.05	0.78	0.83
巴基斯坦	0.75	0.08	0.83

数据来源：商务部

2017 年前三季度，新加坡超过中国香港，成为我国对外纺织行业投资首选目的地，投资金额为 3.27 亿美元。越南和埃塞俄比亚则分别是行业在中南半岛与非洲区域的投资首选，见表 2。

表2　2017年前三季度纺织行业对外投资目的地排名

国家和地区	单位	新加坡	中国香港	越南	埃塞俄比亚	缅甸	美国	乌兹别克斯坦	马来西亚
2017年前三季度	亿美元	3.27	2.04	1.21	0.91	0.31	0.28	0.22	0.16

数据来源：商务部

2、东南沿海省市仍是我国纺织业对外投资的主力军

山东、江苏、浙江、广东、上海等东南沿海纺织行业发达省市依旧是我国纺织业对外投资的主力军。山东省对外投资额近年来一直保持全国领先，2015～2016 年，山东省纺织业对外投资总额约 22.10 亿美元，约占同期全国纺织业总投资的 55%。紧随其后的是浙江省 7.84 亿美元，占总投资的 19%。排名第三的是上海市，投资总额 4.28 亿美元，占总投资的 11%。如图 2 所示。

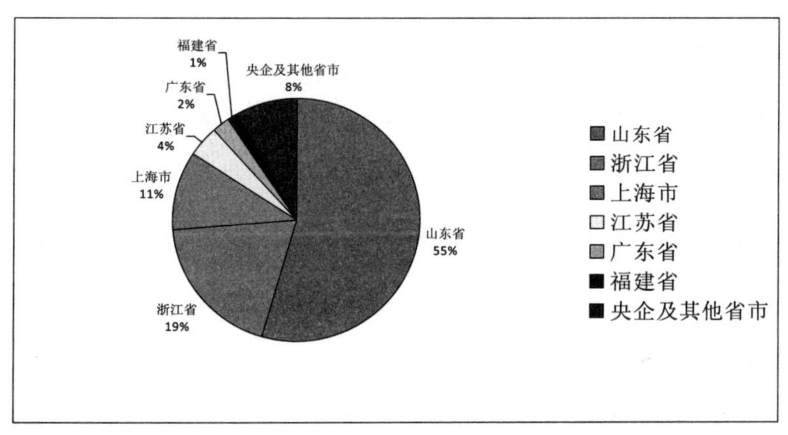

数据来源：商务部

图2　2015～2016年各省市纺织业对外投资占比

2017 年，山东省继续以 5.56 亿美元的对外投资总额稳居各省市榜首，占比达 47%。浙江省以 1.69 亿美元紧随其后。排名三至五位的省市分别是广东省 1.42 亿美元，江苏省 0.94 亿美元以及上海市 0.83 亿美元。

3、“生产力跨国布局”与“全球优质资源配置”两条主线并驾齐驱

从大处着眼，中国纺织业正在通过“走出去”实现产业链的跨国整合和价值链的全球

突破。

一方面，在海外生产力布局方面，纺织业呈现出“中国大陆+东南亚+非洲”的布局模式。由于东南亚国家，特别是越南、柬埔寨、缅甸等国在生产要素成本、劳动力成本和主要市场关税优惠等方面的优势，是我国纺织服装境外投资的热点国家。非洲的埃塞俄比亚由于类似的要素资源禀赋和贸易优惠安排红利，加上强有力的政府工业化决心，近两年在纺织服装领域也吸引了包括中国企业在内的大量外商投资。

另一方面，我国纺织产业资本通过积极主动的海外直接投资与并购，对产业链两端的原料资源、设计研发资源、品牌资源和市场渠道资源进行全球范围内的垂直延伸和掌控，带动行业整体上朝世界纺织产业价值链的高附加值领域渗透。例如在上游原料资源掌控方面，如意收购澳大利亚卡比棉田农场、富丽达并购加拿大纽西尔溶解浆公司都是典型的成功案例。在技术研发方面，金昇收购瑞士欧瑞康的天然纤维纺机业务和纺机专件业务十分成功，苏州天源利用美国最新技术在美国阿肯色州建设全自动化 T 恤生产线引发轰动。终端消费品牌并购方面，雅戈尔、如意、万事利、歌力思等企业都有较为主动的尝试。特别是如意集团近年来海外并购突出。2016 年 10 月和 2017 年 10 月，如意分别以 13 亿欧元和 27 亿美元收购 SMCP 集团的控股权及美国英威达公司的服饰及高级纺织品业务，是行业近两年最大的海外并购项目。

4、棉纺项目仍是境外绿地投资热点

纺织业对外投资几乎涵盖了整个纺织服装产业链，从上游的棉花、浆粕、麻等原材料，到棉纺、毛纺、化纤等中间产品制造，再到终端的服装、家纺产品和纺织机械等都有涉及。不同的细分行业在对外投资的方式上有着各自的特点，发展进程也不尽相同。棉纺和针织行业是迄今为止较为突出的海外绿地投资热点。

棉纺一直是纺织细分行业中对外投资最主动、进展最快的行业之一，除了棉纺企业本身的跨国布局、整合全球优质资源的动力之外，棉花进口受配额限制（导致优质棉花数量不足）以及棉花的国内外价差都是促使棉纺企业“走出去”的重要因素。

棉纺企业近年来在境外的投资项目较多，部分项目不仅取得了可观的经济效益，同时也为投资国的纺织行业发展起到了积极的促进作用，天虹集团就是其中的典型代表。天虹集团在越南先后投资建设天虹仁泽、天虹银龙等项目，如今已经拥有纺纱超过 125 万锭，是越南最大的纱线生产企业。天虹占到全越南约 700 万锭总生产规模的 17.8%，年生产纱线约 30 万吨，占到越南全国 70 万吨纱总产量约 43%，所使用的越南员工超过 12,000 人，是名副其实的纱线龙头生产企业。除了天虹集团以外，在越南进行投资的棉纺企业还有鲁泰集团、华孚色纺、百隆东方、雅戈尔、河北新大东及裕纶纺织等。目前国内棉纺企业在越投资合计已超过 250 万锭，棉纱产量远超过越南总产量的一半。除了越南、马来西亚等东南亚国家，棉纺企业还在美国、中亚地区以及非洲地区进行布局。见表 4。

表 4　中国部分棉纺企业对外投资项目

企业名称	投资项目
天虹集团	2006 年在越南投建第一家纱厂，如今已经拥有超过 125 万纱锭，投资规模累计已达 8 亿美元，为中国大陆企业在越投资规模之首 目前，天虹正在全力打造海河工业园区。海河工业区位于越南广宁省海河县，距离中国广西东兴市 约 30 公里，园区总规划总面积约 3,100 公顷（约合 5 万亩）工业园区于 2014 年开工，完整规划面积 3300 公顷（约合 5 万亩），总投资额预计达 250 亿美元，直接就业超过 12 万人，年实现产值 323 亿美元。另外园区将自建总功率为 200 万千瓦的热电厂，自建日处理约 60 万吨自来水厂及相应规模的污水处理厂。目前一期建设推进顺利，已经有天虹本身、北江纺织（牛仔）等确定入驻
华孚色纺	华孚色纺于 2013 年在越南设立子公司。2014 年 12 月底，越南华孚一期 6 万锭生产线正式上线生产，至 2015 年，华孚在越南投资的产能达 到纺纱 12 万锭、染色 1 万吨。越南华孚二期工程 16 万锭色纺纱项目于 2015 年底开工建设，目前越南 8 万锭已进入设备安装调试阶段
鲁泰集团	2015 年 3 月，全资子公司鲁泰(香港)有限公司在越南投资设立“鲁泰(越南)有限公司”,投资建设 6 万锭纺纱及年产 3000 万米色织面料生产线项目。该项目总投资 15000 万美元,注册资本 1000 万美元,由鲁泰(香港)有限公司全额出资,占投资比例的 100%。据了解，目前纺纱已经正式运行，面料生产线在试运行 2015 年 11 月，公司投资 3000 万美元在越南安江省设立鲁泰（越南）制衣有限公司，生产规模为年加工衬衫 600 万件的能力。项目分两期实施，一期色织布项目已顺利投产，后整理生产线及越南鲁安成衣衬衣生产线正在有序建设中。
百隆东方	2012 年，百隆东方进一步实施“走出去”战略，布局越南设立生产基地，在越南西宁省设立全资子公司百隆（越南）有限公司。2016 年 8 月，百隆越南注册资本已经追加到 4 亿美元。目前一、二、三期全部投入生产，形成年产 50 万纱锭生产能力（占公司总产能的 42%） 2017 年 5 月，百隆(越南)A 区三期 50 万纱锭产能如期达产并实现良好收益，同时东南亚地区对百隆纱线产品需求仍不断增加，基于对越南百隆长期发展的信心，公司决定投资越南百隆 B 区 50 万纱锭生产项目，自筹资金总投资 3 亿美元，项目将分三年逐步完成

企业名称	投资项目
科尔集团	2013年2月，科尔美国公司在南卡罗来纳州正式成立。经过两年时间的前期谈判、厂房建设和设备安装调试，一期一车间2015年正式投产，总投资额达2.18亿美元。目前，一期一车间拥有32台气流纺设备，年产3万吨全棉纱线。计划2017年年底至2018年年初，一期二车间设计为6.3万锭世界最先进的粗细络联的环锭纺车间将投产
金昇集团	由于乌兹别克斯坦的棉花、能源、成本、政策等优势，金晟集团的子公司利泰丝路在2015年也启动了乌兹别克斯坦卡什卡达里亚州卡尔希市12万锭纺纱厂项目的建设，该项目已于2017年年中正式投产
无锡一棉	2018年1月16日，无锡一棉在非洲埃塞俄比亚德雷达瓦国家工业园的纺织产业基地举行了开工奠基仪式。无锡一棉计划在德雷达瓦国家工业园投资建设的纺织产业生产基地计划征地40公顷，规划投资建设30万纱锭，总投资约2.2亿美元，主要生产配套高档色织、针织、家纺的产品，可提供约3000人左右的就业机会。项目将分两期建设完成，首期项目于2018年1月16日开工建设，投资8000万美元、建筑面积约6万平方米，生产规模达10万纱锭，计划于2018年年底完成厂房建设，并配套气流纺加工车间、职工餐厅和职工活动中心等相应设施。2019年上半年进行设备安装调试，下半年正式投产运行
岱银集团	岱银集团于2014年在马来西亚投资建设一期10万锭高档纺纱项目,并于2015年实现投产达产。马来西亚二期12万锭纺纱项目2016年10月正式开工建设，2017年底投产

二、中国纺织业实现高质量国际化发展的考虑

十九大指出，中国经济已由高速增长阶段转向高质量发展阶段。今后几年我国的宏观经济政策、结构政策、改革政策、社会政策都将围绕这个总要求展开。中国纺织产业的全球布局，从来都服务于建设纺织强国这一总目标。在新的高质量发展总要求之下，产业发展的战略方向应该为坚持优化升级，提高纺织业供给质量和动力转换效率，培育一批世界级纺织产业集群，促进我纺织业迈向全球价值链中高端，建成强大的纺织现代化强国。这离不开纺织业高质量的国际布局和优质资源合作。

（一）行业进一步国际布局的宏观环境

深刻认识“开放”的基本国策地位。开放是国家繁荣发展的必由之路。以开放促改革、促发展，是我国现代化建设不断取得新成就的重要法宝。习近平总书记在十九大报告中指出：“开放带来进步，封闭必然落后。中国开放的大门不会关闭，只会越开越大。”全球正面临增长动能、发展方式和经济全球化进程的深刻转变。唯有开放、合作、共赢，

才是通往建设人类命运共同体和实现全球包容性共同发展的正确道路。

开放对于高度国际化的中国纺织业至关重要。中国已连续多年是世界纺织品服装出口的第一大国，产业在创造大量贸易顺差的同时增厚了中国国民财富和世界消费者利益。同时，开放为中国纺织业带来了全球范围的优质原料、品牌和技术资源合作机遇，也为海外纺织企业创造了巨大的终端消费市场。

根本上看，中国在新时代推动形成全面开放新格局的国策，也为中国纺织产业走向世界、融入全球创造了良好的共生环境，对行业的国际布局构成提供了最为基础的支撑。

清醒认识世界政经形势的不确定性正在升高。虽然 2017 年以来世界经济整体趋势向好，但增长仍处于缓慢状态，基础还不稳固。环顾世界，以特朗普政府为代表的逆全球化思潮明显升温，传统贸易保护主义和非理性贸易保护倾向抬头，美国“退群”（退出巴黎协定、TPP、联合国教科文组织等）、英国“脱欧”等事件对全球经济一体化发展有着较大的影响。地缘政治风险、恐怖主义等问题也在一定程度的影响着世界经济的稳定和发展。全球经济的整体发展充满了各种不确定性，中国纺织业的国际化发展面临升级的各种挑战。纺织企业海外布局应高度重视地缘政治风险，在清醒认知的前提下进行理性投资。

客观看待境外投资政策收紧。2016 年下半年开始，国家发改委、商务部、外交部等与境外投资相关的部门连续出台了《境外投资项目核准和备案管理办法》《关于进一步引导和规范境外投资方向的指导意见》《民营企业境外投资经营行为规范》《对外投资备案(核准)报告暂行办法》等一系列对外投资相关政策，从国家政府层面加强了对企业境外投资的管理和海外投资真实性的审查。境外投资监管的趋严，主要针对非实体经济合作性质的有转移资产嫌疑的行为。对真实的、有利于国际产能合作和带动自主设备出口的纺织业绿地投资，对有利于提高国内产业掌控全球优质原料、技术、品牌资源的海外并购，目前仍然是正常进行的。

（二）高质量国际化发展的重点关注

把握好“一带一路”的时代机遇。习近平的十九大报告中共有五处提到“一带一路”

相关内容。中国进行“一带一路”建设，是未来全面开放新格局中的重要方向、重点区域，是国际国内联动、协同发展的重要纽带，也是中国携手世界各国建设人类命运共同体的重要载体，是一项开历史先河的重大战略决策。

对于中国纺织业而言，“一带一路”的“六廊六路多国多港”指明了海外重点投资区域和国别。六大经济走廊中的“中国—中南半岛”是目前我国纺织产业资本绿地投资集聚地；中巴、孟中印缅和中国-中亚经济走廊也有丰富的发展纺织业的要素资源禀赋；在非洲，如埃塞俄比亚这样的先行先试和示范国家也具备发展纺织产业的巨大潜力。

同时，“一带一路”的“五通”正加速打造深度融合的国际国内市场以及更合适的境外投资环境，为我国纺织企业境内外联动布局提供更加优质的要素资源供给和统一市场。随着大规模基础设施实现互联互通以及经贸基础制度完成对接，区域内资本、人才、劳动力、能源、原料等要素和商品有望更加有序、快速和自由流动，这将显著提升区域内纺织供应链合作效率，从而为中国纺织企业在域内不同国家进行产能协同配置和产业链垂直一体化经营创造良好环境。同时，众多政治、外交和经济资源的投入与相互承诺，将为中国纺织企业在沿线国家创造尽可能安全、稳定的中长期经济地理环境。

把握好国内外协同发展与提升国际运营内功。无论从市场容量和发展潜力来看，还是从企业的已有竞争优势来看，我们的纺织企业一定要坚持根植本土、布局全球的国际化理念，才能“走得好”。同时，我们的骨干企业要成长为真正的全球企业，需要踏踏实实提升国际运营的内功，这样才能“走得远”。首先，企业国际化布局不应盲目，应该与发展目标相一致，为增强企业核心竞争力和盈利能力服务。其次，企业应提前做好投资前详尽的尽职调查和可行性研究，对投资地的劳动力供应和成本、劳动生产率潜力、产业链配套、基础设施、法律和政治风险、本地运营等诸多因素统筹考虑。计算综合成本，力争发挥投资目的地优势和企业自身优势的双重叠加，从而提高投资成功的概率。三是要培养国际化管理人才。境外投资成功的关键因素离不开优秀的海外管理团队，这就需要企业选用、培养适应能力强的国际化管理人才队伍，唯此才可能在中长期的时间跨度中获得稳定的盈利。

把握行业新定位视角下的全球优质资源合作。新时期，中国纺织工业的新定位为“创新驱动的科技产业、责任导向的绿色产业以及文化引领的时尚产业”。新定位高度概括了我们从纺织大国向纺织强国转型升级的关键目标。

目前，中国已经建成规模和协同效应世界领先的全产业链，成为全球纺织品服装最大的生产国、出口国和消费国，出口贸易额占全球比重超过三分之一。应当说，中国在世界纺织产业链的制造端形成了领先的比较优势，高效高质供应链的竞争力较强。但与此同时，全球新一轮工业革命和消费革命已初见端倪，中国纺织产业突破价值链低端的形势和任务十分紧迫。当前中国纺织工业只在全球供应链的制造环节占据中心优势地位，在智能制造核心技术、全球优质原料资源掌控、美学原创设计和时尚引领能力、国际性品牌和市场渠道掌控这些产业的价值链高端地带，依然不够强大。近几年海外强势快消时尚品牌在中国已实现大规模市场渗透，削弱了国内服装品牌的资本积累和发展后劲，我国纺织业面临被锁定在供应制造环节的风险。

要把中国纺织业建设成为世界一流的科技产业、绿色产业和时尚产业，实现产业的全球价值链地位提升，离不开一批行业企业通过主动的境外投资并购和统筹利用国内外科技、创意、品牌等优质资源，成功升级为纺织时尚跨国企业。企业强则行业强，企业通过境外投资并购，真正掌控了全球的优质科技、时尚和绿色资源及话语权，行业的新定位方可成为现实。

中国纺织工业联合会在国家发改委的支持下，于 2017 年牵头发起成立了中国纺织国际产能合作企业联盟。联盟将融汇各方积极动能，全力支持行业企业的高质量国际化征程。

印染转型升级中的社会责任与产业链协同治理

中国印染行业协会　陈志华

伴随着我国印染行业的不断发展，来自资源环境约束、要素成本上涨、产品生态安全等方面的压力日益加大，印染行业必须加快转型升级进程，而社会责任是行业转型升级、可持续发展的重要内容，是提高行业竞争力的重要因素，将最大限度地体现消费者和利益相关方的要求。一直以来,印染行业是纺织产业链中节能环保的重要一环，但治理范围有限，纺织工业产业链较长，产业链各环节环环相扣，促进资源节约、污染治理、保护环境是整个纺织产业链的社会责任，需要产业链上下游协同治理，共同推动上下游企业履行社会责任的义务，加快推进社会责任建设。

一、推进行业社会责任建设刻不容缓

企业的社会责任主要包括对员工的责任、对债权人的责任、对消费者的责任、对社会公益的责任、对环境和资源的责任。环境保护责任作为社会责任的一部分，对印染企业而言是企业履行社会责任的一个重要方面。企业在谋求自身利益最大化的同时，还应当履行保护环境的社会义务，应当对环境公共利益负一定责任。为此，在印染行业推进社会责任建设，将环保理念融入产品研发、技术改进、产品交付的整个过程中，并积极实施清洁生产、节能减排，实现对利益相关方的绿色保护责任，成为转型升级的重要内容。

近年来，印染行业积极倡导并加快推进企业社会责任建设，协会鼓励优秀企业和产业集群地区积极披露责任信息、发布责任报告，营造信任的环境。履行社会责任已经逐步成为企业和行业的自觉行为，许多印染企业已经开始将社会责任纳入企业发展战略，并通过向社会公开发布社会责任报告等形式，加强与利益相关方沟通，主动接受社会监督。推行 CSC9000T 可以帮助企业改善管理水平，尤其是企业社会责任管理、职业健康与安全管理和人力资源管理，提高企业核心竞争力；社会责任报告是检验企业综合品质的试金石，海天、旭荣、如意、华孚色纺等公司采用了管理体系+责任报告的双轨机制，在强化企业社会责任管理能力的同时，增加企业管理的透明化和民主化。

二、印染行业取得的成绩和挑战

依靠技术创新、技术进步实现单耗逐年下降。2005～2015 年十年间，印染行业单位产品水耗由 4 吨/百米下降到 1.8 吨/百米，下降 55%；单位产品综合能耗由 59 公斤标煤/百米下降到 41 公斤标煤/百米，下降 30.5%；印染行业水重复利用率由 7%提高到 35%，提高 28 个百分点。

加强管理创新。重点发展和应用了信息化与自动化技术，跑冒滴漏现象大幅降低，清洁生产水平大幅提高，三级计量，清洁生产审核比例大幅提高。

提高末端治理能力和水平。高标准低成本三废治理技术不断完善，印染企业环保设备投资比例逐渐增加，治理水平不断提高。“十二五”时期，纺织业废水排放总量由 24.08 亿吨减少至 18.4 亿吨，减排 5.68 亿吨；化学需氧量排放总量由 29.2 万吨减少至 20.6 万吨，减排 8.6 万吨；氨氮排放总量由 2.02 万吨减少至 1.5 万吨，减排 0.52 万吨。纺织行业废水处理能力和资金投入大幅增加,2006～2013 年，废水治理设施处理能力从 902 万吨/日增加到 1162 万吨/日,增加 28.82%；废水治理运行费用由 29.31 亿元增加到 45.18 亿元，增加 54.15%。

但是，中国印染行业仍面临日益增长的发展需求与资源和环境制约的矛盾和压力。印染加工过程本身需要消耗染化料和能源，同时，还要去除产业链前端纺纱、织造过程中添加的油剂、浆料等辅料。因此，印染行业推进社会责任建设，并积极推行清洁生产节能减排，最大程度地降低能源消耗，减少污染物排放，实现利益相关方的环境责任，成为转型升级的重要内容。

三、中国印染行业协会致力于推进行业节能减排

印染协会已经连续十二年召开环保年会，连续十一年推出节能减排先进技术推荐目录，共计297项节能减排先进技术，其中涉及废水和废气治理等环保技术94项。

印染废水深度处理及回用技术方面，近年来，中国膜技术总体水平有了很大进步，主要技术特点是采用双膜法对印染废水进行处理后再利用，回用水基本不含有机物色度和硬度，满足回用水要求，技术成熟可靠。目前膜分离技术处理印染废水已经成为主要的废水深度处理回用途径，并在一些企业得到了实际应用。

煤改天然气或中压蒸汽方面，随着国家对环境管理要求的提高，燃煤锅炉被限制使用，天然气和中压蒸汽成为合适的取代热源。由于天然气价格不断上升，且供应紧张，天然气作为定型机热源成本较高，因而，中压蒸汽对定型机供热得到重视。中压蒸汽与导热油炉相比具有环保、安全可靠、节能减排的显著效果，其经济效益和社会效益是双重的，应加大推广力度。

另外，积极配合政府有关部门开展环境保护相关工作。一是协助工信部做好印染企业准入公告管理工作；二是协助环保部等部门参与行业标准、法规方面的研究制定，包括《棉印染产品取水定额（GB/T 18916.4-2002）》《纺织染整工业水污染物排放标准（GB 4287-92）》《纺织染整工业水污染物排放标准（GB 4287-2012）》《印染行业清洁生产评价指标体系（试行）》《印染行业准入条件》等系列标准、规范，有利于规范行业管理，依法推进节能减排工作，促进企业加大减排投入和相关技术改造力度，加强资源节约再利用，减少污染物排放，实现绿色清洁生产。

四、做好社会责任需要产业链协同治理

印染行业是纺织产业链上下游关联度非常高的行业，与染化料、助剂、机械、环保等相关产业联系十分紧密，印染的环保工作也与上游原料纺纱、织造，下游服装、家纺紧密相连。近几年产业链上下游不断开展合作做好环境保护工作。

（一）锑的问题

2014 年以来，太湖流域因“锑”浓度超标而引发的织造、印染企业关停事件时有发生。环保部在 2015 年 3 月发布的《纺织染整工业水污染物排放标准》（GB 4287-2012)修改单中增设了总锑的排放控制要求。2017 年 6 月 25 日，太浦河锑浓度指标出现异常，吴江地区的印染企业再次经历了一次为期五天的停产波折。锑系催化剂是聚酯纤维合成常用的催化剂，在织造过程中作为催化剂的少量锑析出进入织造废水，前处理染色过程中，在高温高压状态下，大部分锑析出进入印染废水。目前，印染企业应对办法是采用混凝沉淀法处理，铁盐混凝沉淀，锑的去除率可达 80%～90%，但存在的问题是废水处理成本上升。

近年来，为减少和取缔锑系催化剂的使用，化纤行业一直关注和研究环保的替代产品及技术。化纤工业“十三五”发展指导意见中提出：推广聚酯无锑催化剂聚合技术，研究和攻克非重金属新型催化剂技术。钛系催化剂已经受到了国内大型化纤企业的关注，浙江恒逸集团有限公司、盛虹集团有限公司、仪征化纤研究院、上海石化公司研究院、三房巷集团及东华大学等单位都在进行钛系催化剂的深入研究，尤其天津石化研究院与天津石化涤纶厂在钛/锑复合催化剂在聚酯合成中的应用方面做了许多研究及产业化工作，并且已经在 10 万吨/年连续式生产装置大规模应用。2017 年 7 月，化纤协会召开了“聚酯行业绿色催化剂研讨会”，提出了渐进式推进相关标准的制定及修订，增加标准中重金属含量等绿色环保指标要求，并通过常规指标的调整，让新型催化剂生产的聚酯产品也能够纳入现有标准体系中。同时也建议印染行业为保证废水中的总锑满足现行国家排放标准的要求，应不断革新传统印染工艺和废水处理技术。从源头解决印染行业环保问题、降低生产成本，对印染行业的可持续发展具有重要意义。

下一步，印染协会将与化纤协会进一步加强合作，上下游联合推动聚酯绿色催化剂的研发和应用，发挥各自优势，寻找更加环保的替代品和有针对性的废水处理技术，有效降低印染行业锑排放总量，提升水环境治理水平，共建绿色纺织产业链，切实保障河流及下游水源地水质安全。

（二）PVA 的问题

印染废水中大量的污染物来源于织造环节上浆所用的浆料，主要为聚乙烯醇（PVA）浆料。PVA 浆料导致退浆废水中 COD 可达 4000～8000mg/L，有时甚至超过 10000mg/L，且 PVA 聚合度和分子量高，化学性质稳定，较难被生物降解，是印染前处理废水的最主要污染物。以棉机织物印染为例，前处理废水的处理成本占全部废水处理成本的 50%左右。目前，大部分印染企业采用厌氧生物处理技术和超滤过滤技术处理 PVA 退浆废水，但两种方法处理成本较高。目前，化纤织造、60 英支以下棉织造，在技术上可实现无 PVA 上浆。建议制定强制性标准，在行业加大无 PVA 推广力度，60 英支以上织造，应加强产学研联合技术攻关，争取早日突破无 PVA 上浆技术。

近年来，印染协会和棉纺协会联合推进环保上浆工作，2008 年开始,棉纺协会与印染协会联合开展了不用 PVA 上浆的宣传推广活动，并对坯布的退浆废液进行环境评价。通过对退净率、CODcr、BOD5、生物降解性（BOD/COD）、氨氮含量、磷含量等指标的综合评定，推荐 10 个无 PVA 上浆优秀一等产品，9 个无 PVA 上浆优秀产品；10 个无 PVA 上浆应用产品。近几年开展的这些活动有效地推进了替代 PVA 上浆的进程，同时也得到了广大纺织企业和浆料生产企业及专家学者们的积极响应与大力支持，促进了棉纺织企业对不用 PVA 上浆从被动到主动再到积极响应的转变，为从源头开展节能减排做出了贡献。

（三）产品生态安全的问题

印染行业作为纺织产业链中重要的一环，为下游绿色制造、绿色产品提供支撑，而下游服装家纺品牌又带动印染行业的发展，倒逼企业技术升级、产品创新和生态环保水平的提高，上下游在社会责任和绿色制造方面有着许多共同需求。

2014 年,国际服装鞋类品牌企业组成的有害化学物质零排放组织（ZDHC）公布了 MRSL（生产限用物质清单），并承诺在 2020 年实现其产品生产过程中 16 类有害化学物质的“零排放”，这是一项保护消费者健康和人类生存环境的举措，其进步意义在于不但要消除产品中的有害化学物质，还要实现生产过程中有害化学物质的零排放。这种品牌自律行为，将推动整体供应链企业的参与，履行企业应尽的社会责任。

五、建议

对产业链整体经济性和绿色环保性进行综合评估。无锑、无 PVA 可能造成上游生产成本上升但下游环境成本下降。所以产业链综合成本不一定上升，产业链绿色且环保性提升。

制定强制性标准。面对新技术，社会责任意识差的企业往往考虑其经济性及自身习惯性，从而对新技术的接受度和应用率不高，对采用先进技术有环保责任的企业来说往往存在不公平的一面。制定强制性标准有利于先进技术的推广，促进企业公平竞争。

完善生态纺织品标准，为下游服装、家纺企业提供安全生态的面料，逐步使国内生态纺织品标准与国际标准完全接轨。

建立产业联盟。通过联盟建设，整合行业优质资源，依靠上下游技术进步、管理升级和相关标准法规制定，共同推进环保浆料、聚酯合成环保催化剂的研发和使用，研发安全无毒的生态友好技术，从源头降低有毒有害化学品使用风险，促进我国纺织业竞争力提升。

进一步加强社会责任建设工作。印染协会联合中纺联社会责任办公室将继续推进印染企业社会责任建设，进一步加大社会责任建设的推进力度，加强对企业执行情况的监督和鼓励。推动企业发布社会责任报告和环境报告，推进责任信息公平、透明、可追溯工作，树立先进典型，使社会责任工作迈上新台阶。

从“大家纺”递进“大家居”

中国纺织工业联合会　杨兆华

前一段，家纺、家居上市企业 2017 年财报纷纷出炉，财报数据显示，无论是床品毛巾类为主的家纺企业，还是家居定制化为主的家具类企业，普遍都有超过 10%的增长速度，还有的超过 30%的增长速度，增幅较上年有明显提升。

在家纺行业，行业集中度不断提升。富安娜 2017 年度公司实现营业收入 26.16 亿元，同比增长 13.18%，实现净利润 4.93 亿元，比上年同期增长了 12.40%。其营业收入的增长主要来源于电商渠道和线下直营渠道销售业绩的提升，推动传统门店向全屋定制大家居转型。罗莱生活实现营业收入 46.63 亿元，同比增长 47.94%；实现净利润 4.29 亿 同比增长 35.25%，经营业绩增长较快主要由于其持续推进家居业务战略转型，聚焦于罗莱主品牌和电商业务，主品牌线下业务稳定增长，电商业务取得高速增长。孚日股份实现营业收入 48.22 亿元，同比增长 10.21%；实现净利润 4.1 亿元，同比增长 8.47%，经济效益创历史新高。水星家纺最新公布的 2017 年年报显示，其营业收入 24.6 亿元，同比增长 24.53%；实现净利润 2.57 亿元，同比增长 30.17%。

其实，不独家纺领域一派明媚春光，从整个家居领域上市公司来看，尚品宅配 2017 营收 53.2 亿元，较上年同期增长 32.23%；索菲亚 2017 年实现营收 61.62 亿元，同比增长 36.02%；此外，定制家居品牌欧派家居、金牌橱柜的预报中也表示，2017 年营收增幅超过 30%。

从家纺家居类企业的增长因素来看，大家居和定制是 2017 年度家纺家居企业的最新发力点。

纵观中国家纺产业近 30 年的发展，一条清晰的脉络已经显现：从最初的注重铺铺盖盖实用功能为主的床上用品、毛巾、窗帘布艺等单品品类销售；到注重实用兼顾装饰美观为主的多品类产品软装整合的大家纺；再到当前以生活方式、注重体验为概念的家居生活馆，家纺这些年逐步实现了从“大家纺”到“大家居”的递进。

家纺产业这种递进式的发展，是顺应了消费者美好生活需求，满足消费者多元化、一站式、一体化家居需求而形成的。从“大家纺”到“大家居”，中国家纺协会近年来一直在不懈引领产业突破与创新的航向。

一、行业：全领域对接大家居

中国家纺产业是国计民生产业，与人们的生活息息相关。经过近三十年的发展，我们可以看出，中国家纺产业是为顺应人们居住生活需要而崛起为一个独立的产业；为扮靓消费者家居生活而逐步发展壮大成国际家纺强国；现在正在为提升人们美好生活需要而跨界融合为大家居的中坚力量。可以说，中国家纺产业的每一步嬗变都紧扣消费需求的变化，紧跟国际国内市场潮流。尤其是近几年以来，中国家纺协会引导行业从大家纺递进大家居，更是紧踏消费变奏而转型升级，顺应了消费趋势。

从消费需求来讲，大家居、一站式购物是大势所趋。随着消费市场的日趋成熟、竞争的加剧以及消费需求的多元化，消费者不再满足于家居品超市、商场的模式，而是更加青睐“一站式”购物，一体化家居解决方案。家纺常规的专卖店和商场专柜的发展模式显然已经不能适应消费需求，必须尽快转型，即从“大家纺”到“大家居”的转型。中国家纺协会认清发展形势，前瞻性地积极引导行业转型“大家居”。早在 2010 年，“十一五”收官之年，中国家纺协会就明确了“跨界发展”之路；中国家纺协会五届二次理事会工作思路明确“促进产业链上下游合作、引导行业‘跨界’合作”。具体工作包括联合中国化纤协会、棉纺协会、印染协会联合举办 2010 功能性家纺论坛，首次组团考察法国和意大利世界一流设计室，了解最新设计理念和方法等活动，推动行业由外部拉动型向创新驱动、内生增长型转变。

在接下来的几年发展中，中国家纺协会积极引领行业跨界合作、促进产业链上下游联动发展，协助企业与壁纸、配饰、家具、室内装饰、陶瓷等行业交流、合作，实现信息共享协同，完善生活馆概念，新的发展契机随之涌现。

2016 年，是“十三五”开局之年，也是建设“新家纺”创新驱动转型发展之年。中国家纺协会第六届理事会积极响应国家供给侧结构性改革战略，努力推进家纺行业转型升级，全面推进由“卖布”向“卖生活方式”转变。

行业跨界、产品整合和海外学习是中国家纺协会引导行业转型升级的三个切入点。在积极推进行业跨界、家居产品整合的同时，协会也非常重视海外交流学习。中国家纺协会近几年积极组织企业代表团参观法兰克福国际家纺展、土耳其国际家纺展、俄罗斯国际家纺展、巴黎家居展，紧跟产业的国际发展潮流。协会还针对性地组织考察团远赴欧美考察店面，让企业家们身临其境感受国外家居先进的发展理念，寻找自身差距，引导企业“走出去”，开阔视野，紧随国际市场风向标。

此外，为促进家纺产业在设计以及上下游领域进行跨界合作，家纺协会每年都会结合时下热点、难点、痛点，携手权威机构或知名专家，举办内容丰富的论坛及活动。其中，不乏与天猫、京东等权威平台的深度对接，引导行业向 c 端靠近。此外，2016“生活无界精彩无限——中国大家居跨界合作高峰论坛”；“2017 安德马丁国际室内设计峰会”暨 2017“无界之合”跨界家居艺术展；2017 中国布艺软装跨界高峰论坛等活动也纷纷得到业内的高度认可，为行业搭建了宝贵的交流与学习的平台。

二、企业：多路径跨界大家居

在消费升级的浪潮下，中国消费者期待更美好的家居生活。家纺品牌以往的单一产品发展模式很难满足市场需求，而打破产业边界、产品边界，与家装设计、家具、饰品等家居领域跨界合作，实现从“卖布”到“卖生活方式”的跨越，是家纺企业的必然之路。

从“卖布”到“卖生活方式”，考验的是企业设计能力和产品整合能力提升，家纺企业该怎么走？富安娜是中国家纺行业最早开始跨界发展的领军企业。富安娜近年推出了“富安娜·美家”，“全屋艺术美家配制”的家居服务，产品线涉及衣柜、橱柜、家具、寝具、软装、瓷砖等多个领域，为消费者提供整体解决方案，这一新业务从筹备到落地花费四年时间，也被视为富安娜未来十年核心关键的发展项目。2016 年年底富安娜还投资了数亿引进了全球领先的德国豪迈全自动化家具生产系统，启动了世界上先进智能生产线，并自主研发了 UV 数码 3D 制造技术与设备，实现全自动定制家具柔性生产，摆脱了板式家具制式化设计，能够将艺术画作一般的画面在面板上细致地展现，实现了家居艺术的更多可能。

罗莱生活则在 2015 年末将证券简称由“罗莱家纺”变更为“罗莱生活”，主营业务范围从家纺产品为主扩展到涵盖家纺、家居、厨具、洁具等在内的日常生活的各个领域，公司发展战略也由家纺企业向“家居生活一站式”供应商转变，进军智能家居领域，围绕家居、生活产业链和相关生态圈进行战略推进。2015 年罗莱家纺携旗下子公司廊湾家居 LAVIE HOME 正式与日本内野株式会社达成战略合作协议，罗莱将通过持有内野中国销售公司 60%股份，成立合资子公司，在中国的家纺、家居生态链开展深度合作。2017 年，美国有着百年历史的知名高端家居品牌莱克星顿，被罗莱全资收购。

从产品为主导，到消费为主导，中国家纺企业更加关注年轻代的家居方式。不仅富安娜、罗莱在从家纺向家居方式转型，许多家纺企业已经开始尝试适合年轻代消费观的生活方式体验店。成都兰花草国际家居经过 28 年专业沉淀，以引导时尚生活方式为新的突破口，整合全进口家居、软装配饰等资源，推出整屋高端定制服务，着力打造高品质整体软装品牌；梦洁家纺在长沙开了旗下首家全品类的家居馆；英伦美家依托自己的生活方式研究院研发产品，推行更加精准的定制家居服务；堂皇把产品植入咖啡一族的休闲方式里，开出了自己的咖啡馆方式的概念体验店。

其实，谈及向“大家居”的迈进，在家纺产品陈列上也可见一斑。例如 2010 年以前，洁丽雅毛巾陈列展柜多用定制货架货柜，重点在“产品陈列展示”上，更多是按照价格和颜色区分排列。而现在场景的布置更加被重视，加入生活中的元素，所有的产品用场景化形式布置陈列，提升消费者的观感享受。

互联网技术也为企业“大家纺”向“大家居”助力。买窗帘，消费者最难下决心的是不知道选的款式面料风格是否适合自己的家居？如果选好面料，马上就能看到搬回家后的效果，消费者下单是不是就容易很多？西安美源布艺家居有限公司把传统布艺店改造升级为数字化布艺门店，利用新科技、VR 视频新技术，和自主研发的虚拟空间设计软件系统，让消费者购买窗帘所见即所得，增加了消费者参与家居设计的体验感，成为消费者快速下单的“神器”。

“帘到家”“万家帘品”等窗帘布艺产业互联网平台，也积极尝试整合了全国优质家纺布艺生产企业、经销商资源，加速传统布艺行业走向“互联网”时代。

FBC 家居物联网生态系统、“布魔方”等为传统家居行业提供实时在线交易平台，它们将传统的工业体系、标准、车间技术，通过与互联网融合，把互联网的创新要素、创新作用不断融入传统家居行业的设计、研发、生产、采购、制造、物流、配送服务全过程，通过互联网的融入、传感、连接、优化、控制，不断提高每一个环节生产要素的配置效率，为家具、地毯、灯具等传统家居跨界资源整合提供技术支撑和交易平台，探索新型发展模式，为消费者提供个性化产品的规模化定制服务，产品资源通过系统向更多的消费者开放，推动企业由生产型企业向服务型企业转变。

三、展会：开启大家居无界之合的窗口

“大家居”是什么？它是整体环境、空间美学、陈设艺术和意境体验等多种元素的创造性融合。在这几方面，我们从中国国际家用纺织品及辅料博览会上更能够直观地感受到一些变化。近年来，参展企业场景化展示风格已经非常明显，赋予观众很强的体验感。企业已经不仅仅是展示产品，而是传递一种生活方式。

连续多年参展并独具产品的特色的华尔泰国际纺织（杭州）有限公司，在业内一直以高品质的原创设计为人称道。2014 年以前，华尔泰渐变色外立面的展位形象就给人留下了深刻影响，近三年来，黑色又成了其展位主色调。产品的陈列上，则从原先的单纯展示一块面料到现在的展示一个布艺空间，更注重面料的搭配和应用，更注重空间内细节设计和配饰选择，把产品融进一个有主题表达、有色彩联系、有物件对话的整体空间。做一个有调性的空间，几乎成了华尔泰做展示的习惯性思维。也正如此，这几年，华尔泰的展位从原来的全开放式的“产品发布区”变成了局部开放的“布艺软装中心”。产品也更多地

以成品（沙发、抱枕、窗帘、墙布等）陈列和展示。

如果说华尔泰的展位在由“产品发布区”向“布艺软装中心”转变，上海恒源祥家用纺织品有限公司则是在由“展产品”向“展生活方式”转变。在 2017 春季家纺展上，恒源祥家纺就推出了服务与产品结合的方式。恒源祥顺应当下潮流，推出福娘作为体验经济的执行者，消费者将享受到线上线下同服务，为新人带去隆重的仪式感与满满的幸福感，让新人在消费之后，体验到来自民族文化传统的新婚祝福，也通过这样的方式形成对“恒好百年”品牌的独特记忆。在“恒好百年”的婚庆生活馆中，不再是过去的“卖家纺”，而是“卖一种婚庆的生活方式”，陈列的产品除了传统家纺用品之外，还会衍生文创产品、家居摆件、仪式用品等，从家纺走向家居，区分不同的风格营造出一个个场景式体验，为消费者提供一站式、一体化的婚庆用品采购与文化服务。整个展厅产品陈列只涉及了一个样板房的布置与首推产品“百羊百子”大件套的陈列，大部分的内容都还是婚俗文化的展示、互动区域的设置和整体家居氛围的打造，在展会现场通过 VR 技术、直播、自拍墙、游戏等一系列的设置与观众进行互动，从而与消费者更畅通无阻地进行交流，也将略显沉重的文化故事以轻松的方式传达给他们。与观众的互动使得整个展馆撇去沉闷，焕发活力，不再是单一的展示床品，而是要让观看展览的嘉宾感受到品牌的活力，感受到品牌对于婚庆生活方式的诠释。

2017（秋冬）中国国际家用纺织品及辅料博览会引入安德马丁国际室内设计峰会，“无界之合”跨界家居艺术展，诸多企业着眼于大家居、整体软装，进行家居场景化展示，在用不同风格演绎家居生活方式。透过展会，让我们看到“大家居”跨界融合正在加速。伴随着产业的跨界融合，大家居模式的打造，消费体验场景的演绎，家纺产业的边界不断在破旧立新。

四、递进“大家居”：我们还在路上

首先，中国家纺在从“单一品类”到“家居方式”的递进过程，尚有许多瓶颈待突破。例如家纺企业的整合能力有待提高。如今，有些企业只能生产，不能展出；有些企业只能展出，不能销售；有些企业只见陈列，不见销售。从家纺产品转型到家居方式，对企业综合实力的考验非常大，这条路不是所有企业都适合的。在大家居趋势下，跨界整合别人，或是被别人整合，都是生存之道。

其次，要找准新零售的突破点，向全渠道铺展。家纺行业正处于积极转型和变革之中，数据驱动产业变革时代到来，线上线下融合（OMO）是大势所趋。纯线上或纯实体店都遇到了各自的发展瓶颈，融合线上和线下优势，找到新零售模式才是出路。家纺企业在新零售、新年渠道方面正在进行积极尝试。西安美源的数字化门店、南通家纺蓬勃崛起的微店，以及帘到家、万家帘品、48 路、布魔方等打通线上线下瓶颈，实现全渠道融合发展的家纺新零售模式，都在力求实现新的突破。

最后，家纺行业资本运作需要加强。金融是实体经济的血脉。全面迈入“大家居时代”，单单靠企业自有资金发展还不够。在新一轮的家居行业整合中，企业应更加重视资本运作，统筹谋划、多管齐下、争取支持，吸引更多金融资源配置到家纺行业发展的重点领域和薄弱环节，更好满足家纺企业金融需求，助力提高行业产品设计、研发、制造、品牌、销售、服务能力。

2018 年是贯彻党的十九大精神的开局之年。党的十九大也提出，新时代我国的社会主要矛盾已经转化为人民日益增长的美好生活需要和不平衡不充分的发展之间的矛盾。如何满足人民美好生活需要，既是家纺人的新使命，也是新家纺的新机遇和新课题。如今的消费者更倾向于接受具有高品质感、舒适、健康、功能性的产品，尤其随着新中产阶层的结构变化，消费意识也在发生变化，科技、时尚、简约，能够引领新生活方式的一站式购物、大家居生活体验馆等多元化的消费模式将越来越受消费者的喜爱，以“体验式”消费的形式，进行情感和技艺的表达，打造健康睡眠，提高幸福生活质量。

当我们跨进消费升级的大时代，家纺人其实已经全面迈入了“大家居时代”。新家纺，新生活，新机遇下，中国家纺协会将引领行业全面拥抱“大家居”，筑梦美好生活！

新时代下中国纺织服装行业社会责任现状与展望

中国纺织工业联合会社会责任办公室　　阎岩

中共十九大和中央经济工作会议作出了“中国特色社会主义进入了新时代，我国经济发展也进入了新时代”的重大论断，指出新时代我国经济发展的基本特征，就是我国经济已由高速增长阶段转向高质量发展阶段。作为中国国民经济的传统支柱产业、重要民生产业和创造国际化新优势的产业，中国纺织行业正在向科技产业、时尚产业和绿色产业迈进。新时代，新要求，中国纺织服装行业社会责任建设工作也将踏上新征程。

一、全球可持续发展共识

2015 年，在纽约召开的联合国可持续发展峰会上，联合国所有成员国一致通过《变革我们的世界：2030 年可持续发展议程》，作为指导未来 15 年全球可持续发展的纲领性文件，并通过了 17 个可持续发展目标：消除贫困；消除饥饿；良好健康与福祉；优质教育；性别平等；清洁饮水与卫生设施；廉价和清洁能源；体面工作和经济增长；工业、创新和基础设施；缩小差距；可持续城市和社区；负责任的消费和生产；气候行动；水下生物；陆地生物；和平、正义与强大机构；促进目标实现的伙伴关系。这个全球共识开启了可持续发展事业的新纪元，具有划时代的意义。

二、世界知名公司在供应链层面的先锋行动

在可持续发展理念与目标的引领下，国际纺织服装供应链层面表现出了积极的响应。全球纺织服装供应链上具有责任发展意识的品牌商、零售商与制造商纷纷采取行动，针对资源的有效利用、供应链的透明度提升和管理体系的建设等展开探索。

（一）阿迪达斯循环再利用海洋塑料垃圾

阿迪达斯与海洋环保组织 Parley for the Oceans 合作，发掘了极度危害海洋生物的

非法渔网与海洋塑料垃圾的价值，将它们回收再利用成为运动鞋面的原材料，推出首款完全使用海洋塑料垃圾回收作为原材料的概念鞋，而且这款鞋使用了阿迪达斯的 Primeknit 零浪费编织技术，确保在生产过程不会因裁剪物料而造成浪费。阿迪达斯表示要继续将这些回收的渔网与海洋塑料垃圾用在如 T 恤、短裤等更多的产品上，以此行动表达公司的责任发展理念。

（二）优衣库公布供应商名单

2013 年的孟加拉工厂倒塌事件引发了社会对服装厂工人安危的担忧，越来越多的人权倡导者和消费者强烈要求大型服装公司承担责任为工人提供适宜的工作环境，并督促品牌公布供应商名单，以便公众能方便监测工厂环境。为了响应公众要求，优衣库于 2017 年 2 月底主动公布了 146 家优衣库(Uniqlo)品牌供应商的名字和地址，其中多为长期合作商，约占订单价值的 80%。其还计划于今年年底公布优衣库副线品牌 GU 的供应商名单。

（三）溢达集团关注气候变化领域

溢达集团是第一批执行中国纺织服装企业社会责任管理体系 CSC9000T 的企业之一。溢达打造了独特的“E-Culture”文化，即 Ethics（道德）、Environment（环境）、Exploration（开拓）、Excellence（卓越）和 Education（学习）。2008 年，溢达便加入“关注气候”计划，邀请“地球宣言组织”对集团的“碳足迹”进行监测，而且主动积极参加联合国气候变化大会，共同推动并见证拯救气候和人类的全球协议工作，在气候领域形成了自己独有的国际形象。溢达设定了环境、人、产品和社区一体化的社会责任战略，并构建了不同维度的可持续发展产品结构，一直在持续推进社会责任建设工作。

（四）开云集团制定可持续发展战略并开发工具

旗下拥有一系列国际知名奢侈品牌的开云集团提出了环境损益表（EP&L）的理念，用来测量整个供应链上的商业环境影响，以便从商业成本的角度来考虑环境影响，将可持续发展置于商业决策的核心。推出了“My EP&L”微信小程序、“My EP&L”iOS 和安卓应用程序等工具。开云集团提出到 2025 年供应链上的 EP&L 要减少 40%，并制定了 2025 战略的三个支柱路线图：关注、合作、创造。主要通过减少环境足迹、保护原材料、推进性别平等与多样性、颠覆性创新等途径，打造奢侈品行业的可持续发展。

可见，世界纺织服装供应链上一些品牌商、零售商与制造商已经在各自领域开展了社会责任与可持续发展的先锋行动，为纺织服装行业的可持续发展探索了可行性，树立了创新的典范。

三、中国纺织工业在世界的地位

中国纺织工业已成长为支撑世界纺织工业体系平稳运行的核心力量，国际竞争优势产业的地位日益突出。2017 年中国纤维加工量为 5430 万吨，自 2011 年起已经连续七年占世界纤维加工总量比重超过 50%。据 WTO 统计，2016 年中国纺织品出口额 1060 亿美元，占世界纺织品出口的 37.20%；中国服装出口额 1610 亿美元，占世界服装出口的 36.40%。伴随着中国纺织工业在世界纺织工业地位的提升，中国纺织工业有责任、义务和实力在社会责任建设领域树立中国话语、传递中国价值。

四、中国纺织服装行业社会责任建设的成果

中国纺织工业联合会社会责任办公室是中国纺织工业联合会社会责任建设推广委员会的执行机构，也是中国第一个国家级的社会责任常设机构。中国纺织服装行业社会责任工作自 2005 年正式建制以来，始终坚守建立符合国情的企业社会责任体系。2005 至 2017 年的十二年间，纺织服装行业社会责任建设工作经历了从无到有、从有到发展丰富的十二年，主要以管理体系推进和责任信息披露为“两大维度”，以人本责任、环境责任、市场责任为“三大体系”，推进中国纺织服装行业的社会责任建设。

目前，行业的社会责任意识得到很大提升，责任理念得到广泛的接受，企业履行社会责任是时代进步和行业发展的需要已形成共识。企业履责焦点从劳工、资源等生产要素议题扩大到品牌、公平竞争等附加值议题，履责范围从工厂扩展到全社会，履责对象从工

人、政府等特定相关方扩展到消费者、社区等不特定相关方，履责策略从解决具体的问题延伸及整个价值链，履责形式从行业企业独善其身到全价值链联合行动。

尤其是党的十八大以来，2012 年至 2017 年这五年间，中纺联社责办以系统的方式推进品牌与供应链社会责任工作的发展，协助企业改善管理，增强企业核心竞争力，引导行业可持续发展。主要表现在能力建设、专题研究和信息披露三个方面：

（一）以管理体系为根基，能力建设行之有效

企业社会责任能力建设是中国纺织服装行业提升企业可持续竞争力的重要工作，2012 至 2017 年，中纺联社责办整合资源，开展各类培训、研讨等工作，以提升企业的社会责任绩效，改善管理技能。

一方面，始终坚持以中国纺织服装企业社会责任管理体系 CSC9000T 为落实各项工作的基础。中国纺织工业联合会自 2005 年开始率先在我国纺织服装行业推进社会责任工作，制定推广中国第一个产业界社会责任管理体系 CSC9000T，被联合国经济和社会事务部评价为“标志着中国成为标准制定者，而不仅仅是对其他方面制定的标准的‘采用者’”。CSC9000T 也由最初的“聚焦员工、管理融合”到 2008 版的“扩展责任、标准协调”，2018 新版再次拓展为“全面责任、国际适用”。目前 CSC9000T 包括了人本责任（员工、消费者、社区）、环境责任（污染、资源、气候变化）和市场责任（创新、竞争、供应链）三个部分。

另一方面，社会责任合作项目取得有效成果。2012 年至 2017 年先后开展了 “企业可持续发展项目” “中国制造业的体面就业与供应链管理的新挑战研讨会” “荷兰在华企业可持续供应链管理项目”和“体面劳动时间和合理报酬”高级培训等。在推进可持续体面劳动、提高企业供应链管理技能、改进企业社会责任表现方面、提升中小企业竞争力方面增强了企业的能力建设。

（二）以重点议题为抓手，专题研究有序推动

2012 年至 2017 年，中国纺织工业联合会社会责任办公室对行业内的热点问题进行了

专题研究。先后开展了“倾听新生代农民工心声——青年主导的新生代农民工行动调研”“企业沟通与申诉机制调研项目”“中国制造业的区域转移及其对社会责任的影响”等专题调研活动；围绕性别平等、员工发展等开展了“性别平等和职场性骚扰防治”“可持续的半边天——女性领导力和行业竞争力”“纺织服装企业实习工的使用和保护状况”等研究工作；开展了“纺织行业创新技术、信息安全与知识产权保护现状与需求”的专题调研；完成了《纺织行业企社会责任管理与评价技术研究》；发布了中国纺织服装行业《责任采购指南》。

另外，在全球纺织品供应链中的可持续标准研究、纺织企业碳排放计量平台的研究、纺织产品全生命周期绿色评价研究、中国海外投资纺织服装企业的社会责任现状和风险调研、手工地毯产业调研等方面也做了专题性的社会责任议题研究。

（三）以企业自主为趋势，信息披露稳步提升

中国纺织行业社会责任工作以发展为方向，核心是帮助企业通过管理要素控制、管理体系建立与改进的方式不断提升责任能力，有效地在供应链层面来进行责任信息的披露与交换，同时展开广泛的跨界合作，提高社会层面的责任意识，推动行业的可持续发展工作。

中国纺织服装行业在打造全球纺织产业负责任供应链的同时，努力构建透明、公开、诚信的社会责任信息披露机制，中国纺织工业联合会自 2006 年发布了首份行业社会责任年度报告，开创了中国非企业组织发布社会责任报告的先河。2008 年发布《中国纺织服装企业社会责任报告纲要》（CSR-GATEs）为中国纺织服装行业企业编制和发布社会责任报告提供指引和规范，倡导行业重点企业发布社会责任报告，推动了在行业企业与产业集群两个层面的社会责任建设工作。

注重打造产业创新平台，着力推动了供应链环境创新平台中的化学品管理创新 2020 行动。2015 年，中纺联社责办发起了纺织供应链“绿色制造”产业创新联盟，2016 年启动了供应链化学品管理创新 2020 行动，并与 ZDHC 基金会共同开展 2016 先锋试点联合行动启动会。2017 年，开展了供应链化学品信息交换全面推进巡回培训。开发了 CiE 纺织

供应链化学品改进交换系统，为解决包括化学品供应商、纺织印染企业、品牌等供应链上下游所有成员的信息交换需求提供了一种实际方案。

除此之外，中国纺织服装行业社会责任在跨体系融合、跨行业协作、跨区域对话等方面也取得了巨大的成就。

五、中国纺织服装行业社会责任建设的持续推进

（一）深化能力建设，增强竞争优势

结合中国纺织行业十三五规划与联合国可持续发展目标，行业的社会责任工作推出了12 个行业社会责任发展目标，分别是体面劳动、社会对话、性别平等、青年发展、绿色制造、环境友好、可持续创新、负责任供应链、负责任投资、负责任消费、尊重产权与诚信竞争。这为纺织行业社会责任的能力建设提出了要求，也指明了方向。

中纺联将持续推动中国纺织服装企业社会责任管理体系 CSC9000T 的落实与推广工作，使 CSC9000T 的应用达到更广的范围、更深的层次和更实的效果。2018 版 CSC9000T 管理体系融入了更多利益相关方意见，加强了与全球标准体系的对话与互认，责任议题涵盖全面，呼应联合国可持续发展目标，结合了管理理论发展，采用过程管理思路，适用行业企业地域更加广泛。这些体系的发展工作得到了经合组织 OECD 的认可，并与中纺联签订了合作备忘录，将助力 CSC9000T 的全球推广。

2018 版 CSC9000T 管理体系将重点实施以下四个方面的推广工作：第一，开发完成《CSC9000T 实施指导文件》，指导企业在社会责任方面的风险管理与过程管理；第二，推进信息披露，完善 CSC9000T 线上系统；第三，甄选优秀行业企业试点使用 CSC9000T，跟踪体系升级试点效果；第四，同时开启在海外推广使用 CSC9000T。

（二）完善信息披露，推动产业自治

一方面，中纺联将全面推动产业创新平台，主要包括：深化供应链“化学品管理创新2020 行动”，实现纺织工业发展规划（2016～2020 年）中“促进建立纺织化学品风险管

理和控制体系”的绿色发展目标。推进纺织行业“碳管理创新 2020 行动”，提升中国纺织服装行业碳减排管理能力与市场竞争优势，未来将推进碳排放计量平台应用、碳减排责任先锋 2020、科学碳目标设定 SBTi 等行动，并开发线上碳排放管理系统，推动中国纺织行业迈向“零碳”产业。“水管理创新 2020 行动”工具方面将发布水管理创新线上评估系统，将为纺织服装行业企业、供应链提供行业工具。除此之外，还有基于纺织服装产品全生命周期的“循环再利用管理创新 2020 行动”。

另一方面，从我国纺织行业企业绿色制造和管理的实际出发，建立绿色制造评价系统。结合我国消费品行业的特点，系统分析行业企业社会责任与绿色制造工作的进程和效果，确立我国纺织行业企业绿色制造评价的关键技术，制定消费品制造行业企业绿色制造评价指标体系和评价体系计算的关键技术，为企业持续发展管理提供有效评价体系型的评价工具。

（三）传递中国价值，贡献世界发展

在“一带一路”倡议的实施与深化改革开放进程中，中国纺织服装行业作为全球化程度最高的行业之一，深度参与国际合作势在必行。随着中国纺织行业企业走出去，作为拥有全球最大消费群体及最全生产链的行业，国际社会和全球供应链利益相关方对中国和新兴国家与地区的可持续发展中存在的企业社会责任、公平贸易、环境问题等越来越关注。

为此，中国纺织服装行业将继续开展“中国海外投资纺织服装企业的社会责任现状和风险”研究项目，开展对中国纺织服装企业海外投资转移目的地国家进行社会责任及可持续发展相关政策法规及风险的研究和总结，主要中国贸易伙伴国和主要投资国的经济、社会、环境等方面的社会责任要求、利益相关方参与情况，同时，通过引导海外投资企业关注并开展社会责任管理，帮助企业提升海外社会责任风险管控能力，强化中国纺织服装企业在当地的责任竞争力和可持续发展力，提升行业发展的软实力和国际贸易话语权。

供应链合作方面，中国纺织服装行业将继续加强多利益相关方合作机制，加强供应链上下游的品牌与供应商间的自主协作。发挥中国在由纺织大国向纺织强国转变进程中的作用，推动中国产业价值输出，尤其是在“一带一路”倡议的实施下，为其他国家与地区提供社会责任领域的“中国方案”。

六、结语

中国纺织工业在世界纺织产业链中占据重要的地位和作用，履行社会责任与可持续发展是供应链上的品牌与供应商共同的价值追求。中国纺织工业企业要发挥自主行动，推动行业可持续发展。在开放共赢的世界发展形势下，在践行人类命运共同体建设的进程中，传递中国价值，赢得世界尊重，牢固树立起中国纺织行业“科技、时尚、绿色”的三大新标签。

专题研究篇

加强党建工作提升行业竞争力

王克莉

2017 年中国棉纺织行业协会在中国纺织工业联合会（以下简称“中纺联”）党委的直接领导下，紧密团结在以习近平总书记为核心党中央周围，开展了一系列党建工作，使党员领导干部及全体党员坚持“四个自信”，牢记“四个意识”，纠正“四风”、为民服务、勤政务实、清正廉洁，严格执行“八项规定”，从而进一步推动协会工作的开展。

一、组织学习教育活动，提高思想认识

一是积极投入“两学一做”学习教育，通过学习、讲座等形式对党员干部进行理论辅导、政策解读、形势分析，进一步统一思想、形成共识、振奋精神、凝聚力量，把党员干部的思想行动统一到协会重要决策部署上来。2017 年在自学的基础上，全年组织支部及党小组学习八次，并分别于 1 月、4 月、10 月、11 月组织支部的集中学习交流。

二是通过观看红色展览、观看视频重温中国共产党的故事、人民军队的故事，让党员看到中国力量，坚定跟党走的信念。2 月党小组组织参观遵义会议遗址，10~11 月领导干部参观中央企业双创成就展、11 月组织中棉行协全体党员职工参观砥砺奋进五年成就展。

三是夯实党建工作基础，严格规范“三会一课”、党员领导干部参加双重组织生活、党员活动日、民主评议党员等党内政治生活制度。于 1 月召开党员领导干部专题民主生活会、党建述职会。4 月组织召开全体党员民主生活会，开展党员自评互评，支部与党员谈话，将测评结果告知每个党员，既肯定成绩也提出希望。5 月参加中纺联组织的评优工作，按照党的组织原则，采用无记名投票方式，选出优秀党员、优秀党务工作者候选人，报中纺联党委，进行表彰。

四是建立健全组织结构，成立了新一届的党支部。中棉行协由原来的联合支部成为独立支部，选举产生了新一届支部委员，由朱北娜担任支部书记，王克莉、侯峰担任支部委员，并成立两个党小组。

在 2017 年 6~8 月国资委巡视组巡视期间，中棉行协按要求认真准备棉纺协会及支部党建工作情况材料并向巡视组汇报，接受巡视组的询问。完成了巡视各类报表及有关档案

的整理等工作。巡视组对中棉行协总体工作给予了肯定。对巡视组提出的反馈意见进行认真整改，尤其是规范化、为企业服务、执行八项规定等方面，规范和简化表彰评比活动，使协会各项活动有序进行。

2017 年 10 月 18 日党的十九大召开，为我们进一步指明了前进的方向，“八个明确”“十四个坚持”进一步阐明了核心要义和基本方略。及时组织支部党员及职工在自学报告及党章的基础上，12 月班子成员参加了中纺联组织的党员领导干部学习班，进一步深入学习十九大精神，并结合工作实际进行了学习交流。

二、以习近平中国特色社会主义理论为指导推进协会工作

2017 年深入学习、贯彻习近平总书记系列重要讲话精神，以开展推进“两学一做”学习教育常态化制度化专题教育为载体，按照基层党组织标准化建设的要求，以加强协会效能建设为抓手，认真研究，精心部署，保证了各项工作的顺利开展。2017 年，中棉行业从七个方面开展工作，为会员做好服务。

（一）持续深入调研，掌握行业动态

促进行业转型升级调查研究是中棉行协的基础工作，也是了解实际、掌握实情的最更好地为政府决策提供依据，引导行业健康发展。2017 年，中棉行协坚持加大调研和信息统计整理工作，先后深入全国 12 个省份，实地调研企业 500 多家次。就企业的运行情况进行了深入了解，听取了企业对行业发展以及相关政策的诉求和建议，以及对行业走势的判断，累计形成调研报告 70 余篇。在企业的大力支持下，分别就粘行胶纤维和新型纤维使用情况、有关期货的应用情况、“大数据”建设及应用情况、牛仔市场及技术的情况、两化融合应用情况、纺织器材应用情况、织造产能产量及浆料使用情况等专题向 300 多户会员企业进行问卷调查，共形成多篇分析报告。同时在调研过程中使更多的企业加入中棉行协统计平台，每月跟踪 180 余户企业及 13 个以上棉纺织集群，了解产销存及经营情况，完成月度产销存及集群报告 11 份，为研究行业发展提供更加可靠翔实的数据。

（二）结合当前实际，提出政策建议

为促进行业稳步健康发展，2017 年，向中纺联、工信部等有关部门提供纺织强国纲要评估报告、棉纺织十三五规划实施情况修订报告、长江经济带产业发展市场准入负面清单回复意见、纺织产业国际布局情况回复意见、2018 关税调整建议等，通过各类报告、会议

活动提出的政策建议主要有：

根据调研及问卷，将会员企业意见汇总，以第九支部名义起草了《关于建立内外棉差价的预警动态平衡机制》的报告呈国家发改委等部门。

建议放开或增发棉花进口一般贸易配额，进一步加强对储备棉出库效率及相关问题的督查，保障棉纺织企业原料使用；建议轮入一定量优质进口棉花，填补高质量用棉缺口。

针对部分企业反映“目前的棉花升贴水各项指标间的跨度较大、储备棉轮出过程中部分承储库存在乱收费、强行安排运输等现象，致使纺企用棉成本大幅提高”的问题，积极与国家有关部门协调，促进了相关问题的解决。

建议减少新疆纺织扶持政策调整频率，加快落到实处，稳定现有产能和后续投资的心理预期；加快推进“高征低扣”改革政策在尚未普及省份的实施。9 月，中棉行协起草《关于建议尽快解决新疆纺织企业用棉高征低扣的函》报送至新疆人民政府等有关单位，10 月，将新疆、福建等省尚未落实高征低扣改革的情况反映至工信部，以促进问题的进一步解决。

建议推进棉花生产的集约化和规模化，减少品种，优选品种，针对性优质优价的政策补贴，促进国内棉花品质的提高。

建议维持对印度、巴基斯坦纱线关税税率不变，以保持国内纺织企业竞争力。

（三）做好课题研究，推动标准体系建设

棉花品质对纱线质量高低有直接影响，为更加规范棉花标准、满足企业用棉要求，2017 年，中棉行协参加了两次棉花标准实物样品审定会，完成了“含杂率及相关指标对纺纱质量影响的研究”项目课题。完成了十四项国家、行业标准制修订计划。2017 年，中棉行协进一步加强对细分市场及区域建设的深入研究，完成了《我国彩棉纱市场现状分析报告》及《典型棉纺织地区产业链现状研究报告》等相关课题。

（四）贯彻中央“走出去”方针，加强国际合作建设

随着经济全球化趋势的日益显现，棉纺织企业在优化国内产能结构的同时，开始注重加快全球布局，2017 年，中棉行协认真贯彻中央“走出去”方针，先后组织企业赴越南、印度、柬埔寨、埃塞俄比亚、澳大利亚等行业热点国家及原料供应国进行实地调研，深入了解发展环境和优惠政策，认真听取已投产企业在产业转移过程中的经验心得，总结海外各国产业投资优劣势，形成了多篇相关报告。

（五）重视开展展会活动，搭建沟通贸易平台

近年来，棉纺织行业差异化发展趋势日益明显，纺织企业探寻和挖掘新兴市场的需求也随之激增，纱线面料展览会成为推动上下游广泛深入对接、指引流行趋势的重要平台。2017 年，中棉行协参与主办春秋两届中国国际纺织纱线面料展览会（上海），打造了和谐有序、互惠共赢的展览会格局，目前已形成规模，有了较好的影响力，对纱线产品的推广起到了积极作用。在展览会期间，中棉行协召开行业工作会议，组织上下游产业对接，加深了交流与展示，促进了外贸和内销的共同发展。

（六）加强各类培训培养工作，为行业发展提供人才

中棉行协高度重视高素质人才培养建设工作，通过举办各类培训，培养了一批优秀的专业技术人才，为行业的发展积累了宝贵财富。2017 年，中棉行协组织开展了多种形式的人才培养和比学赶帮的活动，如举办纺织复合人才高级培训班，为学员们带来了系统的纺织知识，还提供了走进国内外先进企业的契机，搭建了一个企业交流合作的高端平台；在棉纱期货上市前后，召开纱线期货论坛及培训，涉及 800 余人，对企业利用期货工具方面起到推动作用；全国梳理技能大赛（山东赛区），60 多位选手参赛，进一步强化纺织企业梳理技术骨干的“工匠精神”，激发了学习技术的热情和创新意识；开展中国棉纺织行业“传承大工匠”评选推荐活动，119 位棉纺织行业“传承大工匠”得到表彰。

（七）强化组织建设，发挥专业委员会职能

为深化落实“三品”战略、积极推进两化融合进程，促进技术交流与推广，2017 年，中棉行协各专业委员会组织召开全国色织布行业年会、全国浆料和浆纱技术年会、全国牛仔年会、棉纺设备技术升级研讨会、大数据发展论坛、棉纺织总工程师论坛、统计年会、棉纺织市场形势分析会、棉纺织产品标准审稿会、棉花棉纱期货市场论坛（五场）等多场专题会议。完善了专业委员会的组织构架，探讨了行业形势，交流了工作建议，为有效推进下一步工作做好准备。开展的一系列有关特色和精品基地、最具影响力品牌推荐、第五批节能减排目录发布、主营业务收入百强企业和竞争力百强企业发布等活动。

通过会刊、网站及微信途径，向会员单位传递政策信息，行业动向，同时增强与会员单位的联系。

三、明确目标积极整改

按照中纺联党委的统一部署，领导干部认真学习提高思想认识，广泛征求群众意见，查找问题，积极整改。主要整改情况如下：

1、针对学习形式比较单一问题。整改措施：增加活动内容，丰富活动形式，组织健步走、观看展览及革命圣地的参观学习活动。

2、针对调研不够深入问题。整改措施：增加调研范围和力度，将调研列入考核奖励内容，每次调研有报告，年走访企业数。

3、针对管理制度不够完善问题。整改措施：完善和落实协会管理制度，将建制作为一项重要工作抓，及时补充完善并严格执行。

4、针对学习不够深入全面问题。整改措施：建立学习材料及文件传阅制度，建立党员 QQ 群，学习要求及资料及时上传，学习资料以自学为主，每个党员建立学习笔记，集中学习以辅导和交流为主。

5、针对班子成员及党员之间互相交流沟通太少的问题。整改措施：定期召开班子会，结合工作、党员评议、民主生活会等及时沟通情况，肯定成绩提出问题和希望。

6、制度宣传不到位。整改措施：加大宣传力度，提高对制度的理解和执行力，作为协会培训的内容之一，取得较好效果。

7、月度总结会及培训时效性不强。整改措施：对培训做出制度规定，每个人都参与其中，增强部门间了解，提高专业知识和业务水平。

8、对巡视组提出的表彰活动的问题认真整改。整改措施：对协会活动进行梳理，规范各项活动管理办法，严格按制度和程序操作。将党建工作写入协会章程。

四、不忘初心，牢记使命做好服务

十九大报告明确指出，新时代我国社会主要矛盾是人民日益增长的美好生活需求和不平衡不充分之间的矛盾，必须坚持以人民为中心的发展思想，不断促进人的全面发展、全体人民共同富裕。中棉行协将紧密团结在以习近平为核心的党中央周围，在中纺联党委的直接领导下，继续加强对十九大精神的学习，坚持把党的政治建设摆在首位，加强党的领导和组织建设，抓好党员干部队伍建设。在新时期主要矛盾发展转变的情况下，认真分析行业的实际情况，充分认识当前行业的不平衡和不充分问题，不忘初心，牢记使命，为早日实现纺织强国努力奋斗。

2017 年我国棉纺织行业运行情况及展望

盖丽轩　郭占军

摘要： 2017 年，全球制造业生产和贸易回暖，市场信心改善。中国经济延续了 2016 年的稳中有进、稳中向好的发展态势，在此背景下，棉纺织行业运行情况逐步好转，原料价格未现大起大落，产销增长相对平稳，运行质量稳步改善，整体呈现稳中向好态势。

一、棉纺织行业生产运行情况

（一）市场逐步回暖，纱产量稳步增长

2017 年，大型企业的生产运行对行业的稳定发展起到了决定性作用。2017 年，中国棉纺织行业协会（以下简称“中棉行协”）先后赴 12 个省份，累计走访了国内近 500 家棉纺织企业，通过对企业生产经营情况调研了解，2017 年棉纺织行业整体形势较好，生产较为平稳，约 85%的企业开台率在 80%以上，订单充足，经营信心较前几年增强。根据中棉行协会商统计，2017 年国内纱产量 1929 万吨，同比增长 2.39%，布产量 610 亿米，与上年持平。

（二）国内棉花供应充足，价格平稳运行

据中国棉花协会统计，2017 年我国棉花产量 605 万吨。为消化国储棉库存量，继续实施储备棉轮出政策。国家公布的 2017 年棉花进口关税配额量为 89.4 万吨。由此可见，国内棉花供应充足，纺企用棉量增加。根据中棉行协会商统计，2017 年棉纺用棉纤维 755 万吨，较上年增加 40 万吨。

2017 年，国内外棉花价格走势整体呈现内稳外荡局面，见图 1。国内棉花价格延续了 2016 年末棉花价格走势，储备棉的投放稳定了国内棉花价格，全年价格基本平稳运行，2017 年国内 3128B 级棉花平均价格为 15909 元/吨，同比增长 14.50%。与国内棉花价格相比，国外棉花价格震荡频繁。上半年，国外棉价波动上行，内外棉价差缩小，5 月中旬出现倒挂；8 月 CotlookA 指数完成换月，价格有所下调，棉价差不断拉大，CotlookA 指数折 1%关税价格与国内 3128B 级棉花价格价差最高达 3425 元/吨。全年国内外平均棉价差 1584 元/吨，较上年增长 20.64%。

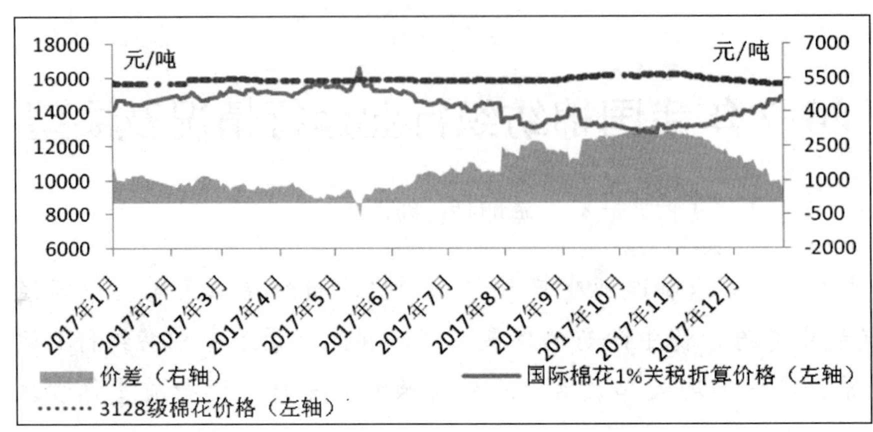

数据来源：中国棉纺织行业协会

图 1　2017 年国内外棉花价格走势图

（三）化纤短纤价格波动频繁

除棉花外，化纤短纤也是纺织企业的主要原料，根据中棉行协与中国化学纤维工业协会会商统计，2017 年棉纺用非棉纤维 1270 万吨，较 2016 年增加 7 万吨，占棉纺用原料总量的 63%。涤纶短纤和粘胶短纤作为棉纺企业用量最大的两种化纤，2017 年受上游石油价格波动、环保压力及需求疲软影响，价格相对棉花价格波动较大，见图 2。1.4D 直纺涤短全年平均价格为 7976 元/吨，同比增长 15.42%，主流粘胶短纤全年平均价格为 16057 元/吨，同比增长 10.70%。

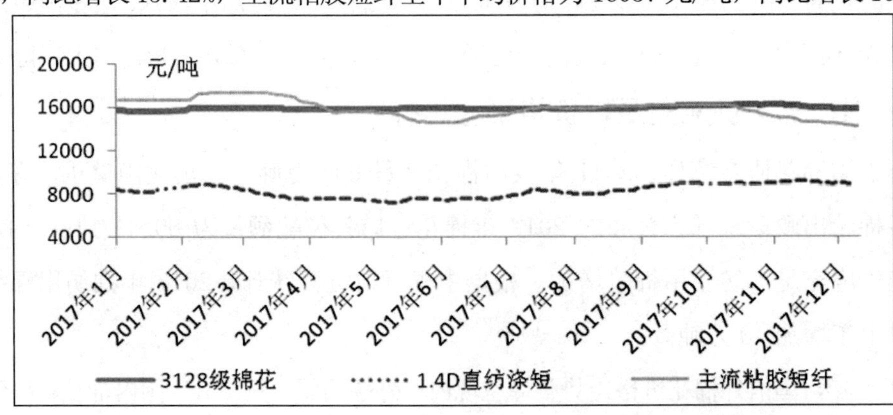

数据来源：中国棉纺织行业协会

图 2　2017 年棉纺用原料价格走势图

（四）纱布产品价格弱势上行

2017 年棉花价格较为平稳，纱布产品销售较上年有所好转，价格走势与棉花价格总体趋势基本一致，见图 3。2017 年 32 支纯棉普梳纱平均价格为 23330 元/吨，同比增长 11.98%，纯棉坯布（32*32 130*70 2/147″斜纹）平均价格为 5.78 元/米，同比增长 5.47%。从调研情况看，纱线价格变化的速度略滞后于棉价的变化。

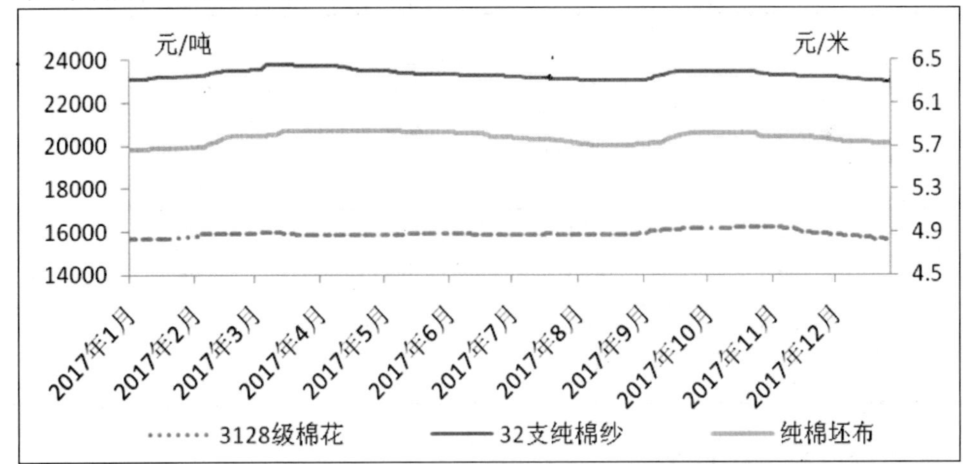

数据来源：中国棉纺织行业协会

图 3　2017 年纱布产品价格走势图

二、进出口形势

在国内外形势向好与外贸扶持政策发力的共同作用下，我国对外贸易运行呈现增速较快、结构优化、质量提升、效益提高的发展态势。纺织作为贸易顺差、出口创汇的主要产业之一，2017 年棉纺织行业出口形势有所好转。

据海关数据统计，2017 年我国棉制纺织品及服装进出口贸易总额为 915.72 亿美元，同比增长 0.29%。其中，出口贸易额 820.41 亿美元，同比下降 0.36%，进口贸易额 95.31 亿美元，同比增长 6.19%。从表 1 中可看出，棉制纺织品和棉制服装的进口额较上年均呈正增长，棉制服装出口额呈负增长。

表 1　2017 年我国棉制纺织品及服装进出口情况

进出口	出口		进口	
项目	金额	同比	金额	同比
单位	亿美元	%	亿美元	%
棉制纺织品	249.29	2.21	68.29	4.76
棉制服装	571.12	-1.44	27.02	9.98

数据来源：海关总署

2017 年世界经济温和复苏，出口东盟、美国、欧盟、日本市场较 2016 年均有所好转，出口东盟市场呈现正增长，见表 2。

表2　2017年我国棉制纺织品及服装主要出口国家和地区

国家/地区	2017年		2016年		同比变化
	出口额	同比	出口额	同比	
	亿美元	%	亿美元	%	百分点
全球	820.41	-0.36	823.36	-6.64	6.28
东盟	133.29	5.54	126.29	-7.32	12.86
美国	127.77	-0.31	128.17	-8.71	8.40
欧盟	121.53	-3.62	126.09	-12.65	9.03
日本	53.60	-2.02	54.70	-10.72	8.70

数据来源：海关总署

（一）美棉进口量大幅增加

2017年，棉花进口关税配额量依然为89.4万吨。虽然近几年我国棉花质量有所提升，但仍然无法满足企业一些高品质订单的要求，企业为保市场，只能进口国外的高品质棉花。2017年我国累计进口棉花115.48万吨，同比增长28.79% 。

由于美棉质量好于印度棉，且价格相对澳棉便宜，在配额限制下，美国成为我国棉花进口量最大的国家。2017年我国从美国进口棉花50.63万吨，同比增长92.22 %，占进口总量的43.84%。由于同期国内与印度棉品质相近的棉花供应充足，使印度在我国棉花主要进口市场中的份额有所下降，见表3。

表3　2017年我国棉花主要进口市场情况

国家/地区	2017年		2016年		占比变化
	数量	占比	数量	占比	
	万吨	%	万吨	%	百分点
美棉	50.63	43.84	26.34	29.38	14.47
印棉	25.80	22.34	21.84	24.36	-2.02
乌棉	11.20	9.70	11.83	13.19	-3.50
澳棉	9.30	8.05	9.31	10.38	-2.33

数据来源：海关总署

（二）棉纱线进口量依然较高

2017年，我国累计进口棉纱线198.36万吨，同比增长0.78%。从棉纱线进口的分市场来看，越南、印度、巴基斯坦是我国棉纱线进口前三大市场。2017年，越南、乌兹别克斯坦市场份额较上年有所增加，其中，越南依然是我国棉纱线最大进口来源国，从越南进口纱线数量接近印度和巴基斯坦纱线进口数量的总和，见表 4。

进口纱线中，纯棉普梳中低支纱占有较大比重。2017 年，我国累计进口 8~25 支棉纱线 114.17 万吨，占比为 57.7%，越南、巴基斯坦、印度是我国 8~25 支纯棉普梳纱的主要三大进口来源国；累计进口 25~30 支棉纱线 17.4 万吨，占比为 8.8%；累计进口 30~47 支纯棉纱 55.39 万吨，占比为 28%。

表 4　2017 年我国棉纱线主要进口市场情况

国家/地区	2017 年		2016 年		占比变化
	数量	占比	数量	占比	
	万吨	%	万吨	%	百分点
越南	71.61	36.10	62.41	31.71	4.39
印度	39.04	19.68	41.46	21.06	-1.38
巴基斯坦	34.06	17.17	38.81	19.72	-2.55
乌兹别克斯坦	9.32	4.70	8.81	4.48	0.22

数据来源：海关总署

（三）棉织物出口增长

得益于国内棉花价格平稳影响，2017 年我国共出口棉织物 89.37 亿米，同比增长 1.44%。在出口的棉织物中，纯棉坯布好于棉混纺布。从棉织物出口市场情况看，亚洲是我国棉织物出口的主要市场。随着东南亚制衣业需求的不断增长，拉动了我国棉织物的出口。2017 年，菲律宾、贝宁的市场份额较上年有所增长，其他主要市场份额均呈下降趋势，见表 5。

表 5　2017 年我国棉织物主要出口市场情况

国家/地区	2017 年		2016 年		占比变化
	数量	占比	数量	占比	
	亿米	%	亿米	%	百分点
菲律宾	13.66	15.28	88.1	12.66	2.63
孟加拉国	11.07	12.39	11.15	12.41	-0.02
越南	6.18	6.92	10.93	7.62	-0.70
贝宁	4.27	4.78	6.71	3.87	0.91
中国香港	3.25	3.64	3.41	5.73	-2.10

数据来源：海关总署

三、棉纺织运行质量在健康范围内

（一）经济指标数据显示运营平稳

随着部分技术落后、无利经营的中小企业退出竞争，行业资源向大企业集中，行业整合力度加大，行业两极分化局势凸显。根据中棉行协跟踪企业数据显示，2017 年，我国棉纺织行业主营业务收入累计同比增长 5.72%，较上年增加 1 个百分点，主营业务利润累计同比增长 3.75%，出口交货值累计同比增长 0.43%，亏损面减少。但用工成本高、劳动力缺乏、工人平均年龄等因素较大依然困扰着企业，这也促使企业不断加大投入资金进行设备升级和技术改造，逐步实现生产自动化、智能化。图 4 为协会跟踪企业经济效益情况。

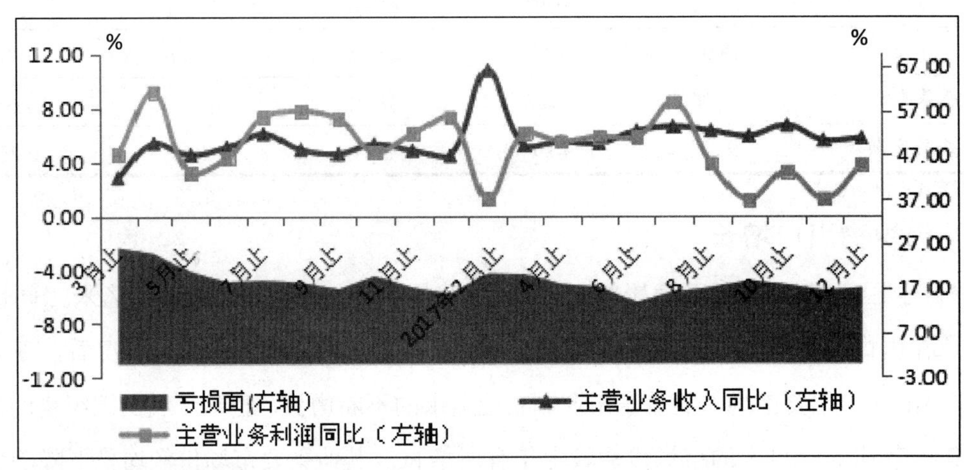

数据来源：中国棉纺织行业协会

图 4　2016～2017 年跟踪企业主要经济指标增长率

（二）行业投资增速趋缓

近年来，受资金压力以及对政策的不确定性等方面的影响，棉纺织赴新疆的投资热情有所减缓，许多企业主要以设备升级改造和节能减排为主，进而提高产品质量，降低用工人数，提高生产效率。2017 年我国纺织工业实际完成投资 13507 亿元，同比增长 5.21%。其中棉纺行业实际完成投资 3168 亿元，同比增长 2.13%，投资同比增长低于纺织工业平均水平。从图 5 可看出，我国棉纺行业投资增速在逐步下滑，棉织造投资增速下滑较快。

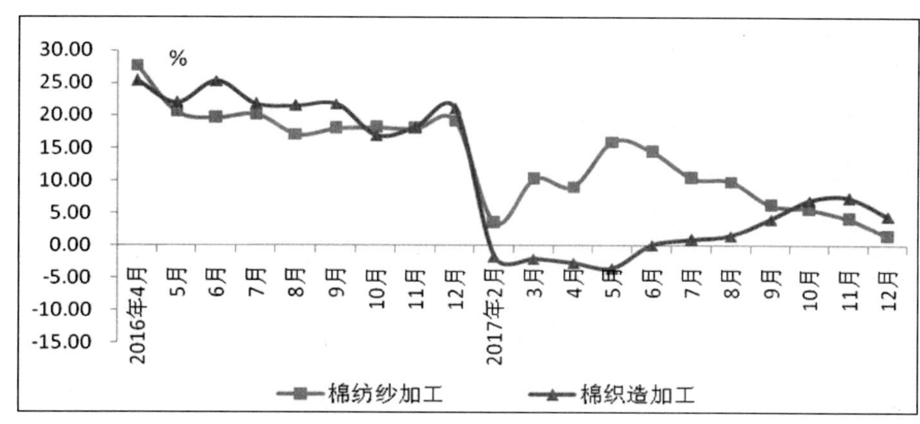

数据来源：国家统计局

图5　2016～2017年行业投资累计同比走势图

（三）行业景气度提升

2017 年，棉花价格的平稳运行为纺织企业的正常生产“保驾护航”。随着全球经济复苏、国内经济稳中有进，棉纺织行业销售状况逐步改善。中棉行协综合企业原料采购、生产、销售、库存以及经营等状况发布了 2017 年 12 个月的景气指数。从图 6 可以看出，2017 年行业景气度好于上年，在 9、10 月的纺织旺季，行业景气指数高于 50。2017 年中国棉纺织景气指数平均值为 49.4，较上一年度均值提高 1.5，行业景气度稳步提升。

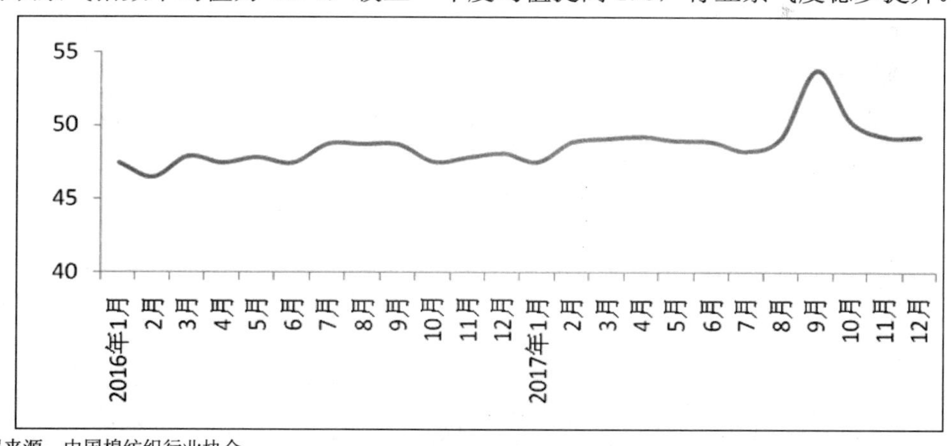

数据来源：中国棉纺织行业协会

图6　2016～2017年中棉行协监测棉纺织行业景气指数情况

四、2018年棉纺织行业运营预测

（一）认识和把握经济新常态

党的十九大报告指出，“我国经济已由高速增长阶段转向高质量发展阶段”。在此背景下，纺织行业需要正确认识和把握宏观经济新常态下行业所面临的外部形势和内部特征，以高质量发展为纽带，明确行业转型升级的方向，适应经济新常态的要求，共谋纺织行业高质量的发展。

（二）棉花对行业的影响

通过对年度棉花产量和棉纺企业用棉量的预测，我国棉花年均缺口在 250 万~300 万吨，而目前每年 89.4 万吨的棉花配额无法满足国内棉纺企业的高品质用棉需求。随着储备棉的投放，国储棉库存量逐渐减少，储备棉和配额政策的变动将直接影响内外棉价差，进而影响国内棉纺织行业的运行。

（三）棉纺织行业运行预测

从中棉行协调研情况看，2018 年棉纺行业开局良好，走访企业春节假期后销售态势良好，企业家信心充足，对市场形势较为看好。但中美贸易摩擦的持续升级、国际局势的动荡、人民币汇率的走强等一系列不确定因素影响着我国棉纺织行业的运营。

1、国际各国对华进行贸易调查，中美贸易摩擦不断升级，加上印度等新兴国家棉纺织产业的挤压，使得我国棉纺织品出口形势依然面临严峻的考验；

2、2018 年棉花进口关税配额量依然为 89.4 万吨，储备棉中高品质棉花也越来越少，高品质棉花供应缺口大，预计非棉纤维使用量仍占较高比例；

3、行业经营平稳，主营业务收入、主营业务利润同比增长，亏损面减少。

棉纺织行业产业链协同创新发展

王 耀

摘要： 本文从我国棉纺织行业棉型梭织布产品的变化入手，介绍了棉纺织产业相关产业链的概况，以棉纺织行业织部为主线，重点分析织部关键技术创新及趋势对产业链协同发展的影响。

一、棉纺织上下游产业链概述

纺织工业是中国国民经济的支柱产业、重要的民生产业和具有国际比较优势的产业，纺织业也是创新驱动的科技产业、文化引领的时尚产业、责任导向的绿色产业。

纺织工业始终是中国经济的重要力量，全社会实现纺织服装产业的就业人口 2000 万人以上，2017 年规模以上纺织行业主营收入 68936 亿元，占工业比重为 6%左右，利润额 3769 亿元，占工业比重为 5%左右，纺织品服装出口额占到了全国比重的 12.13%。棉纺织产业是纺织产业的基础性行业，为服装、家纺及产业用等行业提供了半成品或成品的原料，保障了纺织服装行业的正常运转以及时尚、绿色、功能等方面的需求。按照生产供应链划分，棉纺织产业的生产环节主要由纺部和织部两个主要部分组成。

（一）纺纱行业概况

纺部是利用纺纱设备将纤维原料按照产品要求加工成纱线，纺部为织部提供了纱线原料，是织部的前道基础环节，也称为纺纱行业。

1、纱线生产平稳

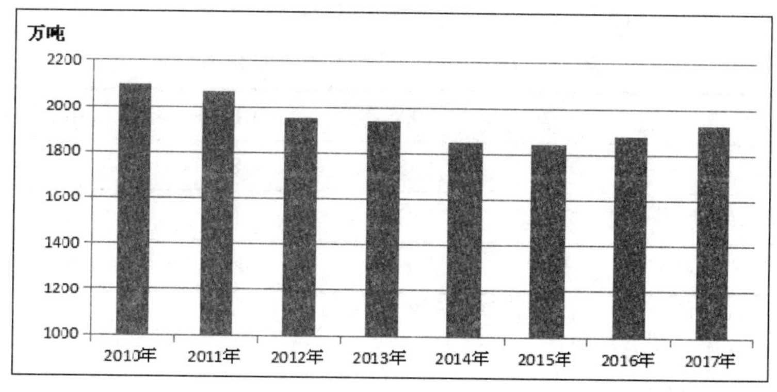

数据来源：中国棉纺织行业协会

图 1 2010~2017 年我国纱产量变化图

我国纺纱行业规模位于全球第一，据中国棉纺织行业协会会商统计，截至 2017 年年底棉纺织纱锭数 1.18 亿锭。从图 1 可以看出，2010 年以来我国纱线产量基本维持在年均 1950 万吨的产量规模，波动较小，生产稳定，为织造行业的平稳发展提供了良好的基础。

2、棉纤维加工量占比趋于稳定

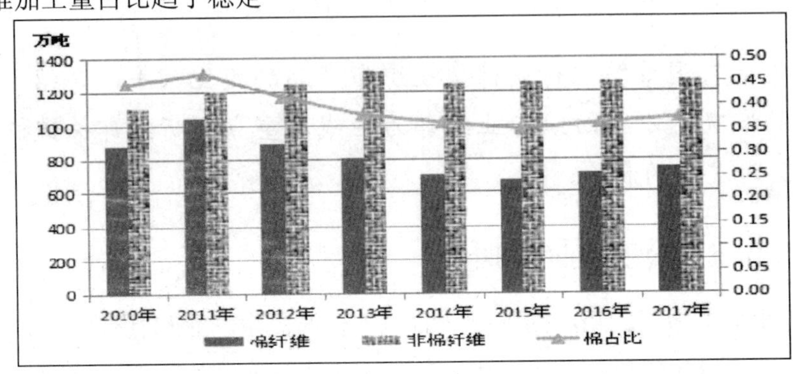

数据来源：中国棉纺织行业协会

图 2　2010~2017 年纤维加工量变化图

从图 2 可以看出，2011 年棉纤维加工量达到近年来高点，此后纤维加工的棉纤维占比呈现持续下降并逐步趋于平稳，2015 年储备棉开始大量轮出，棉纤维占比略有上升。棉纺织企业在逐步加大非棉类纤维的使用，这已经成为一种不可逆转的趋势，通过加强多品种多组份新产品的开发，企业力图规避棉价波动带来的风险，并以此提升自身竞争实力。

3、新型纱线产量日益增长

随着新型纤维原料不断涌现，以及纺纱技术的快速发展，都极大的推动了新型纱线产品产量的不断增长。新型纤维素纤维、差异化、功能纤维的大量使用赋予产品新的性能；紧密纺、紧密赛络纺及喷气涡流纺等新型纺纱方式有效的改善了纱线的结构，提高产品附加值市场需求旺盛，如表 1 所示，过去十余年间新型纱线产品产量大幅攀升，其占纱产量比重从 2005 年的不足 3%提升到了 12.7%，发展迅速。

表 1　新型纱线产品产量占比变化情况表

纱线类别	单位	2005 年	2010 年	2015 年	2017 年
新型纱线	万吨	34	85	155	245
其中差别化纤维纱线	万吨	30	68	115	170
新型纱线占纱产量比重	%	2.31	4.14	8.41	12.7

注：新型纱线是指当期新技术、差别化纤维纱线、新结构纱线的合计。

数据来源：中国棉纺织行业协会

（二）织造行业概况

棉纺织行业的织部工序是以纱线为原料，在织机上通过经纬纱交织形成织物的过程。

织部不但涉及到整经、浆纱、穿经等织前准备工序，还包括织造及验布打包等工序，是纺织产品加工成形过程中的关键一环。

1、棉织物产量随市场需求而变化

2017 年我国棉纺织行业生产棉织物总计 610 亿米，产量与上一年度持平。其中本色坯布占比稳定在 90%左右，而色织布和牛仔布占比均有所上升（表 2），棉纺织产品在满足人民衣着需求、家纺消费及家居装饰等方面发挥了巨大作用。

表 2　我国各大类棉织物占比表

年　份	本色坯布占比	色织布占比	牛仔布占比
2010 年	90.50	5.00	4.50
2017 年	89.10	6.28	4.62

数据来源：中国棉纺织行业协会

2、无梭布产量占比不断提升

无梭布的生产代表着织布行业先进的生产水平，从图 3 可以看出，无梭布的产量占比逐年提高，从 2005 年的 52.75%提升到了 2017 年的近 90%，已达到国际先进水平。

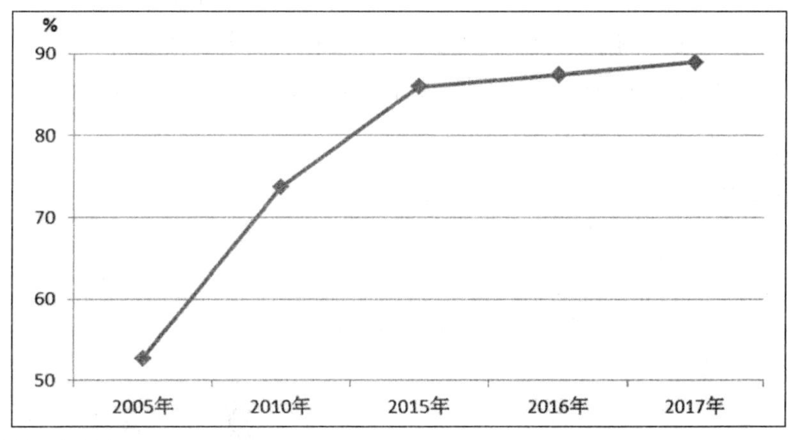

数据来源：中国棉纺织行业协会

图 3　2005~2017 年无梭布占比变化图

（三）下游产业市场需求

棉纺织行业织部生产的最终产品是梭织物，织物经过下游印染、后整理等加工过程后，再加工成服装、家纺、装饰用品等纺织类产品。

1、印染行业

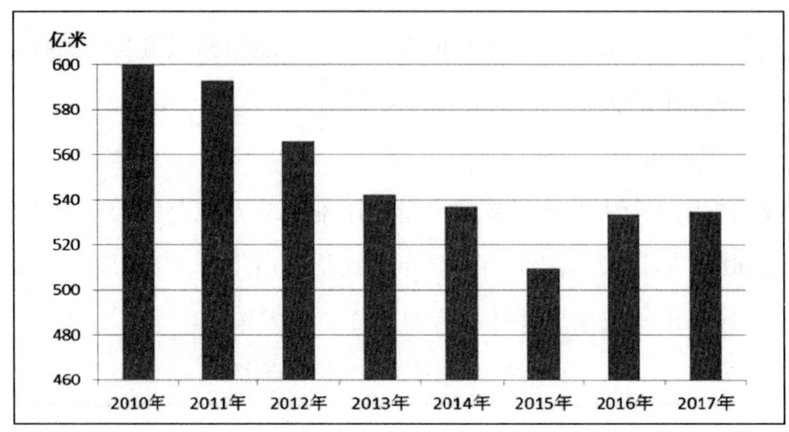

数据来源：国家统计局、中国印染行业协会

图4　2010~2017年印染布产量变化图

印染行业是棉纺织产业链上重要的一环，通过其加工后整理，可以赋予梭织物新的手感、色彩及特殊功能，但其生产流程中会消耗大量的水、染料及助剂等化工原料。在我国环境问题日益严峻的当下，印染行业的发展将和环保政策的导向密不可分，对织造生产的环保性要求也愈加严格。随着政府对环 境保护监管措施的加强，印染行业淘汰落后产能效果显著，从图 4 可以看出，印染布产量在“十二五”期间连续五年负增长，截至 2015 年，全国印染行业累计淘汰落后产能超过100亿米，成效十分显著。

随着国内经济企稳和供给侧结构性改革的有力推进，从 2016 年开始印染产能恢复增长，2017年增速虽有所放缓但产能持续增加。

2、服装行业

按照服装加工使用的原料及制造工艺，服装可划分为针织服装和梭织服装，梭织类服装为本文分析的重点，梭织服装通常是指使用梭织布为原料，经后道加工生产制成的成品服装。

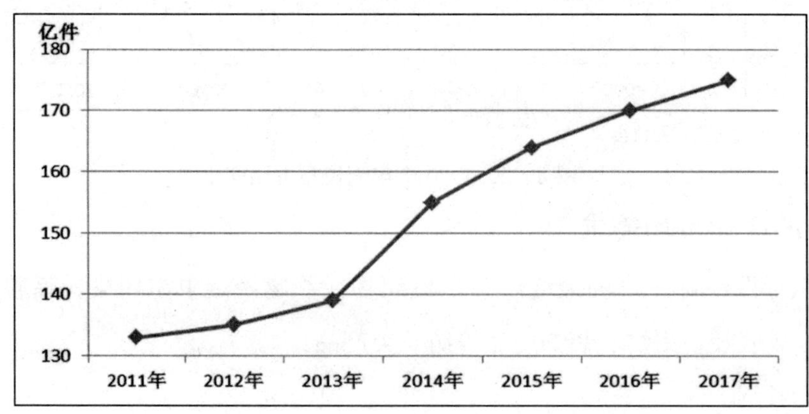

数据来源：国家统计局、中国服装协会

图5　2011~2016年我国梭织服装产量变化图

我国是全世界最大的纺织品服装生产、消费国，服装业的发展极大地推动了国民经济的发展。图 5 的数据统计显示，2011~2017 年梭织服装产量一直呈增长趋势，拉动了梭织物的消费。根据中棉行协统计核算，2017 年用于服装的梭织物使用量占梭织物产量的62%，服装产业的梭织物消耗量逐年攀升，行业发展迅速，产业结构稳步改善趋于合理，生产力布局持续优化。

3、家用纺织品行业

随着经济的发展和人民对美好生活的向往，家用纺织品发展迅猛，与服装用纺织品、产业用纺织品在纺织行业三足鼎立。作为纺织品中重要的一个类别，家用纺织品多用在居室配套中，如床品、窗帘、沙发及家居装饰品等，对营造舒适美好环境有着重要的作用。如今的家用纺织品已经脱离了最初满足铺铺盖盖、遮遮掩掩、洗洗涮涮的日常生活需求，更多的赋予了时尚、个性、保健等多功能的消费风格，家用纺织品在逐渐成为家居装饰和空间装饰市场的新宠，本文主要分析涉及的家用纺织品为毛巾、床品等。

据中棉行协统计核算，2016 年家用纺织品加工床品消耗梭织布占梭织物产量的 38%，主要用于床品的生产。

国家统计局数据显示，2017 年家纺行业 1927 家规模以上企业实现主营业务收入 2626 亿元，同比增长 4.76%，增速较上年提高家纺 1.55 个百分点。自 2012 年以来，行业运行总体稳定，运行质效不断改善，在经济发展进入新常态时期，行业发展速度换挡，效益增长方式也在发生改变，从投资、规模驱动转向效率和质量的提升。

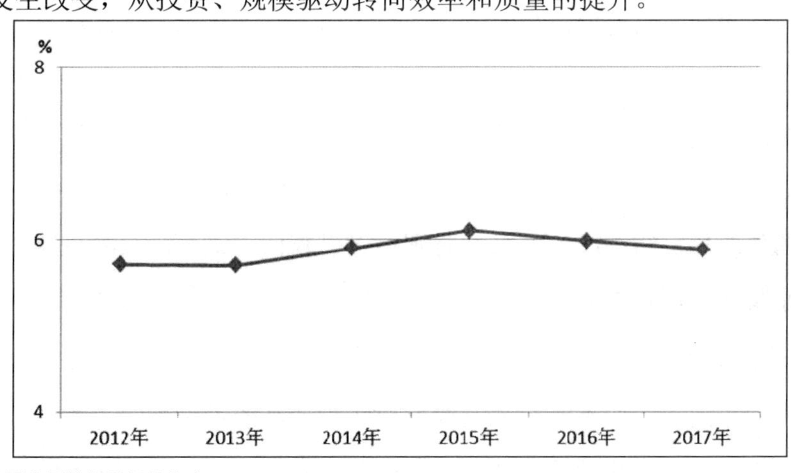

数据来源：中国家用纺织品行业协会

图 6　规模以上家用纺织品企业利润率变化图

从图 6 中可以看出，自 2012 年以来，规模以上家纺类生产企业利润率稳步提升，在

2015 年达到高点并稳定在 6%左右，年均利润率都高于纺织全行业水平，有效地拉动了织布产业的发展。

二、织部创新要素分析

纺织行业织部的创新发展是以符合纺织工业发展趋势为前提，既要满足低碳、绿色的循环经济发展新趋势，更要满足人民对美好生活产品的需求，还要适应不断涌现的新纤维、新型纱线等原料端供给因素的变化。

（一）资源及环境的制约

纺织工业和其他工业一样也受资源及环境的制约，如人口老龄化导致劳动力紧缺、人工成本不断上升；下游印染产业所面临的资源环境制约不断突显。织造行业本着承担社会责任，保护环境的角度出发，正在与下游产业共同推进绿色生产。同时机器替代人工、连续化、自动化生产以及环保无污染等都是织部相关技术的方向发展。

（二）新型纤维材料的应用

在科学技术快速发展的今天，纺织材料得到了长足的进步，各种新型纺织纤维材料不断涌现，为纺织产品的开发提供了新的领域和空间。通过各种多组份、不同比例纤维的混纺差异化，拓展了纺织面料的设计空间，研发制造出更多差异化、功能性的纱线产品。

（三）纺纱新技术的应用

随着纺纱技术的不断发展，如赛络纺、涡流纺、紧密纺等纺纱新技术为新型结构纱提供了新的方法和途径，同时，各种新型的纺纱工艺所生产的纱线满足市场的需求，其指标参数也与传统的纱线有所不同。对于织部相关工艺而言，就要突破传统的工艺观点，根据实际纱线的质量及指标来确定相关技术参数。如紧密纺纱线毛羽少、条干好，相关指标都优于同规格的传统环锭纺纱线，在浆纱时则可以以较低上浆率，来减少浆料使用量，满足织造时高车速及高效率的要求。

（四）产品需求的变化

伴随着人们生活水平的不断提高，大家对纺织产品的消费观念也发生了巨大变化，从 20 世纪要求的结实、耐用,到如今更注重健康、时尚；服装及家用纺织品领域的快速发展，如品牌服装、床上用品、毛巾浴巾等新产品的不断涌现，也极大地推动了纺织面料不断向轻薄、高密、功能化、舒适性的方向发展。

面对人民群众日益增长的对美好生活用纺织品的需求，其环保、舒适、健康等需求特点也对织部相关技术提出了新的要求。

三、织部关键技术对产业链的影响

（一）上浆技术

在纺织生产中，浆纱工序是纺织品加工过程中的重要工序，俗称“老虎口”。纺织厂实践表明，织造效率 70%取决于浆纱的质量，纺织厂流行一句话“浆纱一分钟,织造一个班”，浆纱工序的重要性可见一斑。

1、新型纱线对上浆工艺的要求

随着纺纱新原料、新技术的不断发展，纱线的强力、耐磨、毛羽及条干等有关指标都有不同程度的改善，但新型纤维纱线、多组份纤维混纺的纱线等对浆料配方及上浆工艺也提出了新的要求。

2、浆料配方对织造效率起着重要作用

据中棉行协统计，2017 年全国棉织物使用浆料量总量约为 88 万吨，是纺织企业除了棉花外消耗最大的原材料之一。相比 2010 年浆料使用量下降近 30%，虽与织物生产量也有一定关系，但这主要归结于纺织上浆相关技术的科技进步和创新和企业环保意识的增强。

浆料配方是根据各类浆料的特点及上机品种的不同，将各种浆料按一定比例搭配，有针对性的适应于某些织物品种，应用较为广泛的浆料配方如表 3 所示。

表 3　不同浆料配方适应织物品种情况表

浆料配方	适应品种及产量占比	上浆特点
普通淀粉加少量普通变性淀粉	紧度较小的织物（50%）	普通产品，上浆成本低
高性能变性淀粉加部分普通变性淀粉，配以适量聚丙烯酸类浆料	较难织造的纯棉和涤棉混纺织物（35%）	环保上浆，产品附加值较高，上浆成较高
高性能变性淀粉为主体配以少量 PVA 浆料	织造难度大、高紧度涤棉短纤纱的织物（10%）	产品附加值高，上浆成本较高，配方不环保
聚丙烯酸类浆料为主体，配以适量的变性淀粉	纯棉、涤棉混纺织物（5%）	产品附加值高，上浆成本高，环保上浆

数据来源：中国棉纺织行业协会

从表 3 可以看出，不同织物规格可进行有针对性地选择不同的浆料配方。在满足织造要求的前提下，力求以降低上浆成本提高效率为目的。

3、环保上浆对下游产业的推动

纺织工业的废水主要是印染废水，而含有 PVA 的印染退浆废水难处理且成本高。据国家环保部公开数据显示,在调查统计的 41 个工业行业中，纺织业的废水排放量和化学需氧量排放量近年来虽有所下降，但仍位于前列。

早在 20 世纪 90 年代，中棉行协就提出纺织上浆少用、不用 PVA，二十多年来，在中棉行协的引导和企业的共同努力下，目前纺织上浆中 PVA 的使用量较上世纪末大幅下降。据中棉行协调查显示，PVA 在浆料中的占比从 20 世纪末的 70%已经下降到 20%左右。

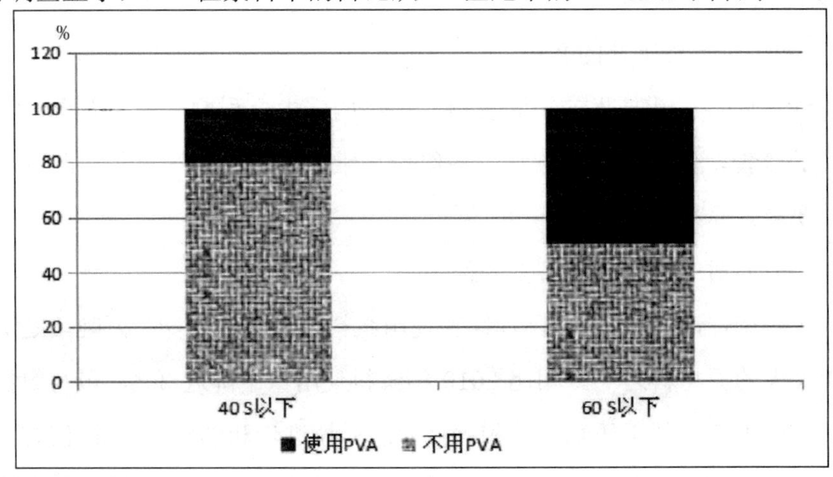

数据来源：中国棉纺织行业协会

图 7 使用 PVA 企业占比图

随着国家对节能减排的管控力度不断升级和企业环保意识进一步加强，越来越多的浆料生产企业和纺织企业在上浆工艺创新上不断尝试，取得了不错的成绩。

据中棉行协调查显示从技术上看，40 支(14.5tex)以下经纱常规品种上浆不用 PVA 在技术上已经完全可以实现；40 英支(14.5tex)～60 英支(9.7tex)间的经纱上浆除部分高紧度品种外也可以做到不用 PVA（图 7），由此可推算，约 300 亿米的梭织物在浆纱过程中不添加 PVA 是可以生产的，也就是说，全国棉织物产量中约 50%可以不使用 PVA 进行生产。在中棉行协的不断引导和企业的共同努力下，PVA 的使用量正在逐步减小，目前 PVA 使用量占浆料总消耗量的比重约为 20%左右。

尽管无 PVA 上浆技术已经较成熟，但实际生产中织布生产企业都或多或少的加放些 PVA，使含 PVA 的面料比例仍然很高，据统计，只有约 20%左右的织物完全不使用 PVA，实际生产与技术能力有一定差距的主要原因一是由于高性能变性淀粉等环保浆料产品生产工艺复杂、原料成本高等原因导致上浆无明显成本优势；二是企业操作人员在上浆过程中使用 PVA 的定式思维不易扭转，环保意识还有待提升；三是下游市场缺乏要求、管控和激励措施。从而导致了无 PVA 等环保上浆工艺推广较为缓慢，完全无 PVA 的面料比例较低。

（二）自动穿经

经纱在经过上浆之后，还要经过穿筘、穿综等工序后才能上织机织造。随着棉织物的宽幅化、高支高密化，以及织机高速化的不断发展，织前准备工序对穿筘、穿综等的速度和正确率要求越来越高，以保证织造的效率。

全自动穿经机的技术进步，有效地提高了生产效率，降低工人劳动强度，近年来正快速应用到织造企业。该设备最大特点是速度快、自动化水平高，可以避免人工穿综过程中出现的错误，对提升产品质量和生产效率发挥了重要作用。

表 4　全自动穿经机保有量情况表

年　份	2005 年	2010 年	2015 年	2016 年	2017 年
台	0	30	330	430	530

数据来源：中国棉纺织行业协会

可以从表 4 看出，随着纺织产业自动化程度的不断提升，自动穿经机的使用逐步推广，以进口的自动穿经机为主流，虽然其投资大，但效率高，稳定性好，在替代人工方面的巨大优势让企业趋之若鹜。

目前，色织布生产企业采用自动穿经机较多，在生产效率对比上，根据织物品种的不同，一台进口全自动穿经机在某些色织布品种的生产过程中可以替代 35 人左右的熟练工人，但投资较大。织布企业也期待国产设备的成熟，以降低购置成本。

（三）织造的发展与进步

织造的主要设备是织机，我国的织造设备经历了从最初的有梭织机、小剑杆织机、高速剑杆、片梭及喷气织机的发展历程，织造企业的需求，推动了织布机的更新换代及技术进步。

1、织造能力提升

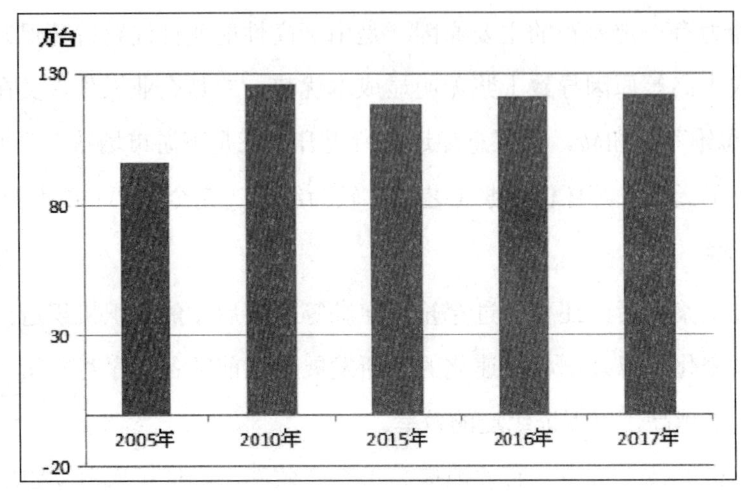

数据来源：中国棉纺织行业协会

图 8　2005~2017 年织造产能发展情况表

进入 21 世纪，我国棉纺织行业的织造产能经历了快速发展和平稳发展两个阶段，在 2010 年前后织布机保有量达到最高峰，织机总台数从 2005 年的不足 100 万台发展至 2010 年超过 120 万台。近几年来，随着企业技术进步的不断推进，织机总量虽略有下降但逐渐淘汰了有梭织机及小剑杆增加高速无梭织机，保障了产品质量和效率的提升，很好地满足了梭织布下游产业的需求。

2、产品适应性不断拓宽

目前，棉织行业中各种织机的存在，均由市场需求所决定，从图 9 可以明显看出，有梭织机、小剑杆织机的占比在持续下降，从 2010 年至 2017 年以来共计下降了 11 个百分点，而代表先进织造技术的高速剑杆织机、喷气织机的占比则不断上升。

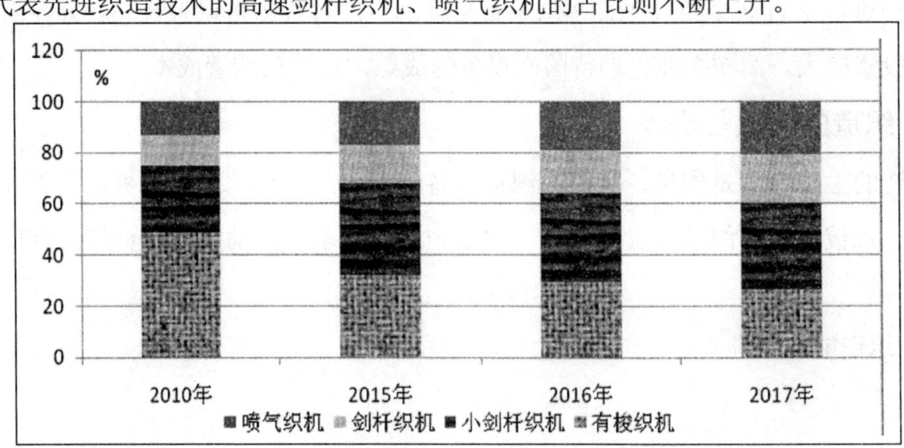

数据来源：中国棉纺织行业协会

图 9　不同类型织造设备占比变化图

有梭织机主要用于满足少数特殊产品的性能需要；国产简易剑杆织机（俗称小剑杆）在一定时期内在替代有梭织机方面发挥了重要作用；片梭织机适宜生产厚重类产品，如牛仔织物、工业帆布等；剑杆织机在品种适应性上更强，更适合有特殊要求的产品生产；喷气织机具有高速的优势，适用的品种也较广泛，目前喷气织机在国内的应用比例是无梭织机中最高的。

3、织机无梭化率上升明显

设备无梭化率是反映织造行业设备先进程度的重要指标之一，无梭织机以其震动噪音小、运转速度快、品种适应性强、生产效率高、产品质量好等特点，迅速占领了织机市场。

从图 10 可以看出，无梭织机占比逐年上升，截至 2017 年我国无梭织机占比已达 74.1%，占比与 2010 年相比增加了 20 多个百分点。

除了个别企业由于产品特殊要求保留了有梭织机进行生产外，纺织企业在设备改造或新建生产线时，喷气织机、剑杆织机等高速无梭织机已经成为首要的选择。

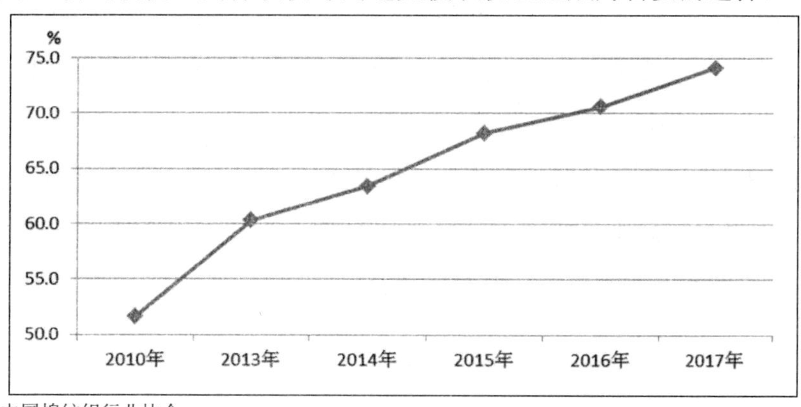

数据来源：中国棉纺织行业协会

图 10　2010~2017 年我国无梭织机占比变化图

虽然，无梭织机在品种适用性和效率方面有着有梭织机无可比拟的优势，但由于少数特殊产品的性能需要，有梭织机至今仍未完全退出市场，仍占有一席之地。

（四）织部创新

1、经纱上浆技术创新方面

随着我国纺织行业的逐步发展，经纱上浆的新技术，尤其是环保浆料的研发、新技术的推广已在国际上占据重要地位。

（1）环保浆料的研发。变性淀粉浆液与纯棉纱的粘附性较好，退浆后对环境污染较小，因此广泛应用于纯棉纱上浆，并且与化学浆料配合应用于化纤纱的上浆；PVA 的优点在于浆膜强度高，但是由于 PVA 的生物降解性差，退浆废水对环境污染大，目前，虽然有公司进行 PVA 的循环利用，但难度大规模小，在环保压力愈来愈大的形势下，替代 PVA 上浆被认为将是浆纱工艺的又一次革命；聚丙烯酸类浆料是一类可调节性很大的浆料，通过不同的单体比例和适当的聚合方法，在理论上可以生产出各种用途的浆料。

近年来，由于对环保的重视，变性淀粉和聚丙烯酸类浆料性能有了大幅提升，其低污染和良好的上浆性能的优点而被广泛使用，在替代 PVA 上浆过程中发挥了很大的作用。

接枝淀粉被认为是最有可能取代 PVA 上浆的浆料种类，目前主要用于高支高密等织造难度较大的品种上，其浆纱性能基本可以媲美 PVA。国内重点的浆料研发企业均有可替代 PVA 的高性能变性淀粉产品。此外，常温调浆、冷水可溶也对变性淀粉产品的开发提出了新的要求。

（2）上浆工艺的创新。纺织浆纱行业涌现出了一批纺织科技一等奖获奖项目，如半糊化上浆、泡沫上浆及常温上浆、低上浆率技术等新型上浆技术，这些新型上浆技术都是以替代 PVA/无 PVA 上浆为基本前提，但在市场化的环境下，推动环保上浆也还存在着一些现实问题。

纺织企业在推广、使用无 PVA 上浆产品和上浆工艺的过程中，必然会面临一定的风险和成本压力。所以，下游市场需要有一定激励措施，鼓励纺织企业在上浆过程中不使用 PVA，转而采用高性能变性淀粉等环保浆料产品，如优质（环保）优价或优先采购无 PVA 环保面料等。

2、自动穿经机的应用性能

目前国际上知名的穿经机其穿经速度可达 600 根/分钟，最大穿综数可达 28 片，并很好地将人工智能、自动控制、光电感触等技术有机融合在一起，穿经准确性和质量非常高，有效的避免了工作中的穿经错误的产生，国内产品大多数以模仿或引进技术的方式，在达到各项性能指标方面还有很大差距，国产化率待提升。

3、喷气织机技术进步

国内喷气织机与国外设备在技术上的差距和自动穿经机的几个问题基本相近，如设备的速度、产品适应性以及稳定性上的差距。

如国外知名企业最高速度可达 1200 转/分甚至更高，而国内设备通常很难达到这个水平；在最大选纬数、特别是在高速运转下设备稳定性及故障率方面都存在一定的差距。

四、发展趋势

（一）织部设备高速化

整经机、穿经机、浆纱机以及织机运行速度的提升可大幅提升企业生产效率，进而增加产量，是增加企业收入的最直接、有效的手段之一。近年来，织机等织部设备的生产速度不断提升，在保证产品质量的同时，提高生产效率，随着科学技术的不断发展，可以预见这一趋势或将持续。

（二）上浆简单并环保化

目前，纺织企业所采用的浆料配方几乎都由三种或以上的成份配伍而成，包括主浆料及各种助剂，目的是为了使各种成份的上浆性能取长补短，以获得最佳的上浆效果。随着变性淀粉及聚丙烯酸类性能的逐步提升，未来纺织浆料的成份配伍应向着更加简单的方向发展；同时，在保证织造效率的前提下，低上浆率上浆也将是一种趋势，更少的浆料成本降低、烘燥容易节约能源、耗水、耗能等也随之下降，同时减少了对环境的污染。

环保上浆也必将是发展趋势，其包括两个方面的含义，环保浆料和环保工艺。环保浆料主要从浆料的生物可降解性、浆料的毒害性或有毒有害成分等方面考虑；而环保工艺则主要从节水、节能、易降解等方面入手。泡沫上浆、低温上浆、低上浆率等上浆技术在近几年来被不断关注，主要是由于这些新型环保上浆工艺不但节省了大量的能源，且极大的方便了浆纱工人的操作。更为重要的是，新型上浆工艺几乎无一例外地采用了无 PVA 的上浆方式，退浆废水易降解，对环境无污染，大大节约了能源，并且为保护环境做出贡献。

（三）织部工序连续化

近年来，随着纺织科学技术的不断发展，纺织前道的纺部相关的粗细络联技术完全实现了纺纱技术自动化、连续化，让纺纱无人车间成为可能；而在织造后的印染后整理等自动化技术也不断发展进步。而织部产业链相关技术，除各工序自身的自动化、智能化程度提高外，各工序间的连续化技术进展缓慢，多数仍是依靠人工将各工序连接。所以，织部各工序间的连续化生产，也必将是未来的发展方向之一。

国家提出“中国制造 2025”行动纲领，实施智能制造工程，推动制造业转型升级，纺织企业也将加大信息化投入，加快实施信息化、工业化与纺织的融合，提升企业生产和管理效率，将极大地增强企业的竞争力和效益水平。

（四）“十三五”末的发展目标

随着科学技术的飞速发展，纺织产业的技术水平必将不断提升，预计到 2020 年全行业在浆纱过程中使用 PVA 占总浆料消耗量的比重不超过 15%，完全不含 PVA 的面料占比将达到 35%以上；全行业自动穿经机保有量或将达到 800 台；织机的无梭化率也将达 80%以上，行业的自动化、智能化及环保化水平将达到新的水平。

棉纺织行业织部作为棉纺织产业链的最后一个重要组成部分，其发展不但要符合纺织工业的发展趋势，要将智能、低碳、环保等理念融入纺织新技术的实践中，而且还要适应不断涌现的新型纤维、纺织产品的差异化，并适应织造高速化等技术要求，才能满足广大人民群众对美好生活向往的需求。

棉纺产业转型升级的发展及展望

杨晓慧　景慎全

摘要：为适应不断变化的市场需求与经营环境，棉纺企业积极突破进取，探索行业的转型升级道路。经过不懈的努力，棉纺行业的原料结构、产品结构、设备水平、信息化和自动化程度都有显著的改变，为今后更进一步的发展奠定了良好的基础。

一、市场与经营环境发生深刻改变

在经济新常态的大背景下，国内棉纺织行业发展平稳，但也面临着诸多问题，存在很大的不确定性，为了适应环境的变化，行业转型升级成为必然。

（一）企业经营形势保持平稳发展

2010 年以来，我国棉花产业经历了价格大幅波动，包括国家临时收储、棉花目标价格试点和储备棉投放等一系列市场和政策变化。随着棉花生产、加工、流通、纺织全产业链的不断调整，经过各方的共同努力，国内棉价正在逐渐回归市场化，国内外棉价差收窄，同时“高征低扣”改革试点的推进等利好因素也提振着行业的信心，棉纺织企业积极进行设备改造升级、调整产品结构，行业稳步发展。从中国棉纺织行业协会（以下简称：中棉行协）跟踪的重点企业统计数据看，2017 年主营业务收入同比增长 5.72%，利润总额同比增长 2.45%。

（二）棉纺织品进出口情况

在国内棉纺产业不断进行深度调整的同时，国际棉纺织产业也在迅速发展，对国内棉纺织市场产生影响，主要表现在进出口数据上，进口纱线数量增加，且纱支逐步提升。

1、棉纱进口对棉纺行业的影响

内外棉价差及各类生产资料价格上涨，使得国内纱线成本高于国际市场，棉纱进口量大增，严重冲击了我国纺纱企业的生产。进口棉纱呈现如下特点：（1）纱线支数逐步提高。2017 年 30~47 纱支占比从 2010 年的 13.4%增加到 28.0%，增加了 14.6 个百分点。（2）越南纱成为棉纱进口最大来源国。2017 年越南纱占比为 36.1%，超过印巴纱跃居中国棉纱进口量第一。（3）进口纱线数量从 2010 年起棉纱进口量逐步增加。从图 1 进口数据可得知，年均进口量达 171 万吨。（4）进口纱线应用领域有所拓展。由于进口纱的支数与质量不断提升，应用领域也逐步由粗花呢、粗平布等粗厚织物向中平布、华达呢、府绸类等中高档织物方向发展。

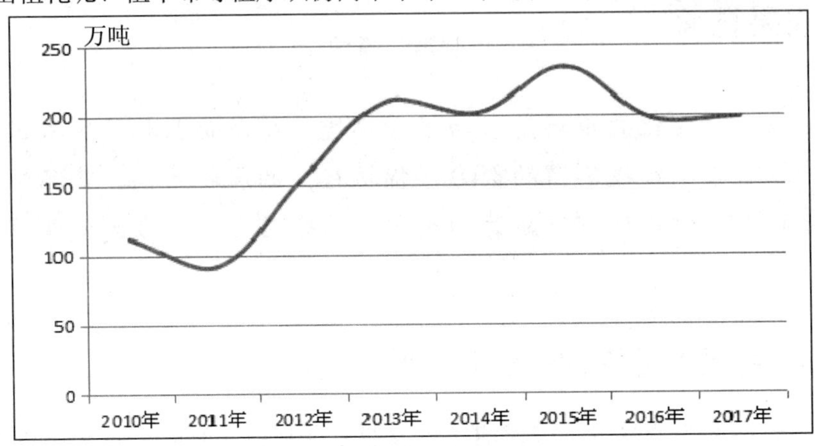

来源：中国海关总署

图 1　2010~2017 年棉纱进口量

2、棉织物出口增速放缓

棉织物是我国棉纺织品出口的重要组成部分。出口具体呈现如下特点：（1）出口市场广泛而均衡。出口市场主要为菲律宾、孟加拉国、越南、贝宁等东盟和非洲纺织新兴国家。（2）出口量略有下降。受国际市场影响，棉织物出口量略有下滑。如图 2 所示，2011 年棉织物出口量 60.9 亿米，为近十年最低值。2017 年出口量为 89.37 亿米，较 2016 年略有回升。

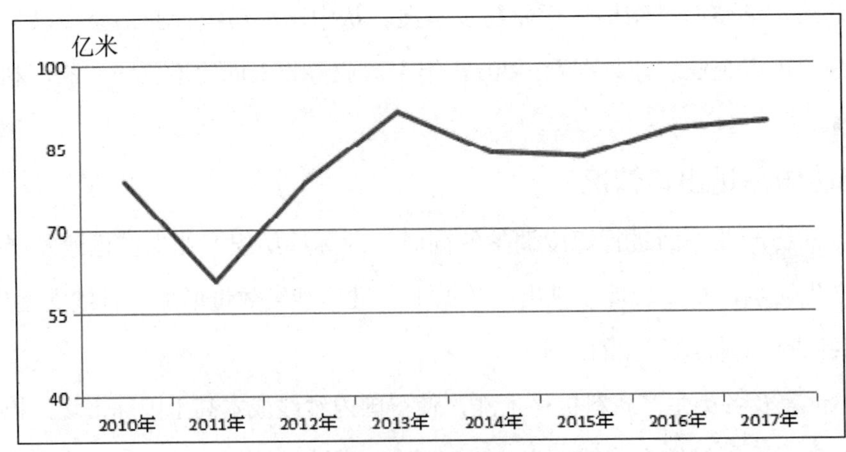

来源：中国海关总署

图 2　2010~2017 年棉织物出口量

从进出口情况看，国外棉纺织产业对我国棉纺产业冲击大于棉织产业，但棉织企业的压力来自于周边国家产业链的不断延伸。为了应对国际国内两个市场的变化，广大企业积极寻求转型升级，经过不断地努力，转型的成果已经逐步显现。

二、转型成果显著

尽管面临诸多困难，但棉纺企业积极采取应对措施，通过不断推行产品创新和技术升级，探索行业产业升级方向与路径，产能和产量基本保持平稳，产品质量提升，新产品种类不断增加，新型技术与设备的应用比例越来越高，行业进步明显。

（一）原料结构发生根本性的变化

随着市场需求的不断变化，以及化纤产业的迅速发展，棉纺行业原料的消费结构发生变化，较多纺企为规避国内外高棉价差等风险，积极拓展市场，加大非棉纤维的使用。2006 年非棉纤维加工量占比仅为 36%，经过十几年的不断发展，2017 年占比已经达到 63%。如图 3 所示，非棉纤维用量占比一直处于上升趋势。化学纤维用量不断上升的同时，种类也更加丰富，各类新型化纤给棉纺织行业产品创新提供了支撑，2017 年非棉纤维加工量为 1270 万吨。

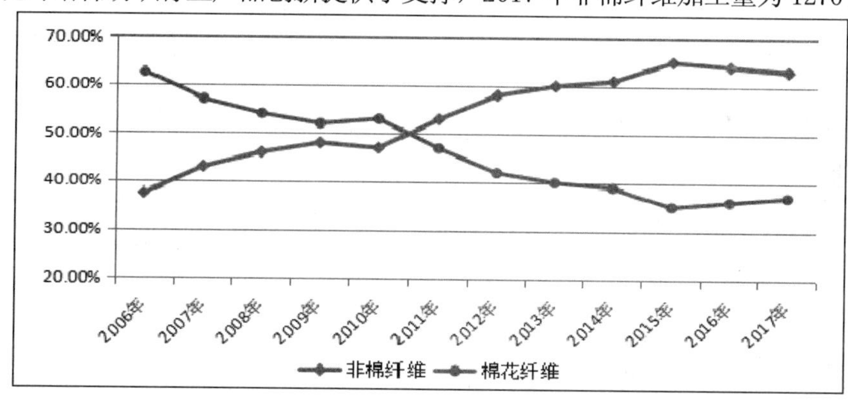

数据来源：中国棉纺织行业协会

图 3　2006~2017 年非棉纤维用量占比情况

由于化纤质量相对稳定，市场化程度高，同时种类丰富，能满足下游多样化的需求，化纤类产品是今后行业应用开发的重点，进一步提升化纤原料的占比是大势所趋。

（二）设备水平上新台阶

国产棉纺织设备的高速发展，为棉纺织行业的设备提升提供了强有力的支持。通过不断地设备更新和技术改造，整体设备自动化、信息化水平显著提高，为行业产品发展创新与质量提升打下良好基础。

1、投资技改推动行业产能优化

投资方面，如图 4 所示，我国棉纺织行业的投资一直呈现为稳步增长。一大批高效设备的投产，使得我国高效设备占比不断提升。2015 年后由于新疆的投资热潮拉动，一定程度上也拉动棉纺投资增长。

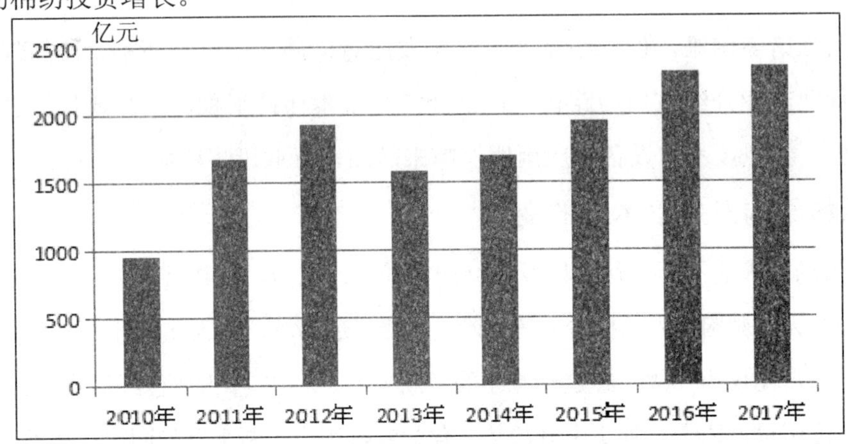

数据来源：国家统计局

图 4　棉纺纱加工固定资产投资情况

技改方面，整个行业的技改投入也呈现持续推进态势，如图 5 所示。从中棉行协跟踪的企业数据显示企业不断投入资金用于技术改造，并且近年来技改内容发生变化，主机方面，本轮老旧设备更换基本完成，如老式络筒机、并条机更新等，主机技改投资呈下降趋势，另一方面，器材、专件技改投入不断增加，如新型针布、钢领等优质器材的使用量大幅提升。

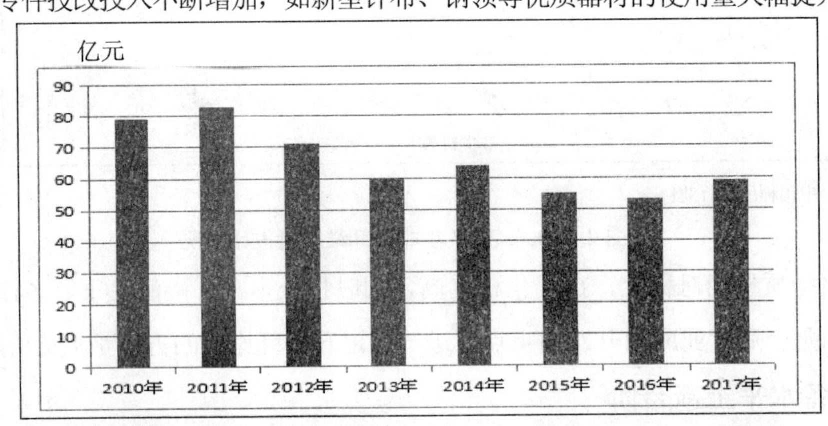

数据来源：中国棉纺织行业协会

图 5　2010~2017 年跟踪企业技改投资金额变化

环锭纺纱锭数由 2010 年的 1.2 亿锭下降到了 2017 年的 0.9 亿锭左右，占比下降了约 9 个百分点。经过积极的产业调整，行业产能结构进一步优化，环锭、转杯、喷气涡流纺三种纺纱方式的折算点比例由 2010 年的 88：11：1，调整为目前的 79：18：3。具体数据方面，新型转杯纺、喷气涡流纺的的数量稳步提升，转杯纺占比增长了 7 个百分点，喷气涡流纺占比增加了 2 个百分点。

在总量变化的同时，各纺纱方式的新设备占比也在不断提升，截至 2017 年细纱长车达到 3249 万锭，紧密纺达到 3177 万锭，均占环锭纺设备的 34%以上，并且比重还在逐步加大。在转杯纺方面，新型转杯纺达到了 179 万头；粗细络联更是发展到了 500 万锭，行业的整体生产效率明显提升。

2、产能集中度提升

在产能结构变化的同时，企业间的产能分布也发生了巨大变化。部分有竞争力优势、运行良好的企业，抓住机遇不断扩大生产能力，行业产能处于前列的企业总产能不断提升。中棉行协跟踪的近 200 家行业企业年报显示，2017 年折环锭纺总计约为 6390 万锭，约占全国 1.18 亿锭的 54%。大企业群体在市场上更加具有优势，市场占有率不断提升。

设备技术水平是行业发展前进的基础，要在今后继续保持全球竞争力，就必须继续不断地进行技改升级，快速提升整体设备水平。产能向优势企业集中也恰恰符合这个趋势，大企业拥有技术和资本优势，可以迅速的提升装备水平，从而保持较强的竞争力。

3、管理信息化水平不断提升

为了适应激烈的市场竞争环境，通过广大企业在内部挖潜，降低成本、提升效率的努力，信息化管理系统的优势也逐渐被优秀企业所接受，其全方位的管理企业已成为常态，内容涉及产品设计研发、企业经营管理、生产制造管理、生产过程自动控制、企业间信息网络等各个方面，利用信息网络传递快速简洁，形成快速反应机制，完善从采购、生产、销售一条链的信息传导。

在整个企业信息化管理系统中，近年来企业关注热度最高的是生产管理系统（MES），主机设备水平的普遍提升使得生产设备数据监控的成本进一步降低，同时适应纺纱的监控系统也在不断迭代中完善，部分满足了目前企业的实际需求。

从中棉行协跟踪的企业数据显示，企业信息化投入金额不断增加，年均增长率达到 10.49%，见图 6。

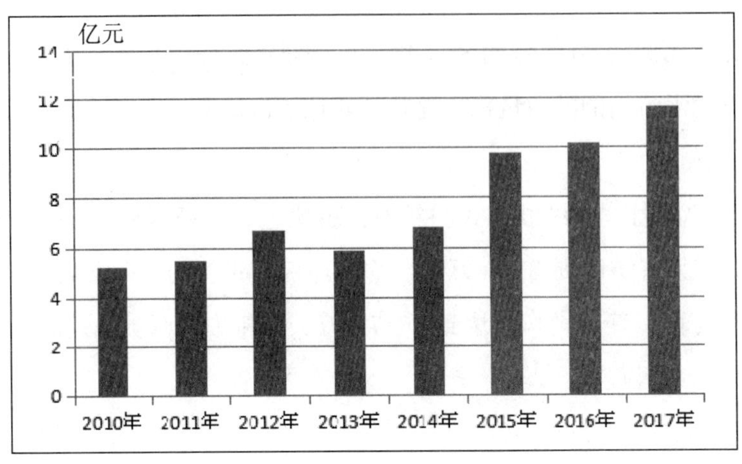

数据来源：中国棉纺织行业协会

图6　跟踪企业信息化改造投入情况

实施高效的管理是企业发展的保障，随着企业规模的增大管理难度也在不断加大，传统的棉纺厂管理方式已经不能适应企业的发展，企业管理需要更加高效，信息化就成了必然要求。对中小企业而言，产品精细化、差异化是竞争的优势，更需要提升管理效率，提升快速反应能力，也需要进一步的采用信息化管理手段。但从中棉行协调研企业的情况看，棉纺行业的信息化管理水平还需要进一步的提升。

4、能源使用效率提升

生产用电成本一直是纺纱成本的主要构成之一。节能工作也一直是企业日常工作的重点，通过企业能源管理体系制度建设，不断采用各种先进的节能设备和节能工艺，并发挥能源监控系统的辅助作用，企业在能源消耗降低上成果显著。

如表1所示，2010年中棉行协调查了近100家棉纺企业，经过对这部分企业的分析，普梳折40英支耗电优秀水平平均为3600度/吨，精梳折40英支耗电优秀水平平均为4200度/吨。经过多年的发展，企业用电水平下降，中棉行协跟踪的部分优秀企业平均吨纱电耗为普梳折40英支3500度/吨，精梳折40英支3900度/吨。

表1　2010~2017年跟踪企业平均吨纱用电量

项目	折40英支吨纱耗电（精梳）kW·h	折40英支吨纱耗电（普梳）kW·h
2010年行业优秀水平	4200	3600
2017年重点优秀企业水平	3900	3500

数据来源：中国棉纺织行业协会

节能工作将会是行业今后的重点工作之一，从整体上看，绝大多数企业都采用了不同类型的节能措施，取得了一定的成效。但企业间的用能水平存在较大差距，一些企业在现有厂房及设备条件下节能改造的投入产出效益已经很小。重点转向设备的更新换代，从源头上降低能源消耗量。

（三）纱线产品结构优化

1、纱产量趋于稳定

随着市场需求的变化，我国纱线的产量也发生着变化，近几年趋于平稳，如图 7 所示，平均纱产量在 2000 万吨左右，预计将继续在这个范围内波动。对应的棉花使用量的变化，我国纯棉纱产量也在不断地发生变化，总体上呈现下降趋势。

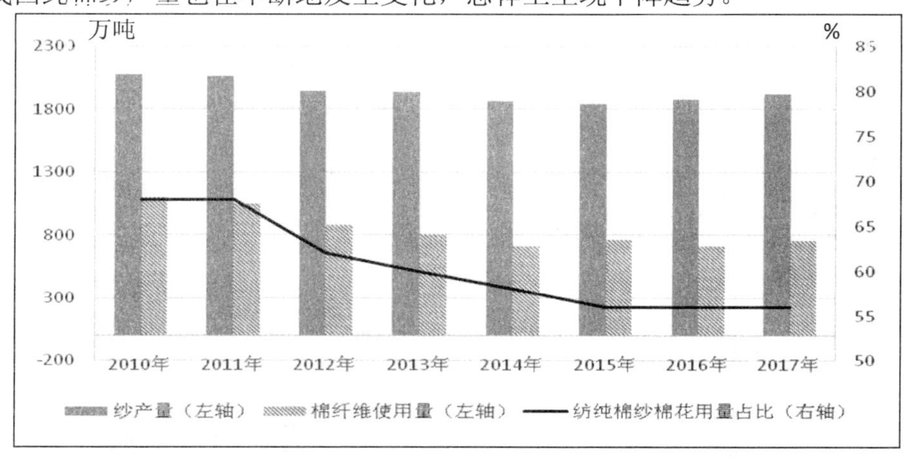

数据来源：中国棉纺织行业协会

图 7　2010~2017 年纱线产量、棉纤维用量与纯棉纱生产占比情况

随着原料结构的变化，我国整体纱线品种结构也发生了相应的变化，最为显著的是纯棉纱品种，由图 7 所示，纯棉纱产量也是呈现出先下降后稳定的状态。

2、重点企业纯棉纱生产集中度高

如图 8 所示中棉行协所跟踪企业，纯棉纱产量占比为 60%左右，化纤短纤纱与混纺纱占比各为 20%左右，2017 年混纺纱的比重略有下降。在纯棉纱方面 2017 年跟踪企业的纯棉纱产量占全行业纯棉纱产量的 80%，生产纯棉纱的产品企业集中度高，以大中型企业为主。

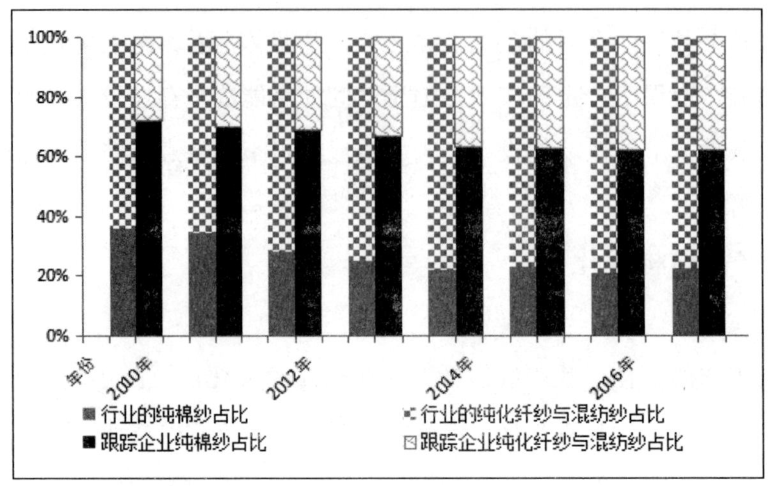

数据来源：中国棉纺织行业协会

图8　全行业与跟踪企业不同纱产量占比情况对比

另一个比较显著的特点是，见图 9 所示，所跟踪企业的精梳纱（包含纯棉精梳纱及棉精梳混纺纱）产能占跟踪企业棉纱总产量的 35%~40%，占行业精梳纱产能的 25%~30%，生产精梳纱的产品企业集中度也较高，也主要在大中型企业中。

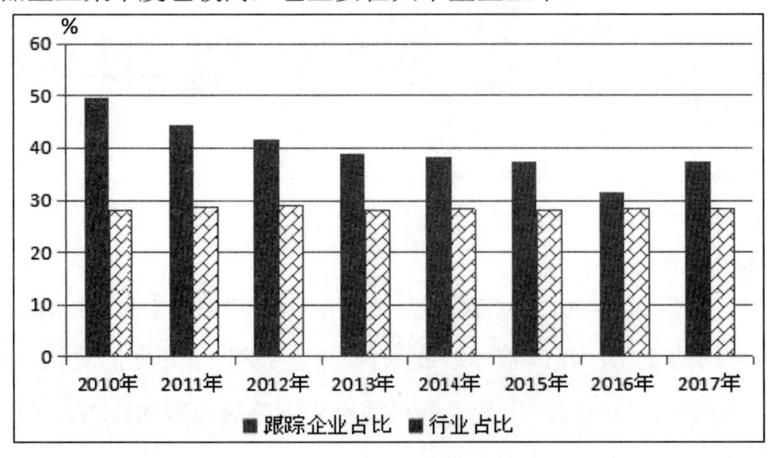

数据来源：中国棉纺织行业协会

图9　精梳纱占比对比情况

3、差别化纱线的产量不断提升

依托于紧密纺、赛络纺等新型纺纱技术的大力推广，以及新型纤维原料的快速发展，新型纱线种类越来越丰富。如表 2 所示，2017 年我国新型纱线总量为 245 万吨，占纱产量比重为 12.7%，比 2010 年增加 8.56 个百分点。其中 2017 年差别化纱线产量为 170 万吨，比 2010 年增加了 102 万吨，增幅 150%。

表 2　典型纱线产量占比变化

分类	单位	2005 年	2010 年	2015 年	2016 年
新型纱线	万吨	34	85	155	245
其中差别化纤维纱线	万吨	30	68	115	170
新型纱线占纱产量比重	%	2.31	4.14	8.41	12.7

注：新型纱线是指当期新技术、差别化纤维、新结构纱线的合计

数据来源：中国棉纺织行业协会

4、纱线平均支数小幅提升

纱线产品结构的变化归纳为如下几点：（1）纱线支数表现为上升趋势。全行业由 2010 年的 31.5 英支上升到 2017 年的 33.2 英支；（2）跟踪企业生产纱线的整体平均支数高于全行业平均支数。如图 10 所示，从 2010~2017 年统计数据来看，跟踪企业平均支数比全行业平均支数高出 11.5 英支；（3）纱支上升的企业数量增多。从跟踪企业来看，2013 年平均纱支在 32 英支以下的企业占比为 39.4%，到 2017 年这个占比减少到 34.6%。而 32~60 英支的占比则从 55.2%，上升到 60.9%，60 英支以上的企业占比基本保持不变。

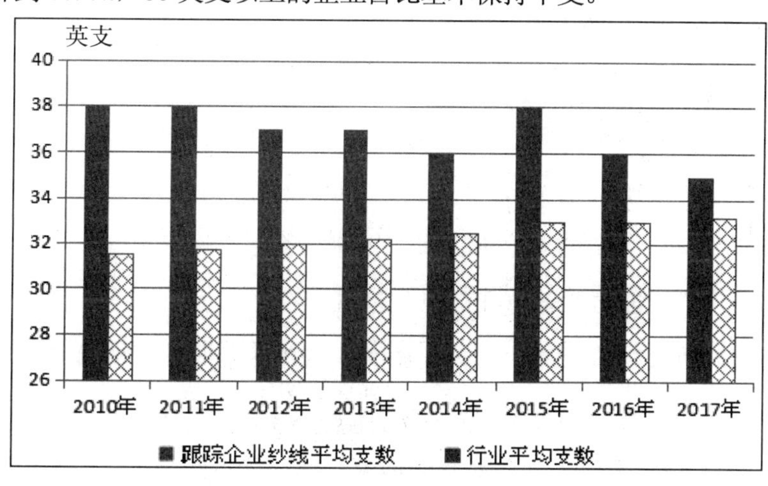

数据来源：中国棉纺织行业协会

图 10　行业的纱线平均支数与跟踪企业的对比情况

5、质量水平稳步提升

纱线的整体质量水平方面也有明显的提升，如重要的条干均匀度指标，表 3 是中棉行协跟踪的生产 JC40 英支纱典型企业在 2006 年、2010 年与 2017 年抽取样品的检测数据，从数据上看，采用了紧密纺技术的企业的条干水平 2017 年较 2010 年提升较大，而一直采用普通环锭纺的企业，条干水平变化不大 。

表 3　CJ40S 纱线条干质量数据变化

企业	2006 年 CV（%）	2010 年 CV（%）	2017 年 CV（%）
A	11.39	10.15	10.06
B	13.04	13.02	10.84
C	12.26	11.08	12.27
平均值	12.23	11.42	11.06

数据来源：中国棉纺织行业协会

国内纱线产品的结构变化是转型升级适应市场新需求的结果，但从目前行业的情况看，产品质量水平还有进一步提升的空间，结构在进一步优化。从中棉行协调研的情况看，广大中小企业是化纤纱线生产的主力，而纯棉纱则主要集中在大中型企业，今后这个状态或许有所改变，大企业需要加大化纤的用量，逐步改变产品结构。

三、棉纺织行业未来发展趋势

（一）整体自动化水平不断提升

1、技术装备向高速、高产方向发展

有效建立高速生产的关键技术应用体系，较大幅度提高装备应用的稳定性，实现优质、高产、高效。如到 2020 年细纱机转速 17000 转每分钟（r/min）及以上的超过 50%。

2、生产向自动化、连续化、信息化、智能化发展

采用自动化、智能化、信息化配以生产过程在线监控检测等两化融合综合集成应用成为今后企业发展所必须要走的一条路，绝大多数优秀企业都将以自动化、智能化及在线监控检测两化融合作为企业技术改造的方向，部分企业已经取得了令人欣喜的效果。越来越多的棉纺企业将 ERP 和 MES 等信息系统彻底贯通，让工厂原本的所有信息实现连通，进入了完全的信息化。

（二）产品种类不断丰富

随着消费者需求的不断提高，棉纺织行业所生产的产品将不断创新发展，将从产品的外观、功能和舒适性方面积极创新，加大研发力度，生产市场需求的纱布产品，新型结构、不同组分混合纱布产品将有更大市场空间。

产品多样性和质量水平将会进一步提升，我国纱线将在这两方面较全球其他地区保持优势，另一方面则是订单响应速度。由于信息技术的发展，纺纱上下游企业信息传递更加

顺畅，纺纱厂可以从多方面获得市场信息，与上下游企业深入合作开展有针对地的开发，单纯依靠概念炒作推广产品的情况将会大大改观。

同时，功能性与特种纱线将更加成熟，纺纱行业与产业用、服装、家纺行业的联系将不断加强，专业分工将更加明显，各专业领域将继续保有现有优势。

（三）新理念快速融入

1、新型管理理念提升棉纺企业管理水平

如今越来越多的企业引入更为先进的管理理念改造现有的管理制度，逐步舍弃原有传统模式，企业运转效率更为高效，应对困难情况的能力进一步增强。

2、互联网改变行业销售模式

近年来多家网上纱线交易平台陆续上线，并进行了多方面的探索，虽然还没有打通纱线贸易的关键环节，但网上交易的形式与理念已经逐步深入整个行业。相信未来将能较好解决所面临的问题，真正实现纱线交易的互联网化。

3、金融工具改变行业投资模式

越来越多的大企业运用金融工具进行新项目投资、上下游收购整合，形成新的纺纱企业运行模式。未来金融对纺纱行业的影响会更加深入。

四、总结

在国际竞争加剧与国内诸多因素的影响推动下，我国纺纱行业积极寻求转型，短短几年时间就实现了设备的升级，产品结构转换，企业实现了差异化发展、产品多样化竞争的良好局面，探索了一条前所未有的发展道路。但是，目前我们面对的困境依然存在，考验也越来越大，未来整个行业将如何发展需要整个行业从业者积极深入思考，勇敢探索，实现破局。

棉纺应用粘胶短纤和差别化纤维的特点及趋势

杨娟　贺文婷

摘要： 本文以实地调研及调查问卷为依据，分析了棉纺用粘胶短纤和差别化纤维消费情况和应用特点，以及纺织企业在应用过程中遇到的主要问题，提出了相关广大建议，以推动两者在我国棉纺行业的进一步应用和发展。

国内外棉花市场瞬息万变，受国家政策调控影响，为提高市场竞争力，纺企不断调整产品结构，非棉纤维（涤纶短纤、粘胶短纤）对棉花的替代趋势日益明显，2005 年非棉纤维的使用比例为 35%，2017 年该比例增长至 63%。2017 年全国棉纺用纤维总量为 2025 万吨，非棉纤维用量为 1270 万吨，超过棉纤维。在棉纺织行业应用的非棉中，2017 年涤纶短纤用量 900 万吨，占非棉纤维总量的 71%；粘胶短纤用量为 340 万吨，占非棉纤维总量的 27%。

一、粘胶短纤

纺纱生产中，主要使用的原料为涤纶短纤、棉纤维和粘胶短纤，其比例为 45∶38∶17；其中粘胶纤维应用数量是棉纤维的一半左右，在纺纱行业中占有举足轻重的地位。粘胶纤维吸湿性好，易于染色，不易起静电，有较好的可纺性，可广泛运用于各类内衣、纺织、服装、无纺等领域。

（一）粘胶短纤供应情况

1、粘胶短纤产量

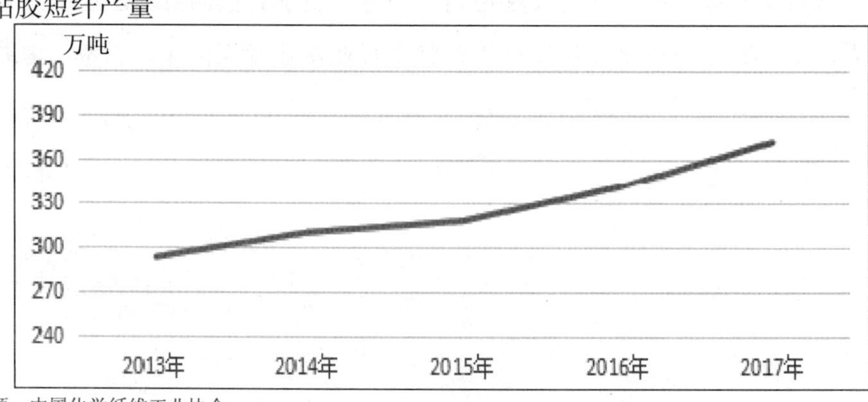

数据来源：中国化学纤维工业协会

图 1　2013～2017 年粘胶短纤产量情况

近年来，粘胶短纤产量呈现稳步增长态势，如图 1 所示为近 5 年粘胶短纤产量情况。2017 年全国粘胶短纤产量达 372 万吨，同比增长 3.83%。国内市场上的粘胶短纤 90%用于棉纺，其它主要用于水刺无纺布，做医用、人革用、擦洁用布。

2、粘胶短纤进出口情况

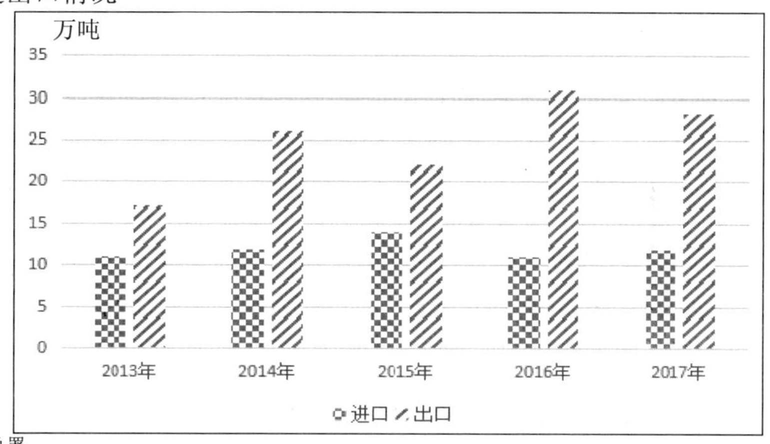

数据来源：中国海关总署

图 2　2013~2017 年粘胶短纤进出口情况一览表

2017 年，粘胶短纤进口量同比增长 6.8%，进口额同比增长 20.03%，主要进口国为印度、奥地利、印度尼西亚，分别占进口总量的 39.76%、39.26%、15.86%，主要进口品种有莱赛尔、莫代尔、彩纤及其他非常规品种。出口量同比下降 1.90%，占年产量的 7.63%，主要集中在国内生产粘胶短纤的几个龙头企业。如图 2 所示为近五年粘胶短纤进出口情况一览表。由此说明，国内纺企对非常规粘胶需求强劲。

（二）粘胶短纤市场情况

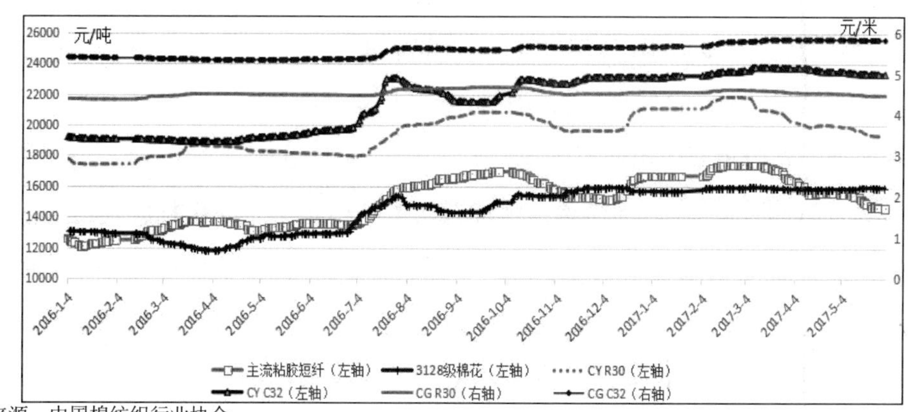

数据来源：中国棉纺织行业协会

图 3　2016~2017 年粘胶和棉的短纤维、纱、坯布价格走势

表 1　2016~2017 年价格涨幅对比表

品种	3128 级棉花	CYC32	CGC32	主流粘胶短纤	CYR30	CGR30
涨幅（%）	1.2	1.2	1.06	1.12	1.05	1

数据来源：中国棉纺织行业协会

从上面图 3 可以看到, 价格起伏分为三个阶段：（1）自 2016 年 7 月开始纤维、纱、坯布全线上涨。无论是粘胶纤维还是棉纤维按照：纤维原料上涨带动纱价格上涨，进而联动坯布面料上涨。（2）2016 年 9 月，纤维原料上涨，而对应纱线的价格涨幅不大，坯布价格基本稳定，需求所致，纤维的上涨没有传递到下游纱及坯布。（3）2017 年 3 月至 12 月，棉纤维及对应纱产品和坯布总体运行平稳；而主流粘胶短纤 3~6 月有一波深跌行情，10 月以后又开始大幅下滑，价格依旧遵循纤维原料下跌带动纱价格下跌联动坯布面料价格下跌。

从表 1 可以看出，尽管棉、粘胶的纱线、坯布价格走势与原料同步，但相对于棉纤维而言，主流粘胶短纤对应的纱线及坯布价格变化更小，价格较难传导至下游。受终端需求的制约，下游产品价格并不因为上游纤维价格上涨而大幅变化。因此纤维价格上涨对棉纺织企业压力较大。

（三）粘胶短纤消费情况

1、粘胶短纤总体消费量

表 2　2013~2017 年粘胶短纤情况一览表

名称	单位	2013 年	2014 年	2015 年	2016 年	2017 年
棉纺用量	万/吨	280	295	300	305	340

数据来源：中国化学纤维工业协会

受棉花价格波动较大、涤纶短纤价格长期随原油价格剧烈波动影响，棉纺企业选用粘胶短纤为原料的动力逐步加强，粘胶短纤的表观需求持续向好。自 2013 年起，棉纺用粘胶短纤用量年均增长 5%。2017 年，棉纺粘胶短纤用量 340 万吨，同比增加 11%。

2、调研企业粘胶短纤使用情况

中国棉纺织行业协会（以下简称：中棉行协）调研走访了应用粘胶短纤的纺纱生产企业，通过对 49 户企业的统计结果显示，使用原料的总量为 361 万吨，其中原棉 191 万吨（占比为 53%），非棉纤维 169 万吨（占比 47%，其中合成纤维占比 15%，进口粘胶短纤占 2%，国产粘胶短纤占 30%），如图 4 所示；生产各类纱线 343 万吨，其中：纯棉纱 163 万吨，棉混纺纱 71 万吨，纯化纤短纤纱 109 万吨，如图 5 所示。

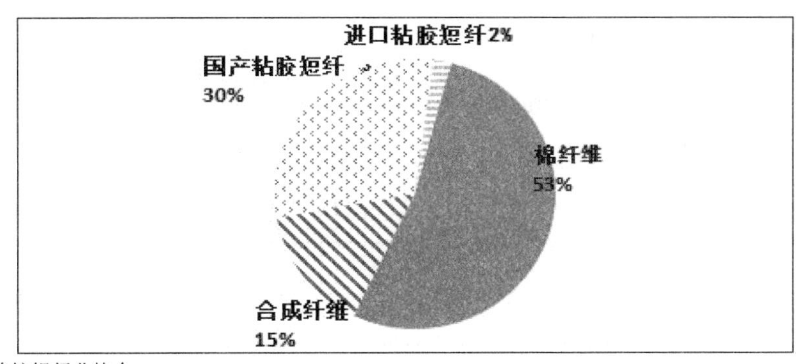

来源：中国棉纺织行业协会

图 4　被调查企业原料中各种纤维的使用比例

从图 4 可以看出，调研企业使用的粘胶短纤比例，超过了合成纤维，约占纤维总量的三分之一。

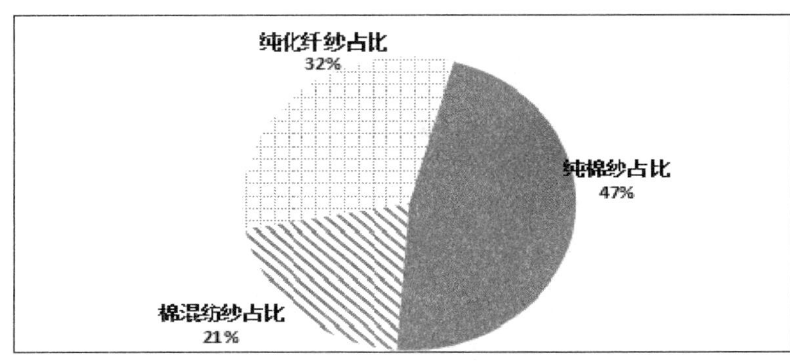

来源：中国棉纺织行业协会

图 5　被调查企业纱线产品占比情况

调研企业中，国产粘胶短纤使用总量为 108 万吨，其中常规粘胶短纤 102 万吨，其次分别是莫代尔 3.0 万吨，天丝 2.0 万吨，竹纤维 1.0 万吨。如图 6 所示。

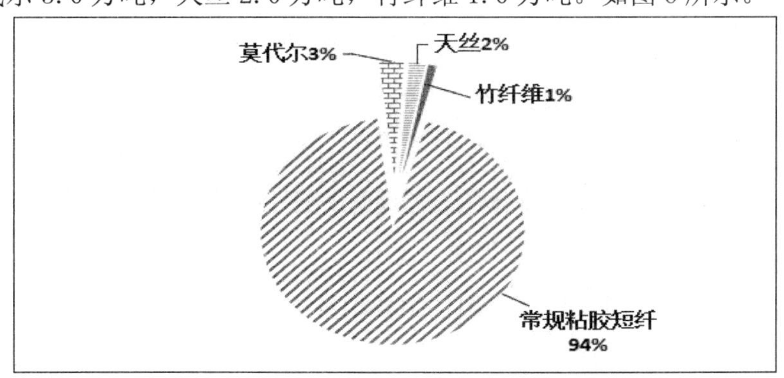

来源：中国棉纺织行业协会

图 6　被调查企业国产粘胶品种占比情况

（四）粘胶短纤在纺企中的应用

1、粘胶纱在下游的用途及比例

粘胶纱在下游的用途及比例见表3。

表3 粘胶纱的下游用途及占比情况

用途	针织	机织	其他
比例	76%	23%	1%

注："其他"指股线，如缝纫线、绣花线、绳、带等。

数据来源：中国棉纺织行业协会

2、国产粘胶短纤使用基本情况

中棉行协针对国内24家企业生产的粘胶短纤使用情况进行调研，对比出了各厂家的粘胶短纤对应的纺纱稳定性及下游染色性能，见图8。

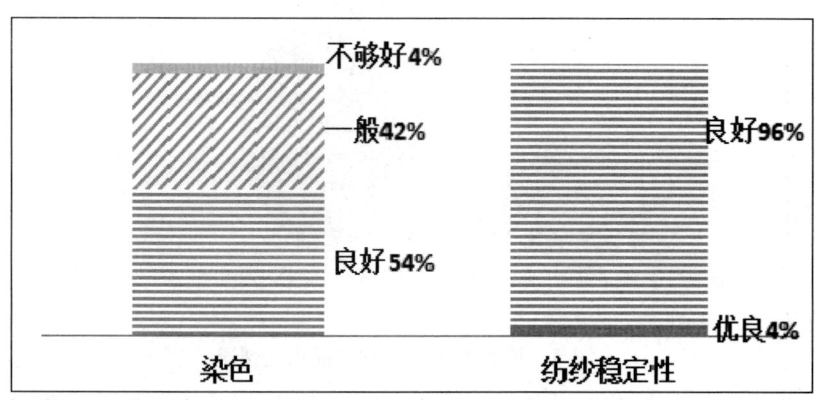

数据来源：中国棉纺织行业协会

图7 不同粘胶短纤对应的纺纱稳定性及染色性能汇总

对于国产粘胶短纤的使用情况，多数棉纺企业表示，国产粘胶短纤使用情况基本良好，能够满足正常的生产使用。从图7可以看出，96%的粘胶厂家所生产的粘胶短纤在纺纱稳定性方面，提升的空间很大，达到优良的仅为4%；在染色性能方面，只有54%的粘胶短纤厂家达到良好水准，其余46%的厂家还需在生产工艺方面下功夫，提高粘胶短纤染色性能。

3、不同纺纱设备对粘胶短纤的需求

当前，棉纺企业生产粘胶纱所采用的主要纺纱方法有环锭纺、转杯纺和喷气涡流纺，三种纺纱方法中使用粘胶短纤占原料的比例分别为：环锭纺63%、转杯纺25%、涡流纺12%。从目前来看，粘胶短纤刚度小，整齐度高，是涡流纺纱最适宜的纺纱原料。调查数据显示：涡流纺纱所使用的非棉纤维中，粘胶短纤占86%，主要用于纺30英支(占63%)和

40 英支(占 21%)的纯粘胶纱及少量涤粘混纺纱，纱支分类见图 8。在对涡流纺企业的调研中，企业反映最突出的问题就是原料油剂，粘胶短纤的油剂含量与质量直接影响到后续的纺纱加工，从而影响到纺企的开台率。建议在粘胶短纤生产过程中添加涡流纺专用油剂。

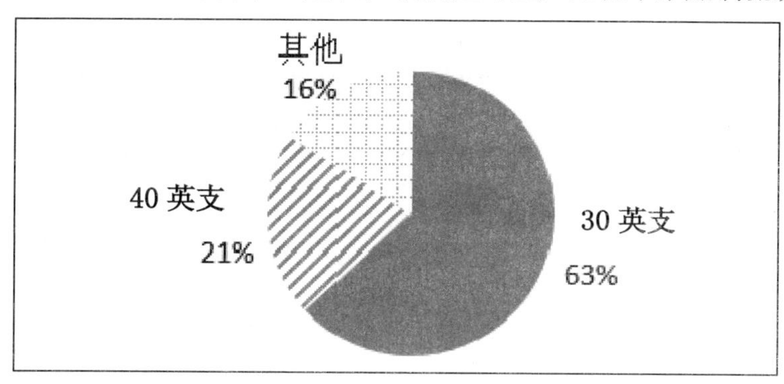

来源：中国棉纺织行业协会

图 8　涡流纺企业粘胶纱品种占比情况

4、不同规格的粘胶纱对粘胶短纤的需求

不论用于机织还是针织，在纺制粘胶纱的过程中对粘胶短纤原料的要求没有大的区别。对粘胶短纤的要求，主要体现在纺纱支数方面，如常规的 32^{S}、40^{S} 粘胶纱使用 1.5D 细度的粘胶短纤可满足纺纱要求，60^{S} 的粘胶纱需使用 1.2D 细度的粘胶短纤，80^{S} 以上的粘胶纱需使用 0.8D 细度的粘胶短纤。粘胶短纤为工业品，长度由长丝切割为短纤维，均为按照长绒棉长度标准的 38mm。

粘胶针织纱与机织纱在捻度方面的要求也有所不同，一般来说，针织用纱的捻度比机织用纱要低。这是因为若捻度过大，纱线的柔软性较差，采用针织织造时不易被弯曲、扭转，还容易产生扭结，造成织疵，使织针受到损伤；此外，捻度过大的纱线会影响针织物的弹性，并使线圈产生歪斜。但针织用纱的捻度也不能过低，否则会影响其强度，增加织造时的断头率，且纱线膨松，织物易起毛起球，使针织物服用性能降低。针织物的用途不同，捻度要求也有所区别。

二、差别化纤维

（一）差别化纤维的概念及分类

差别化纤维——指有别于普通常规性能的化学纤维，即通过采用化学或物理等手段后，其结构、形态等特性发生改变，从而具有了某种或多种特殊功能的化学纤维，差别化纤维具有节约能源、减少污染、提高产品附加值等特点，在促进企业转型升级、提升产品竞争力方面所发挥的作用日益凸显。随着消费者需求的改变，对差别化纤维的定义也随之改变。本文分析的差别化纤维的分类见表 4。

表 4　差别化纤维的分类

分类	举例
细旦及超细旦纤维	涤纶细旦（0.8D 及以下），涤纶超细旦（0.5D 及以下），粘胶短纤（1.0D 及以下）
非常规再生纤维素纤维	莱赛尔、天丝、元丝、瑛赛尔、莫代尔、竹纤维等
功能性纤维	阻燃、吸湿导湿、抗静电、导电、抗菌防臭、防辐射纤维等
新型纤维	竹炭纤维、大豆纤维、珍珠纤维、玉米纤维、牛奶蛋白纤维、石墨烯改性纤维等

（二）差别化纤维消费情况

中棉行协调研了解，调研纺企纤维使用量平稳小幅增加，见图 9，其中棉的增幅最低，常规涤纶、常规粘胶的增幅居中，差别化纤维的增幅最大。

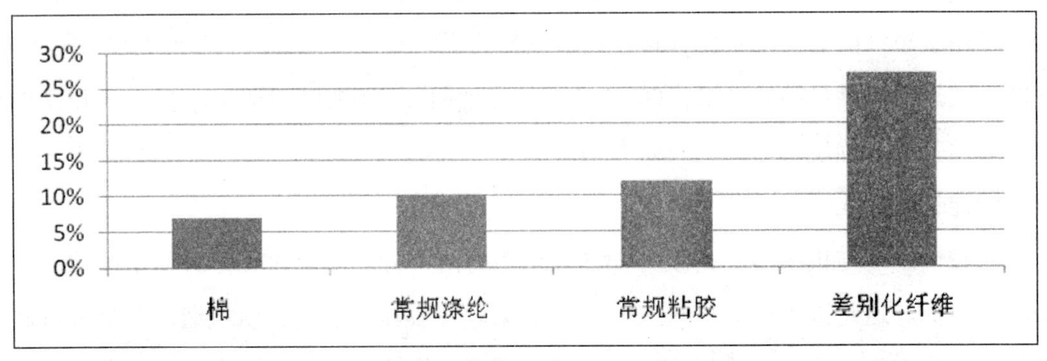

来源：中国棉纺织行业协会

图 9　棉纺用主要原料 2016/2017 年同比增幅变化

从表 4、表 5 可以看出，细旦及超细旦纤维的使用增幅最大，达到 54%；新型纤维受纤维生产成本、纺纱成本、应用领域等多方面影响，市场化进程慢，增幅相对较小，约为 3%。

表 5　2016/2017 年差别化纤维使用量的同比变化

2016/2017	细旦及超细旦纤维	非常规再生纤维素纤维	功能性纤维	新型纤维	平均增幅
同比增幅	54%	15%	25%	3%	26%

数据来源：中国棉纺织行业协会

（三）差别化纤维及纱线的应用

1、细旦及超细旦纤维的使用是主流

细旦及超细旦纤维是差别化纤维的一类重要产品。与常规纤维纺制的纱线相比，相同纱支的纱线，采用细旦及超细旦纤维，单位截面内的纤维根数多，成纱均匀度及强度较好。细旦产品能提高织物的柔软度、透气性、透湿性等性能，具有良好的服用性能，在纺织用纤维中占据主导地位。超细旦纤维具有质地柔软、光滑、抱合好、光泽柔和等特点，用它制成的织物非常精细，保暖性好，此外色泽独特，并可制成具有山羊绒风格的织物。超细纤维主要用于制造丝绸型织物、平绒、高效过滤材料以及鞋类和衣用合成革等。

2、差别化纤维多与常规纤维混纺

中棉行协调研了解到，这些差别化纤维使用情况基本良好，多和棉、麻、涤及其他化学纤维混纺，纺纱过程中稳定性较好，能够满足正常的生产使用。一些新型纤维（如竹炭纤维、大豆纤维、珍珠纤维、玉米纤维、牛奶蛋白纤维等）为 21 世纪环保纤维，是绒衫、内衣、睡衣、家纺等的理想材料，可满足消费者对服装环保、保健等多种需求，但市场化进度较缓慢。

3、差别化纱线基本以订单生产为主

随着社会的进步和经济的飞速发展及行业进步，人们对纺织品提出了更多、更高的要求。差别化纱线在服装、家用纺织品等下游市场的需求越来越大，产量稳步增长（表6）。由于差别化纱线生产多为小批量、多品种，产品结构变化较大，工艺难度大于常规纱线，因此生产成本（尤其是人工成本）较高，多数纺企以接单生产为主。但鉴于其产品附加值高于常规品种的利润，部分以常规纱线品种生产为主的纺企，也开始逐步涉足非常规纱线的生产，建立了自己的实验室，开发一些新品种纱线——从纺纱到后道工序，一直跟踪至成品，以能达到终端客户的要求为目的。

表 6　差别化纱线产量变化一览表

名称	单位	2005 年	2010 年	2015 年	2017 年
产量	万吨	30	68	115	170

数据来源：中国棉纺织行业协会

三、国产粘胶短纤及差别化纤维使用中存在的问题

（一）质量方面

1、油剂：纤维油剂分布不均，造成纺纱过程中的棉结节。

2、并丝疵点：部分供应商粘胶短纤中所含的有害疵点不稳定；有些纺企反映差别化纤维疵点超标，存在并丝、粗丝、超长倍长严重等缺点。

3、强度：当粘胶短纤占比较大时，部分纺 60 英支纱的企业表示，纤维强力偏低，强度有待提高；部分差别化纤维粘接强力偏低，不能满足家纺成品及出口订单中对纱线强度的要求。

4、批次之间的稳定性：同一供应商同一规格型号的粘胶短纤不同批次之间有时有明显的颜色差异，不利于调批和控制黄白纱；倍长纤维含量高。

5、回潮率及包重：部分粘胶在同批上存在回潮差异大和短重的问题。

6、温湿度要求：因为静电原因，部分差别化纤维在纺纱时需要预先加湿存放 24 小时，生产环境要求更高。

7、消耗：同常规品种相比，部分纺企认为差别化纤维使用后不能回用，消耗较大。

（二）品种规格方面

1、短纤品种：目前超细旦、细旦粘胶产品种类少，限制了下游产品的多样化。

2、功能性：功能性短纤品种不够丰富，不能满足市场需求。

3、差异化产品质量：国产常规粘胶短纤和差别化纤维基本能满足品种质量要求，但是部分企业仍然认为此类纤维的可纺性能较差、粘结强力不够。订单生产的过程中，部分终端客户对纱线供应商原料使用要求高，对品种有所指定，以致即使采购难度大、采购价格高，由于产品利润较高，纺纱企业仍然愿意使用。

（三）其他方面

1、到货时间：粘胶短纤供应商有时未按照合同约定到货，棉纺企业生产容易受影响，上游企业交货效率有待进一步提升。

2、品牌度：部分企业在接国外订单时，合作单位多要求使用进口粘胶短纤，因为国内粘胶品牌的知名度不够，不排除质量上的差异。

3、供应量不足：细旦及超细旦纤维类、非常规再生纤维素纤维类市场供应基本稳

定，但是也有供应量不足、回厂慢的情况。尤其是部分知名品牌短纤，供应比较紧张，经常缺货，棉纺企业生产受影响。

4、市场化进度慢：部分企业认为阻燃吸湿类的功能性纤维市场前景广阔，需要整个产业链各方下大力气推广；一些生物质新型纤维，市场化进度较缓慢，迫切需要一个有力的平台来推动它的发展，更需要上下游全力合作。

5、原料价格：不少企业反映，2017 年粘胶短纤原料的价格波动过大，差别化纤维（尤其是非常规再生纤维素纤维）的价格总体较高，棉纺企业对原料成本的把控困难，不利于棉纺企业下游接单，希望建立较为稳定的产业联盟或战略合作。

四、国产粘胶短纤和差别化纤维发展建议

（一）生产方面

并丝疵点、粘胶短纤维的回潮率稳定性、油剂含量与质量等指标，对纺纱生产影响较大，特别是对生产喷气涡流纺粘胶纱的企业尤为重要，它直接关系到企业的生产效率和成纱质量，建议不断完善精细化管理，稳定各项生产指标。

（二）研发方面

一是建议国内原料供应商提高产品质量，在纤维品种——尤其是功能性和差异化产品开发等方面多投入，与纺企合作共同扩大品牌知名度；二是推进行业标准化建设，细化行业标准，尽量减少不同供应商产品的染色差异，确保纺纱稳定性。

（三）市场方面

当前，国内差别化纤维种类逐步增多，但纤维质量及产量与国外相比相差甚远，建议差别化纤维生产企业引进部分差别化生产关键设备，稳定纤维质量、扩大纤维适应性，只有将质量、产量、创新、科技、市场有机结合起来，与纺纱企业多开展联动和互动活动，对纱线开发、纺纱工艺、面料设计有充分的认知，共同开发适应市场需求的原料，才能在激烈的市场竞争中占有一席立足之地。

五、国产粘胶短纤和差别化纤维发展趋势

2018 年，粘胶短纤将有 100 多万吨的新增产能释放，产量将大幅增长，而预期下游需求增速不及产量增速，粘胶短纤价格承压下行概率大，粘胶短纤与棉花竞争将再次展开。

中棉行协建议粘胶生产商应加强与纺企的对接，共同开发下游市场，不断发展客户，这也将有利于减少纺企对棉花的依赖性。

21 世纪的纤维发展已打破传统格局，化纤行业的技术进步以及上下游合作推广，推动了棉纺行业纱产品的更新。面对消费者不断提升的消费需求，棉纺企业纱产品呈现出多元化趋势。当前，纱线市场以 2~3 组份的纱线为主，未来更多组份纱线有待研发。

六、总结

通过对粘胶短纤及差别化纤维使用特点的分析，可以看出这些纤维由于其出色的性能满足了终端客户对服装、家纺产品多样性的需求，非棉纤维在棉纺中的应用日益广泛，为棉纺织行业的多元化发展提供强劲支撑，助推“三品战略”在棉纺织行业中有效实施。随着环保理念的日益深化，化纤产业也越来越注重绿色和可持续发展，中棉行协也将携手中国化学纤维工业协会共同打造行业绿色发展联盟，打造纺织产业上下产业链间相互促进、相互监督、共同提高的交流平台，在满足人类多元需求的同时，与大自然和谐共生。

棉纺织行业生产经营成本分析与探索

欧阳夏子

摘要： 本文从原料成本、能源成本、人工成本三大成本要素占比及变化情况着手，分析了棉纺织企业生产成本现状，重点对近几年棉纺织行业生产经营成本的运行状况进行了相关分析，通过对棉纺织行业生产经营状况以及发展趋势的了解，探索棉纺织行业“降本增效”的科学方法。

在我国棉纺织企业生产成本中，主要包括原料成本、能源成本以及人工成本等直接成本，其次三项费用则作为间接成本进行成本核算，除此以外，固定资产折旧、研发投入、投资、税收等都是企业生产成本的重要组成部分。随着经济的快速发展、市场竞争加剧，各种生产成本不断上升，企业面临转型升级、降本增效的任务更加明确。

一、纺纱生产成本要素分析

近年来，我国棉纺织行业使用纤维原料的结构发生了较大变化，价格波动也较为频繁，曾出现了一个历史性的价格高位、内外棉花价差巨大的阶段，对企业产品结构调整、工艺技术创新以及产品附加值的提升提出了新的挑战。

作为劳动资金密集型产业，棉纺织企业的人工成本增长给企业带来巨大的压力，加上“用工难、用工贵”等问题日益严峻，提高劳动生产率已经成为企业“降本增效”的重要途径之一。当前，棉纺织行业已从劳动密集型向劳动与资金密集型产业转变，企业对设备升级、信息化以及智能化等资金投入量快速增加。

棉纺织依赖设备的运转生产产品，随着企业规模的扩大、设备转速的提高，耗能增加，企业正通过技术改造、节能电机、LED 节能灯、太阳能发电等方式降低能源成本；有些地方政府也通过实施优惠电费政策，给企业减负。

棉纺纱生产中的其他成本，如产品包装、机物料以及固定资产折旧、融资等成本逐年上涨，也是当前我国棉纺织行业发展中的一个突出特点。

（一）原料成本

1、原料成本占比差异分析

原料成本在棉纺织生产成本中占据较大比重，在纺纱环节中，纤维不同，原料占纺纱成本的比重也不同。根据中棉行协抽样调查分析，纯棉纱中，棉花原料成本占棉纱生产成本的 60%~70%，化纤纱的原料成本占比略低于纯棉纱，主要原因是化纤短纤的损耗率低于棉花。纱支越高原料成本占比越低，见图 1。

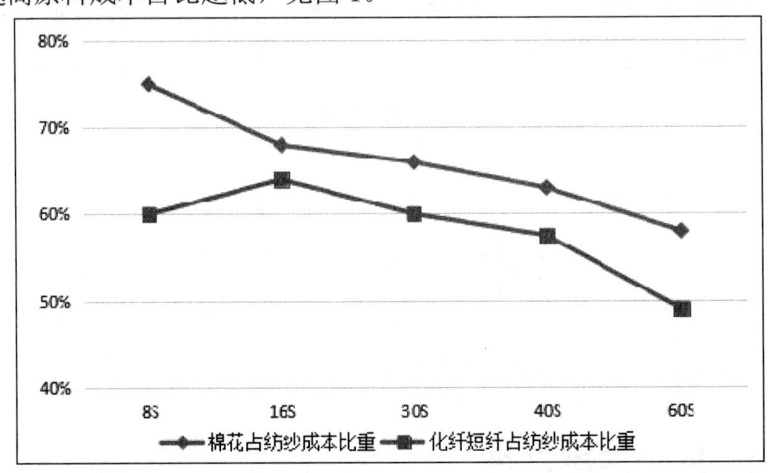

数据来源：中国棉纺织行业协会

图 1　不同支数纱线生产原料成本占比对比

2、原料价格波动对成本变化情况分析

近几年，我国纤维原料价格波动，对企业生产配棉、原料库存、产品结构等均有影响。以棉花成本为例分析，2010~2017 年棉花价格可分为三个阶段，见图 2。

（1）在棉花价格为 30000 元/吨时，企业纺纱原料成本占纺纱成本的 63%左右，即在棉花市场价格较高时，原料成本占纺纱成本的比重并非最大，主要原因是，企业一方面努力避免原料成本不过分增加，调整产品结构，生产更高支纱线产品，另一方面也因纱线售价“水涨船高”形成了原料成本占比适中水平。但由于此阶段内外棉价差较大，占用企业大量资金，企业处于最艰难时期。

（2）在棉花价格处于 20000 元/吨左右时，当市场需求不足，纱线价格下跌快于棉花价格的幅度，此时棉花占纺纱成本的 74%左右。

（3）当棉花价格处于 13000 元/吨时，企业原料成本约占纺纱成本的 60%，占比相对较低。

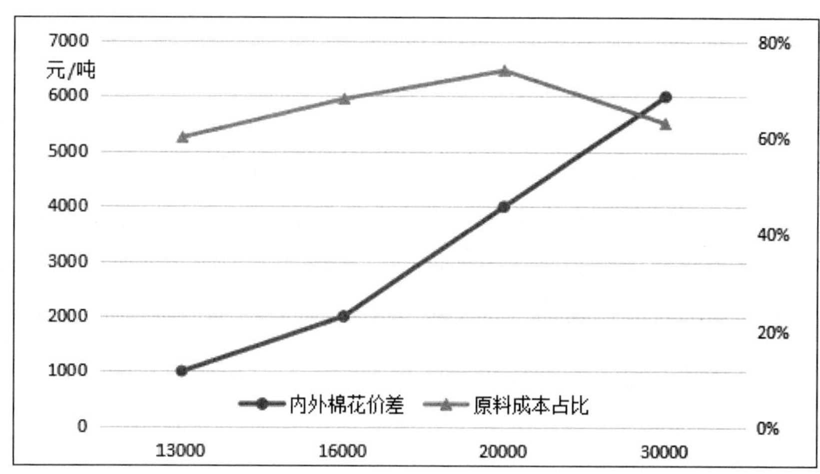

数据来源：中国棉纺织行业协会

图 2　棉花价格变化对原料成本占比的影响变化

综上所述，在不同时期中，当国内棉花价格水平不同、内外棉价差随时变化、产品不同的情况下，企业的纺纱用棉成本就有差异。

3、原料价格波动，相互替代趋势明显

2011~2014 年，基于棉花价格高位及部分政策性因素，使用棉纤维的成本高，风险大，比较而言，使用化纤短纤更加有优势，纺企使用化纤短纤的数量增加，一些纺纱企业从以往的纺纯棉纱为主向纺混纺纱、化纤纱转变，并通过工艺改良、产品研发，赋予了混纺纱、化纤纱线更多功能和特点，产品附加值也得到提升。自此棉纺织行业产品结构出现了一次变革，纯棉类纱线的产量及产量占比均降低，各类混纺纱甚至非棉纤维纱线大量涌向市场，并被客户接受。棉纺织纤维消费情况如图 3 所示。

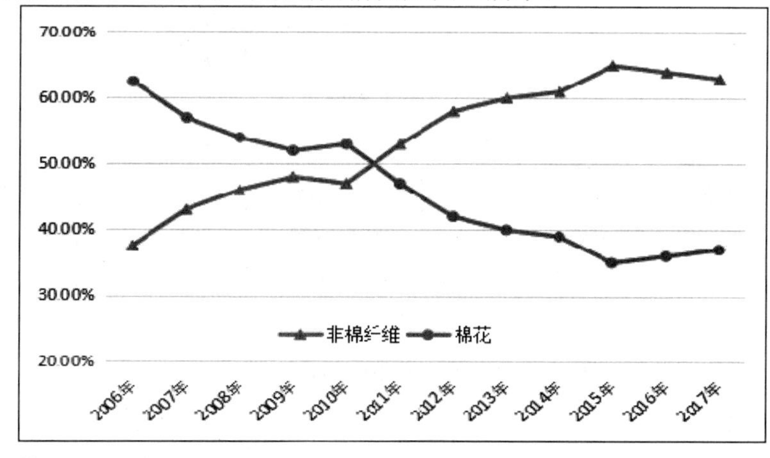

数据来源：中国棉纺织行业协会

图 3　2006~2017 年我国非棉纤维和棉花消费量情况

（二）能源成本

棉纺织行业涉及的能源包括电、水、汽，其中电费主要用于纺织设备运转、照明等环节，是纺织生产主要的能源支出，水主要是用在车间空调水，汽的使用则以织造环节为主，后两者的费用支出占比低于用电，因此本文重点对纺纱企业电费成本进行分析。

我国工业用电实施国家参考电费标准，但各地由于地区工业发展状况以及重点扶持领域等因素，使各地对工业用电实施了相应的优惠政策或者补贴措施。近几年，除新疆以及个别地区有特殊优惠政策外，各地电费变化不大，谷峰用电平均维持在 0.7 元/度左右。随着全国各地工业园区的兴建，各地区的电费价格有差异，例如新疆是全国工业用电价格最低的地区之一，电费为 0.35 元/吨，某地区在产业园区中使用直供电，电费水平大约在 0.6 元/度左右，另外也有地区通过制定峰谷用电价格，企业可选择低谷用电，降低企业用电成本。尽管 2016 年国家发改委调低了工业用电价格，但最终落实到企业每度电仅下降一至两分钱，企业认为效果不明显。

根据中棉行协抽样调研，企业生产不同支数纱线的吨纱用电量略有不同，如图 4 所示。纱线支数越高，吨纱用电量越大，用电成本占纺纱成本比重也较高。以常规品种 30 支纱线为例，其电费成本约占纺纱成本的 8%左右，同样规格的产品如在越南生产，其电费成本约占纺纱成本的 5%～6%左右。

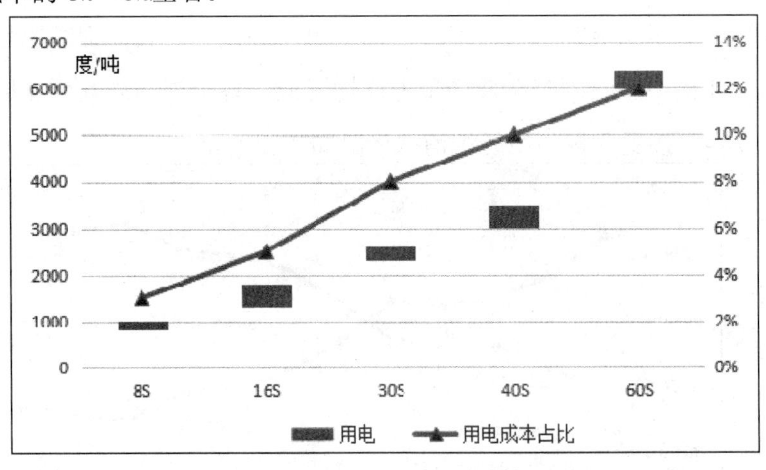

数据来源：中国棉纺织行业协会

图 4　生产不同支数纱线的吨纱用电量情况

（三）人工成本

经济的增长带动了人们消费水平的提升，工人工资收入也不断提高。根据国家统计数据，中国单位就业人员平均工资从 2004 年的 15920 元上升至 2014 年的 56360 元，年均上涨 13.5%。国际比较显示，中国劳动力成本上升速度不仅显著快于美日欧等发达经济体，也快于南非、巴西等发展中国家。2008～2014 年，中国单位就业人员平均工资每年名义增长率达到 11.8%，扣除物价因素，实际增长 9%左右，而同期美国工资实际增长率仅为 1.9%、欧元区为 0.5%、日本为-0.8%；南非和巴西的实际工资增长率分别为 3.2%和 5.7%。人工成本的快速上涨对中国制造业的竞争力有较大影响。

从中棉行协跟踪统计数据看，2013~2017 年，企业主营业务应付工资总额年均增速为 5.3%，福利年均增速为 9.4%，其中养老保险费用占工资的比重平稳，约为 20%左右。上述数据反映出企业工人人均工资的稳步增长，尤其值得一提的是，企业对员工的吃住行等福利增长在近几年也十分突出，企业应员工意愿缴纳五险费用的意识也在增长。

生产不同支数的纱线，吨纱成本中的人工成本占比略有不同，如图 5 所示。以 30 支纱线为例，生产一吨 30 英支纱线的人工成本约占纺纱成本的 6%，支数越高，人工成本占吨纱成本比重越大，有的企业人工成本能占 8%。

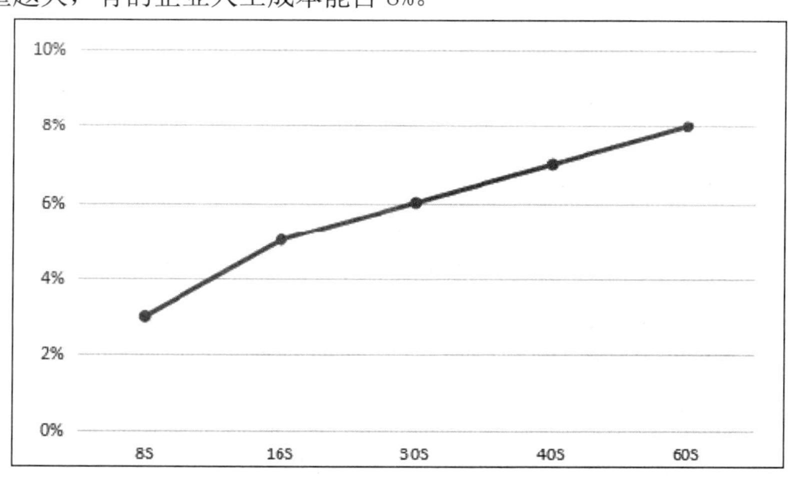

数据来源：中国棉纺织行业协会

图 5　不同纱支人工成本占吨纱成本比重情况

（四）小结

综上所述，纺纱生产中的三大成本，以原料成本占绝大比重，其次是电费成本，第三是人工成本；其中单位产品的原料成本占比高达 70%以上，电费成本最高达 10%以上，人工成本高达 8%。此外，随着纱支数的提高，单位原料成本占比下降，但单位电费成本和人工成本呈现增长的趋势。如图 6 所示。

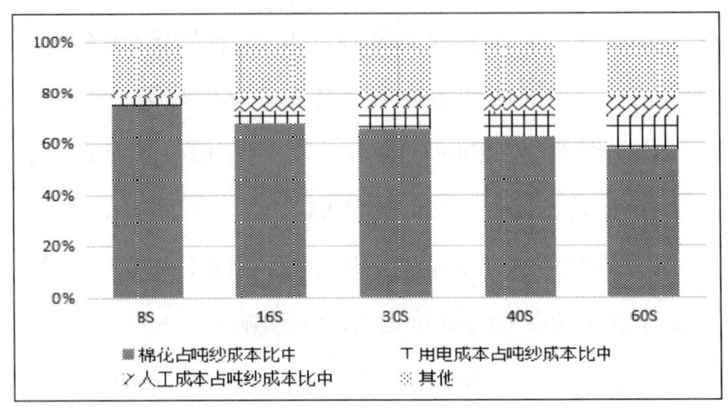

数据来源：中国棉纺织行业协会

图6　不同纱支中的三大成本占比情况

二、棉纺纱行业成本现状及特点

原料、能源和人工这三项成本是棉纺纱生产成本的主要构成，影响着企业的生产与经营。间接成本是判断企业发展质量效益的指标，与企业发展战略息息相关。因此，有的研究院在研究制造业成本构成的过程中，将与生产直接相关的成本定义为传统成本，而投资管理成本等间接成本则定义为战略成本。下文重点以国家统计局数据以及行业跟踪数据为分析对象，从宏观层面分析棉纺织行业成本构成的现状和降本成效。

（一）主营业务成本

根据中棉行协统计，我国棉纺织行业主营业务成本占主营收入比重呈增加趋势，增长的主要“推手”仍然是前文提到的原材料价格上涨、人工工资提高、能源价格上涨等。从国家统计局数据来看，棉纺织规上企业主营业务成本增速逐年放缓，由 2012 年的 13.3%的增速降至 2017 年的 3.1%，年均增速约为 5.3%，由此可见，企业降本效果十分明显，见图 7。

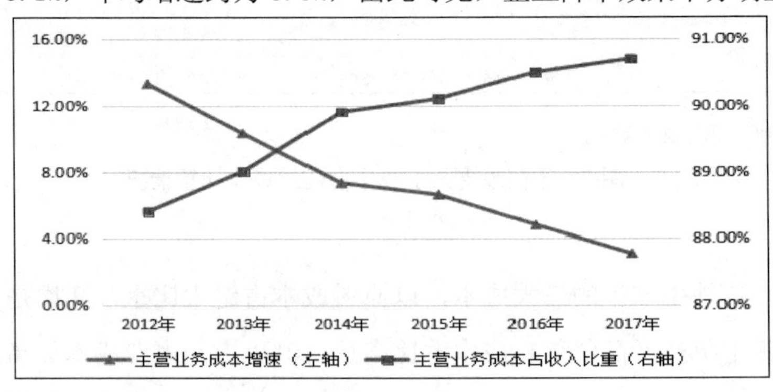

数据来源：国家统计局、中国棉纺织行业协会

图7　2012年至2017年主营成本变化情况

（二）三项费用

本协会调研中了解，企业三项费用占吨纱生产成本的 8%-10%之间。从国家统计局 2012 年至 2017 年数据来看，规上企业三项费用占主营成本的比重基本稳定，其中营业费用年均增速高于主营业务成本增速（5.3%）1.2 个百分点，为 6.5%；管理费用年均增速为 5.4%，与成本年均增速持平；财务费用年均增速为 1.4%，大幅低于主营业务成本增速。

从利息支出看，近五年规上企业利息支出年均增长率为 2.1%，高于财务费用增速，低于主营成本增速，也说明了，第一，企业在降低除利息以外的其他各项财务费用的力度巨大，第二，企业融资成本保持快速增长态势。

此外，企业对企业软实力的管理投入力度加大，包括人员培训、科研合作以及信息化投入等，企业指出，上述费用在三项费用中增速较快。

（三）税费支出

根据中棉行协跟踪企业数据，2013~2017 年企业主营收入税金及附加的年均增速为 2.2%，税金占主营收入的比重由 2013 年的 0.72%降低至 2017 年的 0.49%水平。其中，企业应交增值税年均增速为 1.8%，增速低于主营收入税金及附加的年均增速。近年来，国家在“降税减赋”上做出的努力得到了体现，尤其在增值税问题上，各省逐步改革了棉纺织行业内存在的“高征低扣”问题，当前“高征低扣”改革试点覆盖了 70%以上的棉纺纱产能，其次降低增值税税率，由四档向三档迈进并逐步实现两档；此外，为了提升出口，国家也实施了一系列的鼓励出口的政策，其中棉制纺织品出口退税率提高，也为企业降低了成本。

（四）固定资产折旧

固定资产的价值是以折旧的形式逐渐转移到产品成本中，因此，固定资产折旧影响着企业的利润、应交所得税和投资。若是提取的固定资产折旧费用高，企业成本增加，税前利润就低，即应纳税所得额就低，企业应交所得税就少，反之亦然。

在这里需要注意的是，处于免税期的企业则刚好相反，这类企业希望享受较大的税收优惠，那么就需要较多的税前利润，即较小的成本费用，以期计算出较大的应纳税额。

根据中棉行协跟踪数据，2013~2017 年，企业固定资产增速小幅上涨，其中存货增速快速下降，即企业去库存力度加大，减少库存占用成本的支出。但是固定资产折旧费用的增速逐年下降，2017 年折旧费增速为 9.25%，折旧力度减小，加速企业降本，实现更高的利润。

三、控制生产经营成本的途径和需注意的问题

分析生产过程中成本要素是为了更好的实现成本控制，但是在企业实际经营过程中，企业不仅仅注重降低成本、控制支出，而是与企业发展战略联系起来，也就是要形成企业的竞争优势，因而许多企业通过规模调整、技术进步、新产品研发等措施使企业经营更具持久性。综合棉纺织行业优秀企业“降本增效”措施，总结为以下几方面：

1、降低原材料成本。鉴于棉纺纱生产成本中，原料成本占70%左右，首先是研究判断原料价格走势，把握采购时机，其次，加大产品原料研发，例如不同物理指标的同一类纤维原料之间的混合、多种纤维原料混合，或者研发新型纤维原料等。减少对棉花的依赖，在原料的选择上有更多的空间，从而有效把控原料成本。

2、节能减排降低能源成本。有许多棉纺织企业通过采用节能减排设备、技术、工艺措施，减少单位能源成本支出。例如电机变频改造、余热回用系统等。

3、降低人工成本和制造成本。人工成本和制造成本直接体现企业的管理水平。第一，通过标准化的生产作业，缩短生产单位产品的时间；第二，通过工序分配和过程管理来提高生产效率；第三，通过提高设备自动化程度、加强设备维护直接降低人工成本；第四，通过提高产量、减少不合格产品降低单位成本；第五，提升员工的工作意愿和员工的正确操作率降低成本。

4、建立成本管理制度。通常情况下，企业根据生产经营模式和成本控制的要求，划分责任、明确权利。成本控制必须靠制度来约束，实行全面的计划、预算管理，采用标准成本制度，建立责权利相结合的奖惩制度。

近几年，我国棉纺织行业投资活跃，很多企业通过各类投资获得丰厚的收益，但是投资是有风险的，注重资金管理，优化资本结构，提高资产运作质量。

四、未来行业“降本”方向和趋势

企业的最终目的并不仅是“降本”，而是要实现“增效”的目标，片面的降低成本可能会导致产品质量的下降，所以，应该明确“降本增效”的核心是建立持续成本优势，应该从成本与效益的对比中寻求成本的最小化。

未来，行业降本增效应该更多地考虑企业的长期发展和竞争力提升。包括：

其一，创新经营模式，不断提高企业的核心竞争力。我国棉纺织行业属于劳动和资金

密集型产业，在产品技术方面，企业要狠抓自主科技创新，逐步进入上游研发设计领域，加大研发投入力，充分调动科技人才开展科技创新的主动性和积极性，形成科技创新的可持续发展机制。在销售管理方面，逐步进入销售和服务领域,加强品牌研究，规划品牌发展，明确品牌定位，在劳动密集型产业中培育自己的民族品牌；提供差异化的产品和服务，扩大生产经营规模，通过企业多元化发展、跨界融合等提高市场占有率。

其二，切实降低生产经营成本，努力提升产品的成本优势。一是降低原材料采购成本。如自建原料产地、购买期货合约、降低运输成本等方式，优化企业内部供应链；充分利用劳动密集型企业的集群优势，整合外部供应链，最大可能降低原材料成本，最大限度增加产品的利润空间。二是大力降低能源消耗成本，主要采取技术改造、管理创新等措施节能降耗，最大可能降低企业消耗的水电等能源成本和环境污染成本，增加企业的整体经济效益。三是提高行业人均产值。当前，我国棉纺织行业加大力度推动智能化生产的应用范围，以期减少用工提高生产效率，实现降低单位人工成本支出的目的。四是降低销售成本。大力发展电子商务等低成本的销售方式，不断降低物流等销售成本，提高企业产品的市场覆盖面和综合成本，增加企业利润。

其三，加大帮扶工作力度，促进劳动密集型企业持续健康发展。国家应采取专门扶持政策，从融资、税收、资金补助、人力资源培训、企业战略调整、品牌建设等方面为企业发展提供科学指导和帮助，为劳动密集型企业创造公平合理的市场竞争环境，尽最大可能帮助企业转型升级。

纺纱关键器材性能及品牌应用情况分析

郭占军　范轩云鹏

摘要： 随着棉纺技术向优质、高效、节能、自动化方向不断发展，小批量、多品种的差别化纱线产量日益增长，对纺纱器材的可纺性、适纺性、稳定性、使用寿命和性价比要求逐步提升。本文主要针对目前市场上主要器材品牌应用、选择依据等情况进行分析，通过现场调研及调查问卷的形式展开，了解到国内外主要器材产品的市场分布以及企业选择器材时对性能的侧重点。报告中纺织装备约涉及全国 20%的纱锭产能，具有一定的代表性。

一、主要纺纱器材市场选择应用情况

（一）针布

本文中的针布指梳棉机配套器材，包覆在梳棉机的锡林、道夫和盖板针布上，不包括精梳机配套针布。针布直接影响梳棉机分梳、除杂、转移及混合均匀作用，被称为梳棉机的心脏，是主要的梳理器材元件。

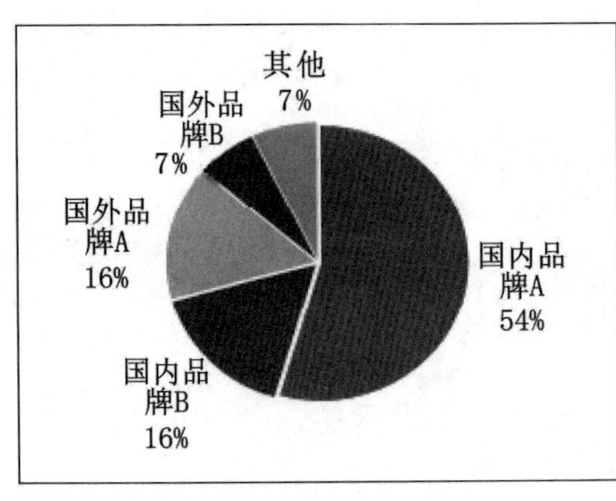

数据来源：中国棉纺织行业协会

图 1 针布品牌市场分布

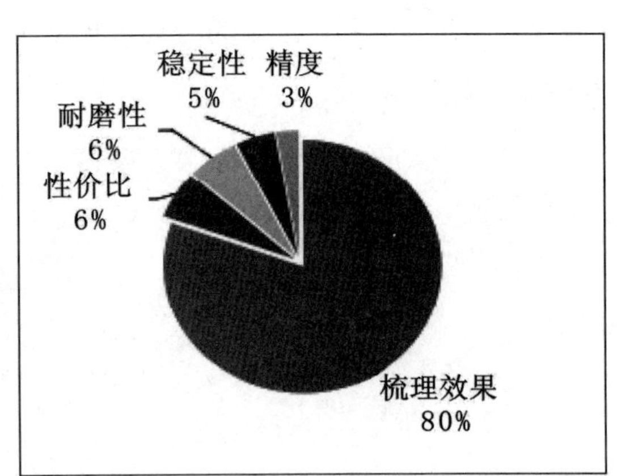

图 2　针布最重要性能调查

1、针布市场应用情况

如图 1 所示，国产品牌针布占据市场份额在 75%左右。国际上公认的高端梳棉针布得益于在梳理性能、稳定性、使用寿命的优势，这些性能依托对优质钢材的选用和先进的表面处理技术，国内企业在这两方面略有欠缺，棉纺企业在生产高质量、高附加值产品时，会选择使用国外品牌针布。目前国外的表面处理技术对国内企业封锁，国内只能自主研发，近几年质量进步明显，表面处理技术和钢材原料加工工艺不断进步，如通过改进结构的双齿针布和纳米技术处理针布，通过表面强化技术提升耐磨性的针布基本能够满足客户高速高产的要求。从发展趋势来看，针布结构设计将朝着“密、薄、浅、矮、大”方向发展。以锡林针布为例，要求齿密更密、基部变薄、齿深变浅、针高变矮和前角变大。

2、企业选用针布考虑因素分析

如图 2 所示，企业选择针布时最重视针布的梳理效果。梳理的最终目的是要除去细小纤维和杂质，使纤维束分离成有一定平行顺直度的纤维，针布耐磨性、梳理精度、稳定性等指标是梳理效果的综合反映。

3、针布性能对应品牌分析

表 1　针布各项性能国内外主要品牌调查结果

品牌	精度	耐磨性	稳定性	梳理效果	效率	性价比
国内品牌 A	16.5%	15.6%	23.9%	28.3%	20.5%	69%
国内品牌 B	3%	4.8%	17.1%	12.3%	25.1%	6.6%
国外品牌 A	70.7%	65.9%	56.7%	59.3%	54.4%	24.4%
其他	9.8%	13.8%	2.3%	0	0	0
国内合计	19.5%	20.3%	41%	40.7%	45.5%	75.6%
国外合计	80.5%	79.7%	59%	59.3%	54.4%	24.4%

数据来源：中国棉纺织行业协会

通过表 1 分析得出，在针布的精度、耐磨性指标方面，国外品牌具有较大优势。在稳定性，梳理效果和效率方面，国内外品牌差距不大。在性价比方面国产针布具有绝对优势。棉纺行业作为传统制造业利润率整体偏低，即使是作为生产过程最为重要的梳理环节，性价比仍然是企业购买器材首要考虑的因素。

（二）精梳器材

精梳的目的是除短绒、细杂并提高纤维伸直平行度。精梳机的工作原理是周期性地分别梳理纤维须丛的两端，头端由锡林梳理，后端由顶梳被动梳理，梳理过的纤维丛与分离罗拉倒入机内的纤维网结合，再将纤维网输出机外。精梳器材主要包括精梳锡林、顶梳、钳板、预分梳板、预分梳齿条等部件。

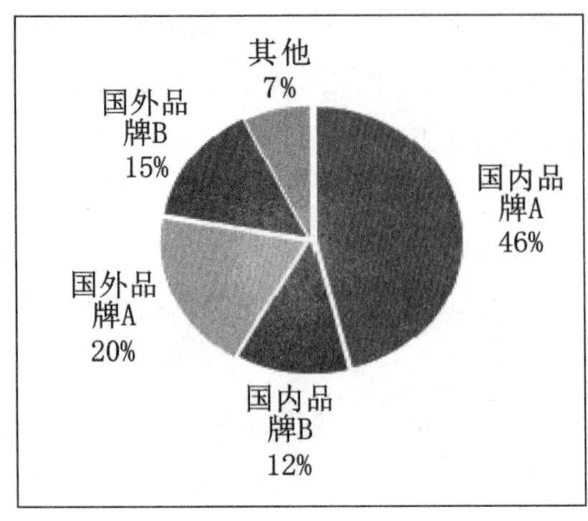

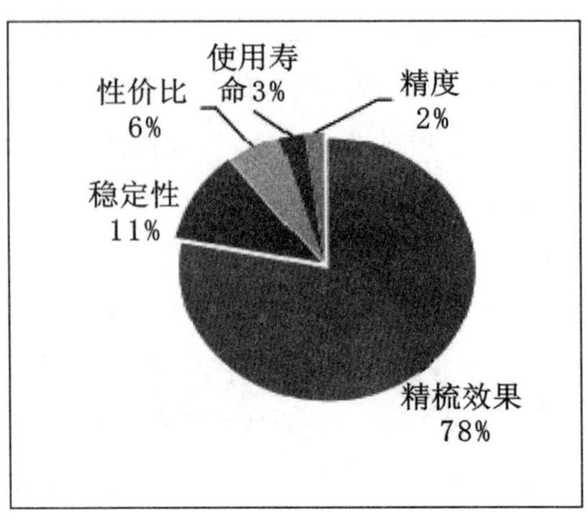

数据来源：中国棉纺织行业协会

图3 精梳器材品牌市场分布

图4 精梳器材最重要性能调查

1、精梳器材市场应用情况

如图 3 所示，国产品牌精梳器材占据市场份额在 60%左右。国产精梳器材已经非常成熟，国内大部分纺纱企业选用国产精梳器材。国外通过整体材质、节能等不断优化产品保证寿命和耐磨性好，国内纺高附加值纯棉纱会考虑选用国外精梳器材。

2、企业选用精梳器材考虑因素分析

如图 4 所示，企业最看重的是梳理效果，良好的除短绒、细杂、提高纤维伸直平行度效果是该工序追求的目的，寿命、性价比等指标在其次。生产高品质的精梳纱的基础是在梳理阶段取得良好的梳理效果。

3、精梳器材性能对应品牌分析

表2 精梳器材各项性能最佳品牌调查结果

品牌	精度	稳定性	使用寿命	精梳效果	效率	性价比
国内品牌A	17.6%	29.4%	14.2%	9%	13.7%	62.4%
国内品牌B	9.6%	10.2%	7.8%	9.9%	13.7%	11.9%
国外品牌A	27.6%	30.5%	17.2%	17.9%	28.8%	13.8%
国外品牌B	34.6%	18.6%	58.2%	60.5%	39.6%	0
其他	10.6%	11.3%	2.6%	2.7%	4.2%	11.9%
国内合计	27.1%	41.8%	22%	18.8%	27.3%	83.5%
国外合计	72.9%	58.2%	78%	81.2%	72.7%	16.5%

数据来源：中国棉纺织行业协会

如表 2 所示，由于核心部件锡林和顶梳的性能依赖于钢材硬度、耐磨性和表面处理效果，国内品牌精梳器材在精度、使用寿命、精梳效果、效率方面略有不足，性价比优势明显，借助高性价比和周到的售后服务，国产品牌占据较大市场。

（三）胶辊胶圈

胶辊、胶圈在纺纱过程中与罗拉、摇架、加压机构等组成牵伸装置，是关键的纺纱器材。胶辊在一定的加压条件下受罗拉摩擦传动，与罗拉组成握持须条的钳口，形成相应的握持力，有效地握持须条和纤维，保证牵伸的正常运行。

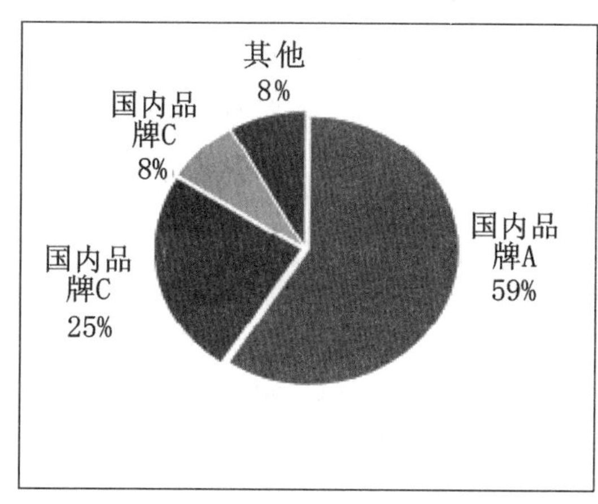

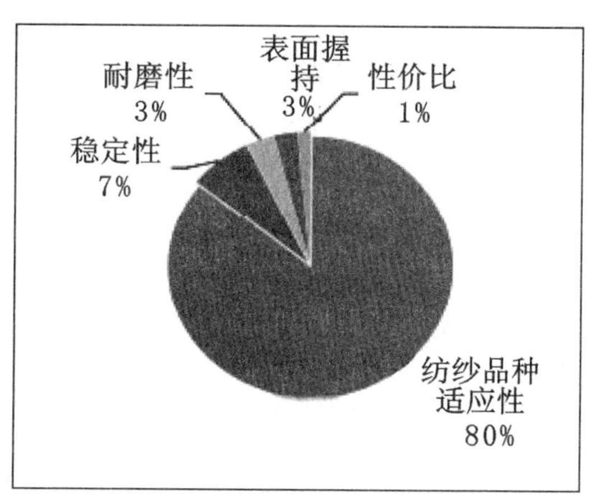

数据来源：中国棉纺织行业协会

图 5 胶辊胶圈品牌市场分布状况

图 6 企业最重视的胶辊胶圈性能调查

1、胶辊胶圈市场应用情况

如图 5 所示，目前市场上的胶辊胶圈绝大部分为国产品牌，比重超过 90%。我国纺纱胶辊胶圈产品吸收消化国外先进技术，取得了长足的进步，基本满足了我国棉纺企业的需求。

对于纺纱企业当前遇到的一些问题，有些时候是因为企业选择型号不当或使用不当造成的。国内胶辊胶圈生产企业依靠纺织企业专家参与企业售前服务，与客户沟通如何合理选用胶辊、胶圈，更为合理的使用、维护，通过不断提升产品品质和良好的服务赢得市场地位。市场上主要的胶辊胶圈以丁腈橡胶为主，聚氨酯等新材料产品也日益成熟。

2、企业选用胶辊胶圈考虑因素分析

如图 6 所示，86%的企业认为纺纱品种适应性最重要。随着化纤短纤在棉纺原料应用领域的比重日益增加，功能性、差别化纤维纱线、色纺纱、各种混纺纱需要与之相适应的胶辊胶圈才能保证生产质量，因此适应纺纱品种是企业考虑的首要因素。

3、胶辊胶圈性能对应品牌分析

表 3 胶辊胶圈各项性能最佳品牌调查结果

品牌	耐磨性	纺纱品种适应性	表面握持	稳定性	性价比
国内品牌 A	41%	43.4%	41.1%	55.5%	61.2%
国内品牌 B	11%	25.8%	21.6%	27.4%	22%
其他	48%	30.8%	37.3%	17.1%	16.8%
国内总计	75.4%	70.7%	89.7%	91.4%	100%
国外总计	24.6%	29.3%	10.3%	8.6%	0

数据来源：中国棉纺织行业协会

如表 3 所示，胶辊的各项性能，国内品牌均占有绝对优势，特别是性价比，据了解，进口品牌的胶辊胶圈在我国市场的比重不足 10%，国产品牌胶辊胶圈各项性能优秀，性价比高，得到了广大纺纱企业的认可。

（四）细纱锭子

细纱锭子由锭杆、锭盘、锭胆、锭钩、锭脚、制动器等组成，是细纱机上加捻卷绕的主要部件，是实现高速高产和细纱耗电的主要器材。习惯上以它的数量表示纺纱厂的设备规模和生产能力。见图 7、图 8。

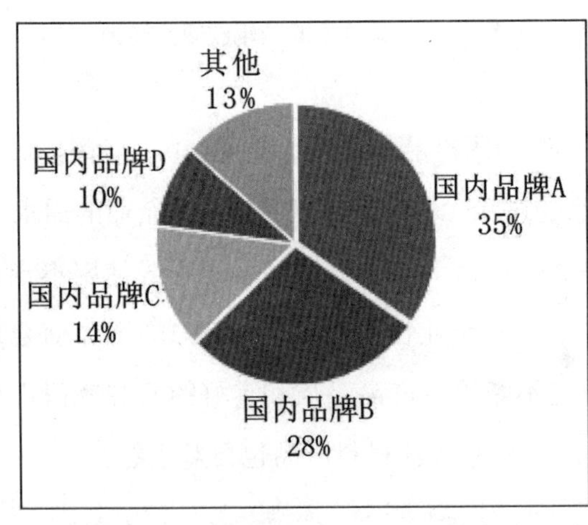

数据来源：中国棉纺织行业协会

图 7 细纱锭子品牌市场分布状况

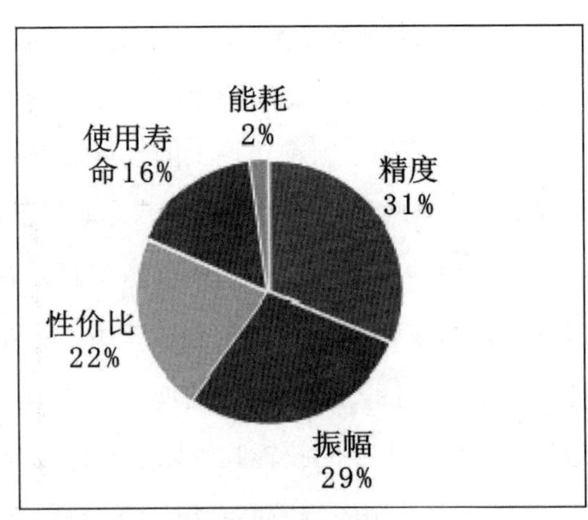

图 8 企业最重视的细纱锭子性能调查

表 4　细纱锭子各项性能最佳品牌调查结果

品牌	精度	振幅	噪声	能耗	使用寿命	性价比
国内品牌 A	22.2%	21.5%	18.2%	9.6%	20.8%	24.7%
国内品牌 B	29.8%	19.3%	16.3%	18.3%	29.5%	11.9%
国内品牌 C	2.8%	5.4%	2.9%	15.5%	4.8%	33.2%
国外品牌 A	28.7%	29.4%	30.2%	30.4%	15.2%	8.2%
国外品牌 B	8.2%	8.4%	8.6%	8.7%	13.9%	10.8%
其他	8.3%	16.1%	23.8%	17.5%	15.8%	11.1%
国内合计	60.9%	62.2%	61.2%	61.0%	70.9%	81.0%
国外合计	39.1%	37.8%	38.8%	39.0%	29.1%	19.0%

数据来源：中国棉纺织行业协会

如表 4 所示，锭子的各项性能中，均有超过 60%的企业认为国产品牌的性能最佳，特别是性价比方面。国产品牌在各项性能的综合指标已经接近或超过进口品牌，国产品牌性价比远高于国外品牌，从而得到了国内生产企业的信任。

（五）钢领

钢领是钢丝圈的跑道，钢丝圈在高速运行时因离心力的作用，其内脚紧压在钢领圆环的内侧面上。目前普遍使用的钢领有平面钢领和锥面钢领。

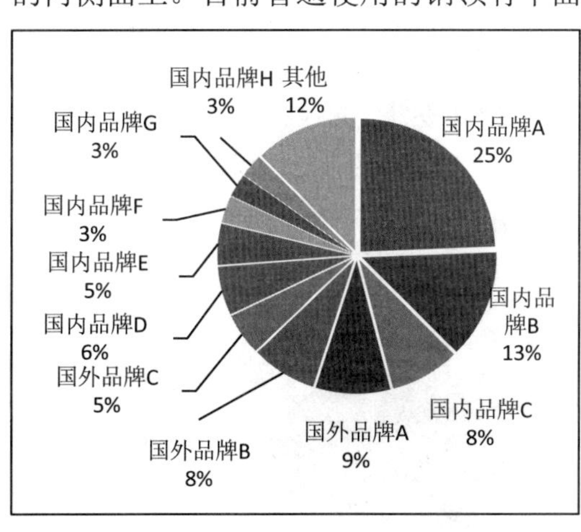

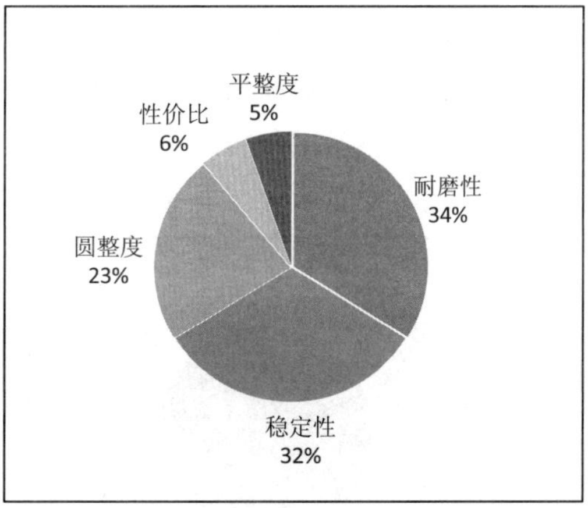

数据来源：中国棉纺织行业协会

图 9 钢领品牌市场分布状况图

图 10 企业最重视的钢领性能调查

平整度 5%
性价比 6%
耐磨性 34%
圆整度 23%
稳定性 32%

1、钢领市场应用情况

如图 9 所示，国内品牌占据市场份额约 70%，以普通 20#低碳钢为代表的钢领市场进入门槛相对较低且竞争激烈，品牌众多。细纱生产实现高速化，关键是要采用制造精良、性能耐久的高速卷绕件。由于钢材耐磨性和表面涂层技术的不足，国产钢领与进口相比，在纺纱品种适应性和寿命等方面存在差距。材料及工艺处理上进一步改进是发展方向。

2、企业选用钢领考虑因素分析

如图 10 所示，企业最重视的性能为耐磨性，其次是稳定性和圆整度。耐磨性决定钢领的使用寿命，稳定性影响纱线产品的质量波动，圆整度影响成纱质量和断头率。

3、钢领性能对应品牌分析

表 5　钢领各项性能最佳品牌调查结果

品牌	硬度	平整度	圆整度	耐磨性	稳定性	性价比
国内品牌 A	6.2%	20.9%	9.9%	5.2%	11%	12.9%
国内品牌 B	23%	8.2%	31.1%	6.9%	7.4%	32.8%
国外品牌 A	41.6%	35.7%	23.7%	48.2%	51.2%	23.9%
其他	29.3%	35.1%	35.4%	39.8%	30.4%	30.3%
国内合计	52.8%	58.8%	69.4%	44.5%	43.8%	68.0%
国外合计	47.2%	41.2%	30.6%	55.5%	56.2%	32.0%

数据来源：中国棉纺织行业协会

如表 5 所示，钢领性价比国内品牌较高。国内一流企产品制造装备水平，与国外不相上下，有的装备水平超过国外，但受原材料选用和基础工业大环境影响，在表面处理技术及钢材质量方面，与国外一流品牌有差距。

（六）钢丝圈

钢丝圈和钢领是一对摩擦副，用于各种纱线的加捻和卷绕，钢丝圈沿钢高速回转，纱条由此获得捻回，钢丝圈每转一转，纱条得到一个捻回。钢丝圈的形式多种多样，主要区别在于几何形状、截面形状、质量大小、材料、弯脚开口大小等。

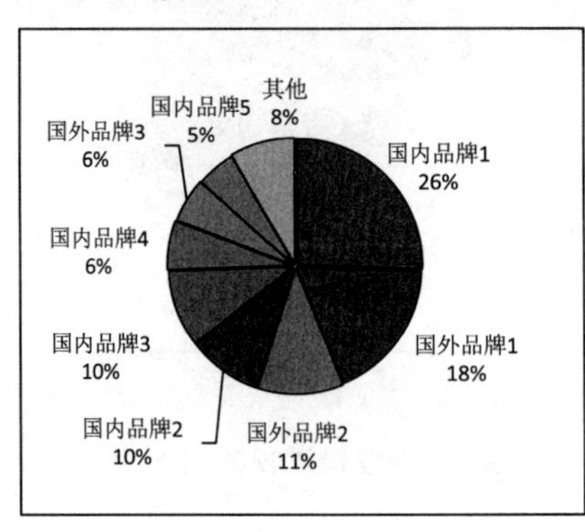

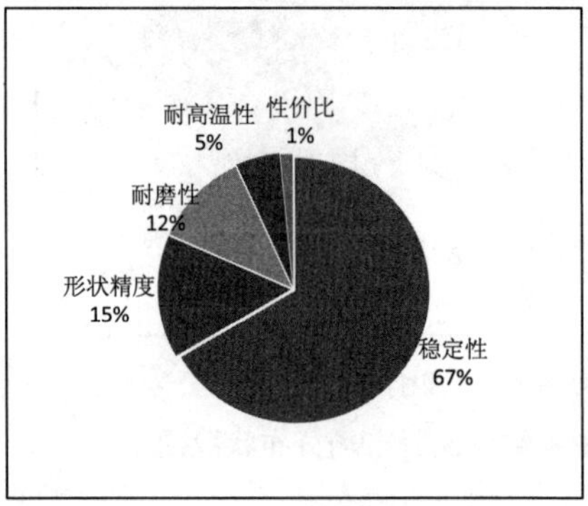

数据来源：中国棉纺织行业协会

图 11 钢丝圈品牌市场分布状况

图 12 企业最重视的钢丝圈性能调查

1、钢丝圈市场应用情况

如图 11 所示，国内品牌市场份额约 60%，且国内外品牌众多，国内产品在钢材质量、产品表面处理技术方面，与进口钢丝圈有一定差距。

2、企业选用钢丝圈考虑因素分析

如图 12 所示，企业最重视的物理性能依次是稳定性、形状精度和耐磨性。钢丝圈在钢领上高速运动，稳定性决定气圈张力大小和捻度均匀，进而影响纱线的条干和毛羽，形状精度影响钢丝圈与钢领的切合，耐磨性决定钢丝圈的寿命。

3、钢丝圈性能对应品牌分析

表 6　钢丝圈各项性能最佳品牌调查结果

品牌	硬度	形状精度	耐磨性	耐高温性	稳定性	性价比
国内品牌 A	32.2%	11%	16.5%	27.1%	34.6%	45.5%
国内品牌 B	8%	18.3%	3.3%	10.9%	4%	8.1%
国外品牌 A	49.8%	41.6%	49.3%	31.6%	31.5%	25.2%
国外品牌 B	3.1%	9%	2.5%	7.4%	3%	0
其他	6.8%	20.2%	28.5%	23.0%	26.9%	21.3%
国内总计	47.1%	35.9%	37.1%	57.7%	62.5%	60.3%
国外总计	52.9%	64.1%	62.9%	42.3%	37.5%	39.7%

数据来源：中国棉纺织行业协会

如表 6 所示，国产和国外品牌的钢丝圈相比，硬度、形状精度、耐磨性指标略差，在耐高温、稳定性和性价比上有优势。国内品牌通过引进国外先进生产技术，结合自身多年积累的研发经验，研发的黄晶、蓝宝石、黑金等类型产品，采用进口原料、通过复合表面处理改善耐磨性，使产品达到无走熟期，适应高速，延长寿命等特点。

（七）罗拉

罗拉是牵伸装置的重要零件，牵伸罗拉和上罗拉（胶辊）组成罗拉钳口，共同握持须条，利用前后罗拉的表面速度不同进行牵伸。

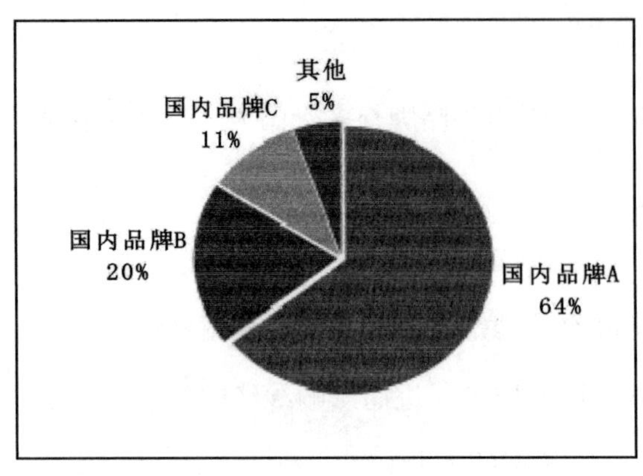

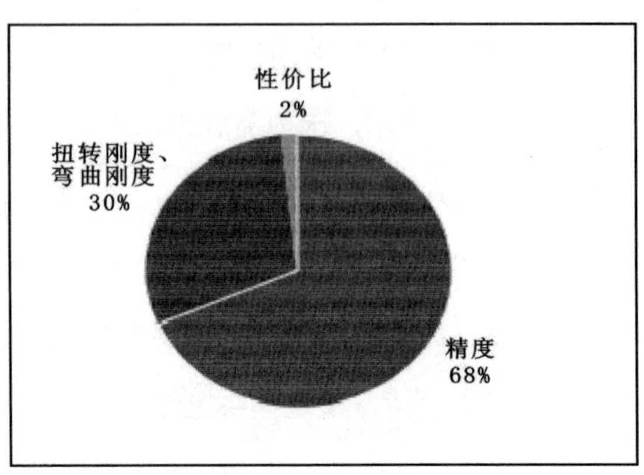

数据来源：中国棉纺织行业协会

图 13 罗拉品牌市场分布状况

图 14 企业最重视的罗拉性能调查

1、罗拉市场应用情况

如图 13 所示，罗拉市场基本为国内产品，且国内品牌 A 占据 60%以上市场。罗拉是纺纱过程中影响成纱质量、实现高速高产的关键器材。

2、企业选用罗拉考虑因素分析

如图 14 所示，精度是企业最重视的性能，其次是扭转刚度和弯曲刚度。精度直接影响机械波，与成纱条干息息相关。扭转刚度和弯曲刚度是保证罗拉正常运转的必要条件，决定罗拉的韧性。

3、罗拉性能对应品牌分析

表 7　罗拉各项性能最佳品牌调查结果

品牌	硬度	精度	耐磨性	扭转刚度、弯曲刚度	齿型齿密	性价比
国内品牌 A	70.7%	55.1%	49.6%	80%	77.1%	53.4%
国内品牌 B	8.2%	7.8%	31%	4.6%	6.1%	11.8%
国内品牌 C	3.9%	20.3%	4.1%	2.7%	0	0
其他	17.2%	16.9%	15.2%	12.7%	16.9%	34.9%
国内合计	82.8%	86.1%	84.8%	87.3%	83.1%	87.2%
国外合计	17.2%	13.9%	15.2%	12.7%	16.9%	12.8%

数据来源：中国棉纺织行业协会

如表 7 所示，罗拉的各项性能指标，国内品牌 A 均有较大优势，这也是该品牌能够在罗拉市场占据绝对领先地位的基础。该品牌企业不断提升产品品质，赶超世界先进水平，通过多年努力，如今全球市场占有率高达 70%，产量、质量、品种重量均处世界第一。

（八）摇架

摇架是牵伸装置的重要组成部分，作用是对牵伸罗拉施压，使罗拉钳口有效握持纱条，保证牵伸过程顺利进行。摇架的质量的优劣，对牵伸过程中能否有效地握持纱条、控制纤维进行牵伸、牵伸后纱条均匀度的好坏，都有密切的关系。

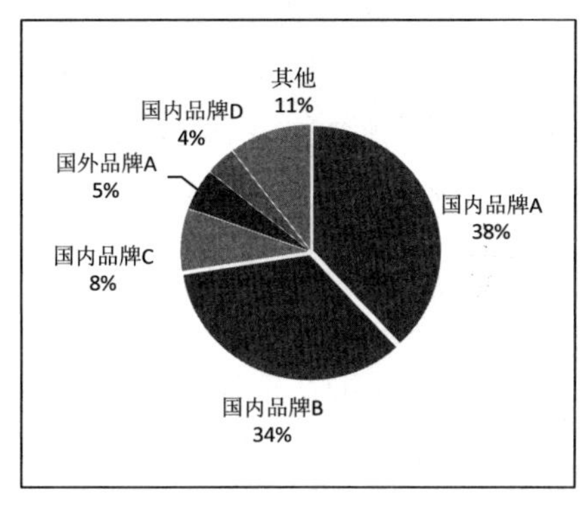

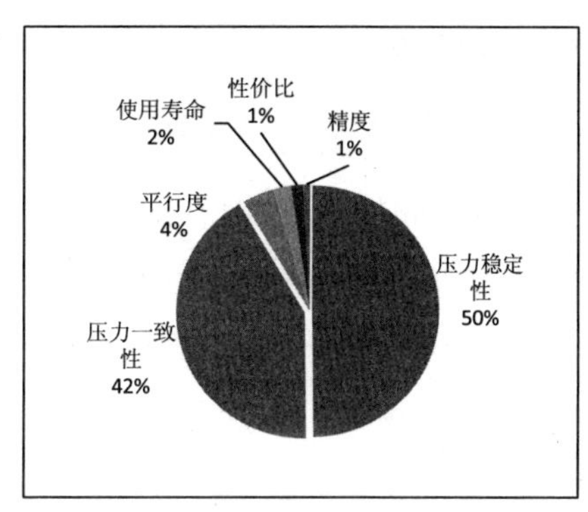

数据来源：中国棉纺织行业协会

图 15　摇架品牌市场分布状况　　**图 16　企业最重视的摇架性能调查**

1、摇架市场应用情况

如图 15 所示，国内品牌 A 和 B 在摇架市场占据龙头地位，两家合计超过 70%，国外品牌的摇架比重不足 10%。目前主要有弹簧（板簧）加压和气动加压（半气动、全气动）两种形式，国产摇架近几年在技术上都在不断创新。

2、企业选用摇架考虑因素分析

如图 16 所示，由于摇架的作用是对牵伸罗拉实施加压和实施握持定位，压力的稳定性和一致性直接影响其他牵伸专件、器材性能的发挥，企业最重视的摇架性能是压力稳定性和压力一致性。

3、摇架性能对应品牌分析

表 8　摇架各项性能最佳品牌调查结果

品牌	压力一致性	压力稳定性	平行度	精度	使用寿命	性价比
国内品牌 A	9.5%	7.6%	10.6%	8.3%	8.5%	35%
国内品牌 B	24%	36.7%	23.7%	26.5%	22.3%	25.5%
国内品牌 C	18.9%	3.3%	0	12.9%	15.9%	16.5%
国外品牌 A	21.3%	36.8%	17.9%	18.5%	18.9%	16.4%
国外品牌 B	13.3%	5.8%	26.8%	27.7%	28.3%	3.8%
国内合计	55.5%	57.4%	52.0%	50.3%	49.3%	79.8%
国外合计	44.5%	42.6%	48.0%	49.7%	50.7%	20.2%

数据来源：中国棉纺织行业协会

如表 8 所示，性价比国内品牌明显优于国外，其他各项性能指标基本相当。进口产品多随主机安装。国内品牌虽存在一些问题，如压力比设计的合理性，弹簧的一致性和衰退期，密封元件老化失效或漏气以及日常维护、保养问题。但是通过产品性能的不断改进，国内外产品的性能差距已经很小，综合较大的性价比优势，牢牢占据国内大部分市场份额。

（九）紧密纺装置

紧密纺纺纱机理主要是：在环锭细纱机牵引装置前增加了一个纤维凝聚区，基本消除前罗拉至加捻点之间的纺纱加捻三角区。使成纱非常紧密，纱线外观光洁、毛羽减少、强力增高，提高成纱质量，增加服用性能。

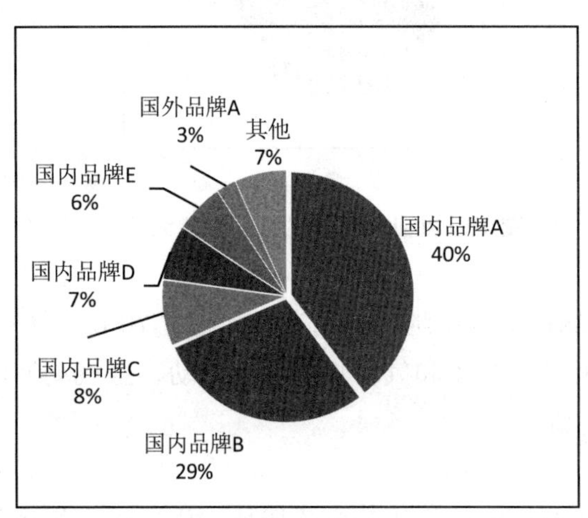

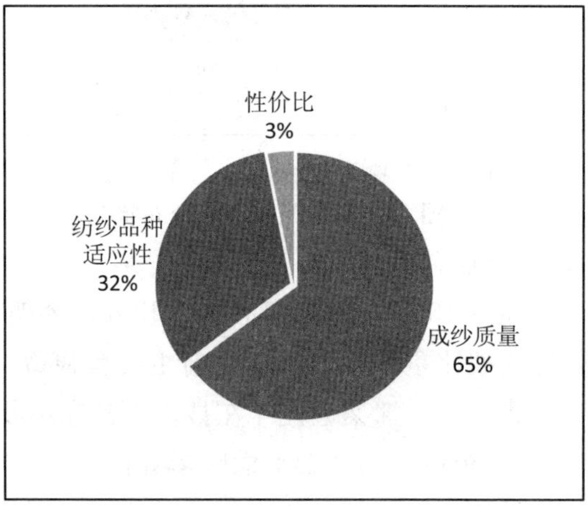

数据来源：中国棉纺织行业协会

图 17 紧密纺装置品牌市场分布状况

图 18 企业最重视的紧密纺装置性能调查

1、紧密纺市场应用情况

如图 17 所示，国内品牌 A 和 B 占据市场近 70%的份额。 国外品牌的紧密纺主要随主机安装配套使用。

2、企业选用紧密纺考虑因素分析

如图 18 所示，成纱质量和纺纱品种适应性是企业最关注的两项性能。紧密纺纱线的产品价值，体现在强力、条干、毛羽等质量指标。随着纱线品种的日益多样化，多批量、小品种纱线成为众多企业的发展选择，对紧密纺装置的纺纱品种适应性也提出了很高的要求，要求能够尽量满足多品种的纱线加工要求。

3、紧密纺性能对应品牌分析

表 9 紧密纺装置各项性能最佳品牌调查结果

品牌	能耗	使用寿命	效率	成纱质量	纺纱品种适应性	性价比
国内品牌 A	37.4%	62.6%	36.6%	29%	66.8%	62.8%
国内品牌 B	25.6%	13%	29.5%	19.5%	8.5%	4.6%
国外品牌 A	15%	4.7%	4.7%	31.4%	4.1%	14.9%
其他	22%	19.7%	29.1%	20.1%	20.7%	17.7%
国内合计	77.2%	95.3%	85%	64.8%	85.8%	85.1%
国外合计	22.8%	4.7%	15%	35.2%	14.2%	14.9%

数据来源：中国棉纺织行业协会

如表 9 所示，紧密纺装置的各项性能指标，国内品牌均远胜国外品牌。针对国外生产紧密纺装置及设备价格昂贵，国内纺机企业在消化吸收国外紧密纺制造技术基础上，进行了自主创新开发，先后有多家企业研制出各种形式的紧密纺装置和紧密纺细纱机，国产紧密纺制造技术及应用技术已取得了长足进步，可以取代进口紧密纺技术。

（十）最影响纺纱质量的器材部件

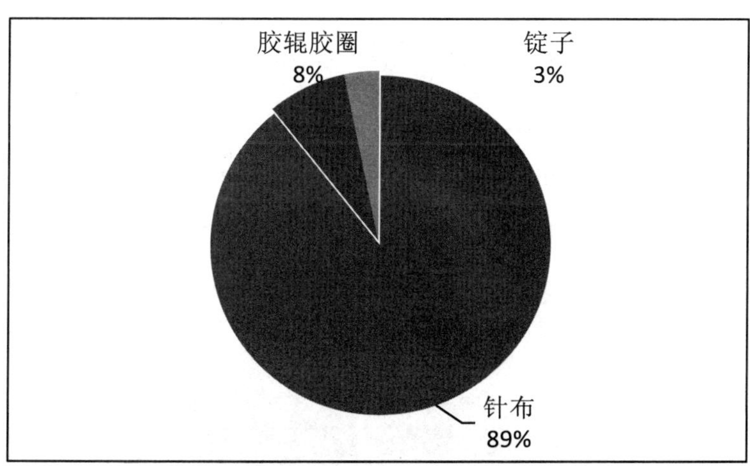

数据来源：中国棉纺织行业协会

图 19 最影响纺纱质量的器材部件

从图 19 可以看出，89%的企业认为针布对纺纱质量影响最大，少数企业认为是胶辊胶圈或锭子。梳棉是整个纺纱工艺的心脏，针布是梳棉机的心脏，针布对整个成纱质量的重要性最大，已经成为纺织企业的共识。

二、细纱相关情况分析及细纱锭速分析

（一）传统细纱机落纱方式改造倾向

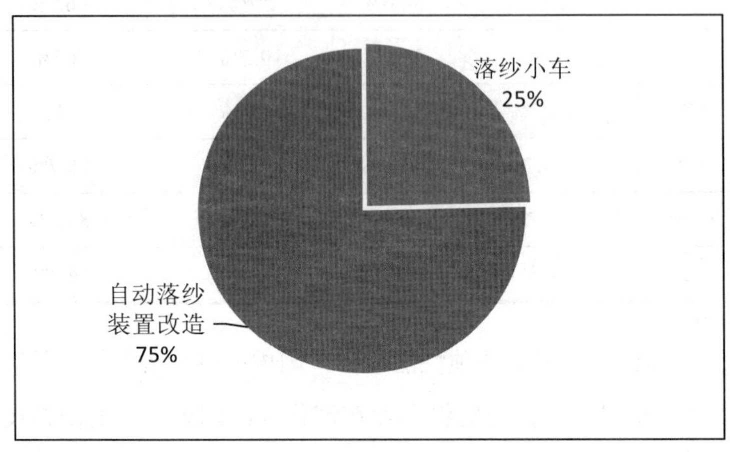

数据来源：中国棉纺织行业协会

图 20　传统细纱机落纱方式改造倾向

中棉行协对传统细纱机落纱方式的改造方法倾向进行了调查，如图 20 所示，75%的企业倾向于自动落纱装置改造，25%倾向于使用落纱小车。

落纱小车和自动落纱装置各有优缺点，落纱小车投资少、使用灵活，但 1 台落纱小车平均负责 40 台细纱机，若出现故障，对正常生产影响严重。自动落纱装置效率高，出现故障对生产影响小，仅影响单台细纱机，但自动落纱装置改造成本高，部分部件长时间使用后，易出现故障，需定期维护。各企业根据自身实际情况不同，适合选取不同的改造方式。

（二）企业细纱机平均锭速

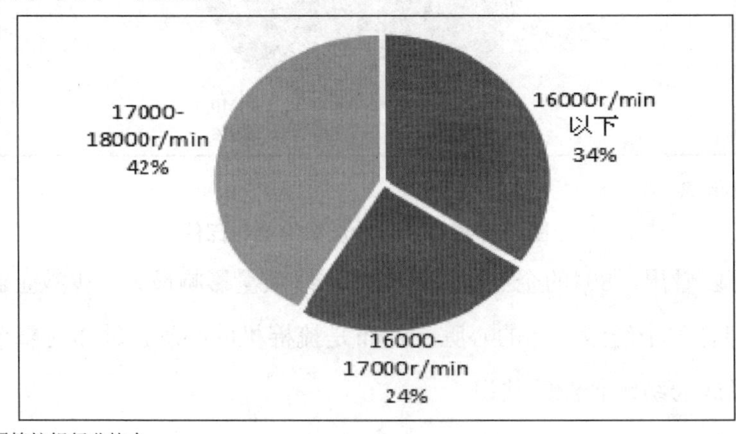

数据来源：中国棉纺织行业协会

图 21　企业细纱机平均锭速

如图 21 所示，整体来看，国内细纱机锭速相比国外偏低，受调查的企业中，企业锭速均在 18000r/min 以下，对锭速偏低的原因通过向纺织企业了解，汇总如下：

1、产品的不同

国外纺纱厂一般都是单一品种，且以纯棉居多，对设备的适应性较好，不需要反复磨合，所以能更好的开高速；国内的纺纱厂大多为按需生产，为了迎合市场的需求，差异化的订单在不断增加，品种不断变化，纤维特性差别大，而且国内的纺纱厂大多对指标要求较高，对毛羽、棉结要求苛刻，因此难以提高速度。

2、细纱机主机

国内细纱机厂家从设计理念方面，更倾向于稳定的质量，没有按高速设计一些机械尺寸。其次，主机的材质制造精度方面，和国外知名主机设备存在差距，导致锭速相比国外主机较低。除此之外，设备老旧，未更换先进设备，也是原因之一。

3、器材

卷绕部分：配套器材不适应高速，国内光杆锭子占有相当比例，锭脚为钢制结构，高速震动大易断头；且高速后没有相应刹锭器，操作上拔管困难，国外多采用铝套管锭子，振动小。

纺纱张力：高速必定伴随大的纺纱张力，毛羽及断头会成倍增加，气圈环是必备装置，国内大部分细纱机没有配备气圈环。

钢领、钢丝圈：高锭速会对钢领、钢丝圈的配套提出更高精度要求，国内使用钢领、钢丝圈不适应高速。

牵伸部分：高锭速对牵伸机构提出更高要求，高速纺纱的牵伸罗拉、胶辊、胶圈、摇架以及上下销等专件要求高性能，尤其在材质和维护保养上要精心管理，以保证纺纱质量，减少纱疵，改善条干均匀度。

三、总结

1、纺织企业在纺纱器材的选用上，以国产品牌为主，特别是胶辊胶圈、锭子、罗拉、摇架和紧密纺装置，国产品牌占据了绝大部分份额。在针布、精梳器材、钢领、钢丝圈的选用上，国外产品凭借性能优势，占据一定市场份额。

2、在器材的性能方面，胶辊胶圈、锭子、罗拉、摇架、紧密纺装置，国内品牌的产品性能能够超过或接近国外品牌，可代替进口。由于钢材材质和表面处理技术的相对落后，在针布、精梳器材、钢领、钢丝圈这些器材方面，国内品牌性能略有不足。国产器材的性价比远超国外。

3、企业最重视对成纱质量影响最大的性能，提高成纱质量和保证纺纱性能稳定性，是纺织企业选择纺纱器材首要考虑的因素。

4、传统细纱机的改造方面，细纱小车和自动落纱装置各有优缺点，多数企业倾向于自动落纱装置改造。

5、国内细纱机锭速较国外偏低，主要是受到产品品种、生产工艺、细纱机及器材的质量和精度这几方面因素的影响。

棉纺织产业智能制造之信息化发展现状及趋势

郭占军　范轩云鹏

摘要： 为了解棉纺织企业智能制造之信息化发展现状，2017 年，中国棉纺织行业协会对纺纱、织造信息化发展状况在行业内进行了调查。总体看，我国棉纺织行业的信息化水平处于初级发展阶段，提高综合集成应用水平是棉纺织行业信息化整体提升须把握的关键环节。

一、棉纺织智能制造整体状况

智能制造技术是在现代传感技术、网络技术、自动化技术、拟人化智能技术等先进技术的基础上，通过智能化的感知、人机交互、决策和执行技术，实现设计过程、制造过程、和制造装备智能化，是信息技术和智能技术与装备制造过程技术的深度融合与集成。具体到棉纺织智能制造技术，已经在行业得到应用或将成为未来发展趋势的技术有以下：

（一）AGV 输送系统

带有自动导航系统的 AGV 运输车通过电磁感应方式，可以在车间将原料及条筒在粗纱之前的工序间进行自动导航运输，实现物料装卸与搬运的自动化。

（二）粗细络包联纺纱系统

粗细络包联纺纱系统由自动落纱粗纱机、细纱机、粗细联输送系统、细络联输送系统、全自动包装入库物流生产线等部分联合组成，实现了粗纱、细纱、络筒、打包、入库等工序的自动化、连续化、智能化联接。

（三）细纱接头智能导航系统

细纱单锭监测系统将实时断头即时传送到云中心，云中心自动按照先断先接和就近接头相结合的原则对路径优化分析，将路径优化结果实时传送至值车工的 PAD，引导值车工快速到达相应的断头锭位，进行接头，提高生产效率。

（四）智能包装输送系统

从络筒机取纱到自动套袋、装袋、自动码垛、自动入库、自动出库，整个流程无人工直接参与，全过程自动化。

（五）ERP和在线监控系统的管控集成

将棉纺织企业管理信息系统（ERP 系统）和车间生产的在线监控系统进行集成，实现棉纺织管理和生产监控的信息一体化。达到提升效率、统筹分工、优化系统的效果。

二、棉纺织信息化发展状况

棉纺织产业要实现智能制造，通过信息化实现纺织装备互通互联、设备与系统间互通互联与互操作是基础工程。通过信息化手段将整个棉纺织工厂连接成一个整体，打破管理与生产过程中的信息隔阂，是实现棉纺织智能制造的前提条件。

目前我国棉纺织行业的信息化发展水平处于单项应用向综合集成过渡的发展阶段，具体应用体现在信息化技术与棉纺织行业的深度融合，以信息化带动棉纺织行业的可持续发展。其中数字化设备替换老旧设备与在线生产监控及其管控集成应用是棉纺织行业信息化发展的核心和瓶颈。

棉纺织企业管理信息系统（ERP 系统）和在线监控系统的管控集成，可以减少用工人数、提高单位产量，实现订单跟踪，提高对市场反应能力。企业通过对生产设备的实时监控，可以提高设备运转效率和实现对部分工序质量的在线监控。对能源系统的监测，可以及时发现异常，减少能源损耗。

（一）ERP、在线监控及管控集成作用分析

管控集成系统中的“管”是指覆盖棉纺织企业经营、生产全过程的信息化管理系统，目前应用较为广泛的是 ERP 系统（即企业资源计划）；“控”是指对棉纺织企业各类生产设备数字化控制系统的实时集中监控，实现生产过程实时数据采集，通过信息集成形成优化控制的在线监控系统。生产过程实时数据来自于车间的数字化生产设备。管控集成是实现棉纺织企业信息一体化的关键所在，为棉纺织智能制造奠定了基础。

有效的管控集成，能实现以下效果：

1、生产现场的产量、质量信息、设备状况信息实时反馈管理系统。通过打通管、控系统间的信息通道，使将管理系统采集的信息，及时对生产与品种进行合理的安排调度，以减少半成品库存和资金压力。

2、及时发现生产中的问题，提升解决问题的效率。通过管控信息的交互，管理人员

能够及时发现生产、质量、设备状况等方面的问题，将问题解决在萌芽状态，使生产管理由事后管理方式转变为事中控制。

3、优化能源管理系统，实现节能降耗。通过对能源信息的自动采集和监控，以及能源数据分析的及时、准确和细化方面，为决策人员提供改进依据，通过持续改进循环，实现节能降耗目标。

4、统筹分工，提高生产效率。可以打破部门、班组界限，统筹业务分工与生产人员配置，提高劳动生产率，降低用工水平。

（二）ERP管理系统及在线监控使用比重

通过调查了解，如图 1 所示，29%的企业总公司设有 ERP 管理系统，2%的企业分公司有 ERP 管理系统，43%的企业在总公司、分公司均有 ERP 管理系统，26%的企业没有 ERP 管理系统。

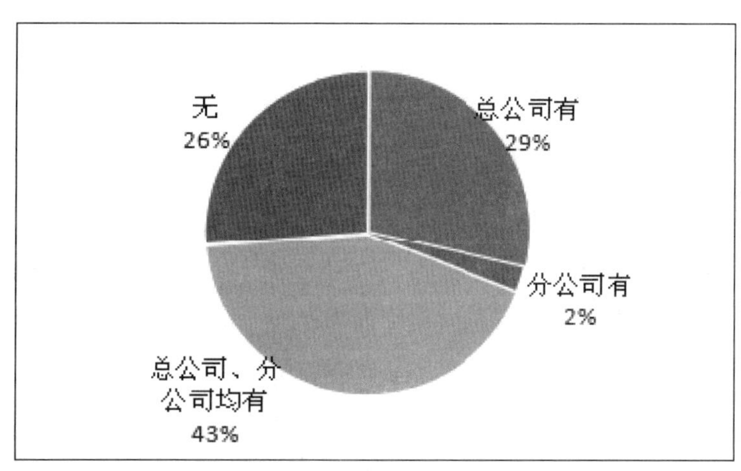

数据来源：中国棉纺织行业协会

图 1　企业 ERP 管理系统建设状况

在管控集成即在线监控系统与 ERP 系统集成方面，据调查，仅有 22%的企业能够将在线监控系统接入 ERP 管理系统，大部分企业没有进行集成。

企业之所以没有能够实现管控集成，主要存在以下原因：（1）企业缺乏资金进行管控集成建设；（2）部分企业只有 ERP 或在线监控系统，不具备管控集成条件；（3）部分企业未能充分意识到管控集成对企业的促进作用，暂时没有计划进行相应建设和投入。

（三）信息化在企业中的具体应用

为了了解信息化在企业管理及生产中的具体应用状况，中棉行协对于企业在财务、仓储、采购、销售、生产、设备、研发设计、能源、物流配送、其他等方面是否实现了信息化进行了了解，见图2。

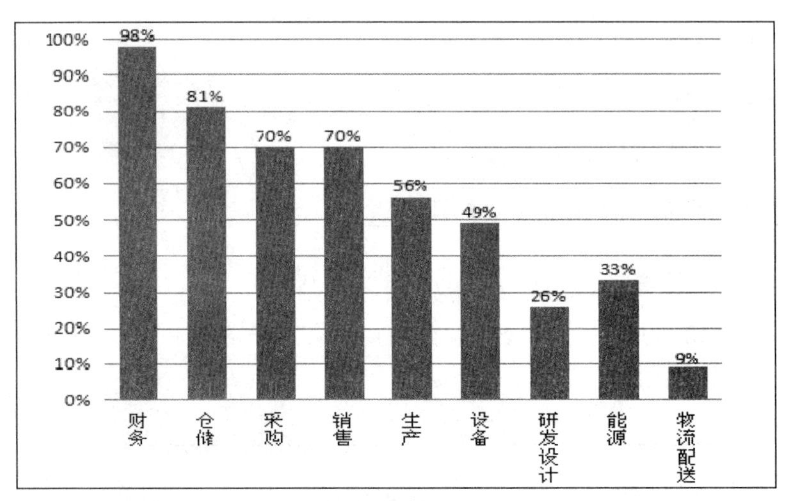

数据来源：中国棉纺织行业协会

图2　企业各方面信息化应用状况

由图2可见，企业在财务方面基本实现信息化办公，比例达98%；仓储、采购及销售方面，信息化程度较高，比例分别为81%、70%、70%；生产方面和设备方面，信息化程度一般，比例分别为56%和49%；研发设计和能源方面，信息化程度较低，比例分别为26%和33%；物流配送及其他方面，仅个别企业完成信息化，比例为9%和5%。

从数据中可以看出，财务、仓储、采购、销售等方面，企业信息化程度较高，特别是财务方面，达98%，说明企业重视财务管理同时对占用资金比重大的采购、销售也非常重视，在社会网络普及的今天，电子金融、商务业务发达，转账汇款、开具发票、税务申报等工作均可在网上完成，企业信息化应用程度较高。在仓储方面，信息化管理相对手工记录，拥有不易出错、操作简便、迅速等优势，并且实现难度较低，因此信息化应用程度也较高。

在生产、设备、能源等方面，要想实现信息化改造，必须构建完整的监控以及控制系统，更换老旧设备，需要的工程量大、投资高，难度远高于其他方面的信息化改造，企业在这些方面认识需要提高。在物流配送方面，很多业务都是由专业的物流公司在运行，企业自身在物流上介入有限，因此信息化程度不高。

（四）跨部门跨业务的信息化集成应用

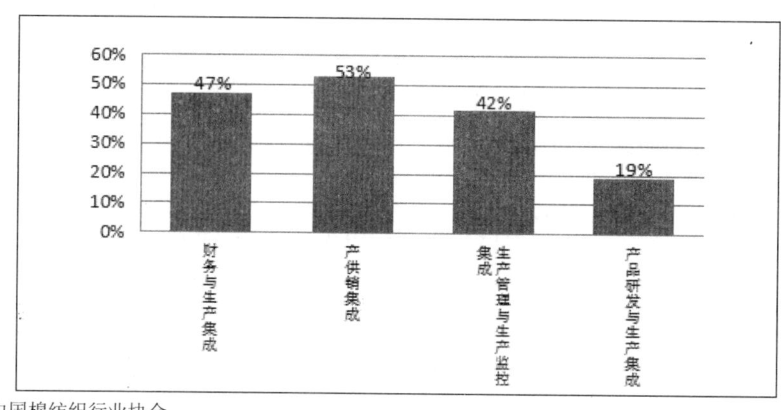

数据来源：中国棉纺织行业协会

图 3　跨部门跨业务的信息化集成应用状况

图 3 显示的是企业在跨部门跨业务的信息化集成应用状况，有 47%企业在财务与生产方面实现了信息化集成应用，产供销方面为 53%，生产管理与生产监控为 42%，产品研发与生产方面信息化集成应用程度最低，为 19%调查显示，企业在不同部门之间的信息化联合办公，跨部门、跨业务的协同合作能力还有很大的提升空间。棉纺企业作为传统制造业的代表，生产、供应、销售通常均由企业自身运行，是整个产品制造及销售的核心组成，因此企业产供销的集成应用程度最高。财务管理对整个生产企业至关重要，资金链的顺畅是企业正常生产运行的基础，企业的财务与生产集成化程度仅次于产供销集成，也能看出企业对财务与生产集成的重视程度。有关产品研发，只有有实力的企业拥有较为完整的研发体系，很多中小企业本身不具备研发能力，或企业规模虽大，但以常规产品为主，研发新产品能力欠缺，能够将产品研发与生产通过信息化集成的企业比重目前在行业内还属于较低水平。

（五）生产及管理信息化总体发展水平

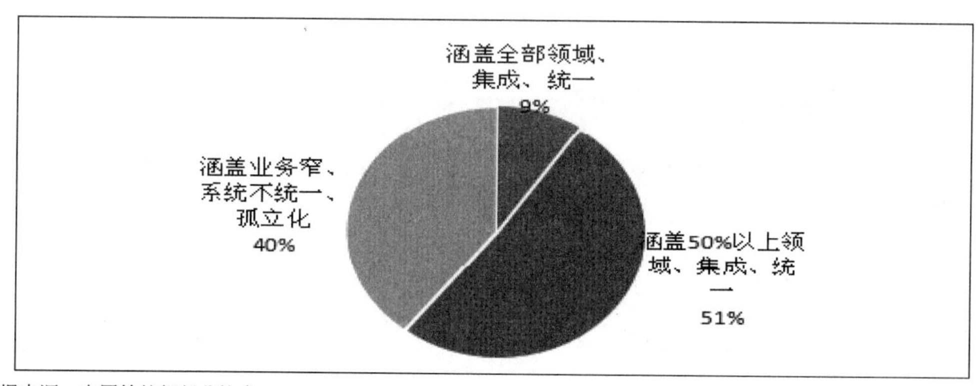

数据来源：中国棉纺织行业协会

图 4　生产及管理信息化发展水平总体评价

图 4 显示，9%的企业认为自身的生产及管理信息化发展涵盖全部领域、集成、统一；51%企业认为自身的生产及管理信息化发展涵盖 50%以上领域、集成、统一；40%企业认为自身的生产及管理信息化发展涵盖业务窄、系统不统一、孤立化。

从企业对自身的评价中可看出，不少企业在信息化应用中，部门与部门之间不连通，孤立化。跨部门、跨领域之间的协同办公，有待于建立完善的信息化管理体系来加强。

（六）信息化建设及数字化设备方面资金投入逐年上升

1、信息化资金投入状况

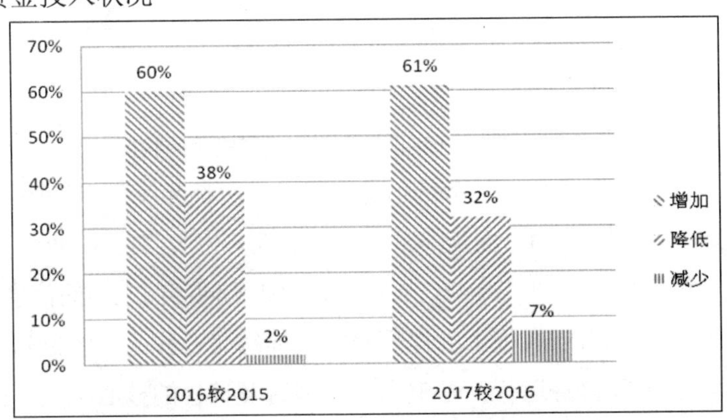

数据来源：中国棉纺织行业协会

图 5　信息化资金投入状况

图 5 显示，2016 年和 2015 年相比，60%的企业在信息化建设上的资金投入有所增加，38%的企业持平，2%的企业降低。预计 2017 年同 2016 年相比，61%的企业增加投资，32%的企业持平，7%的企业减少投资。

2、数字化设备资金投入状况

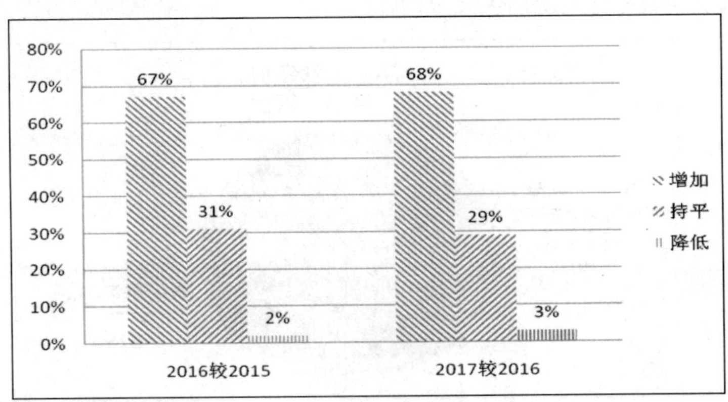

数据来源：中国棉纺织行业协会

图 6　数字化设备资金投入状况

本文中数字化设备均指可通过设备读取关键数据的设备。关于数字化设备资金投入方面，2016 年相比 2015 年，67%的企业增加投资规模，31%的企业持平，2%的企业减少投资。2017 年较 2016 年的状况，68%的企业预计增加投资，29%的企业持平，3%的企业减少投资。

从信息化建设及数字化设备方面资金投入状况来看，大多数企业投资规模呈上升趋势，可以看出，未来企业的智能制造建设状况，会稳步提升，企业对智能制造建设的重视程度在逐步提升。

三、企业数字化设备具体状况

为更好的了解企业智能制造发展水平，中棉行协对纺纱及织造企业各工序设备的数字化程度进行了调查，结果如下：

（一）纺纱企业数字化设备状况

调查的纺纱企业共 40 家，其中，清梳联设备总数 956 台；条并卷机总数 588 台；精梳机设备总数 3386 台；并条机总数 6340 台；粗纱机总数 1644 台；细纱机总数 1651 万锭；自动络筒机总数 1644 台；转杯纺设备总数 155402 头；喷气涡流纺设备总数 9496 头，数字化设备占比平均达到 77%。

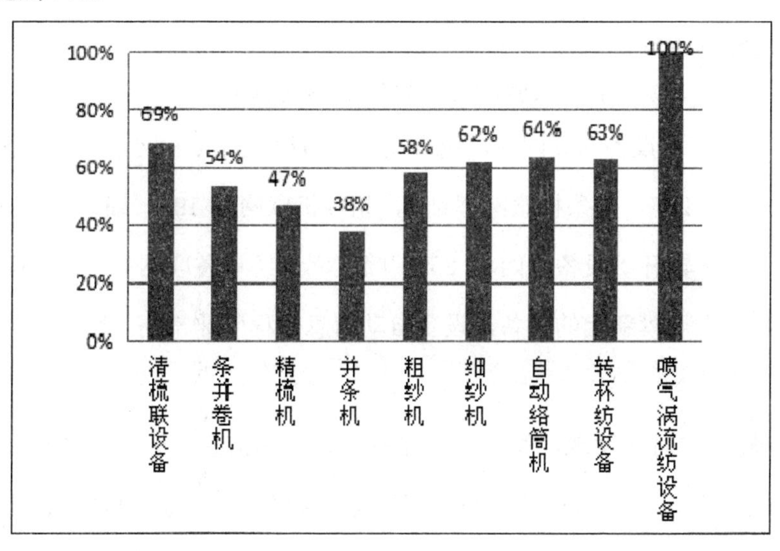

数据来源：中国棉纺织行业协会

图 7　纺纱各工序数字化设备比率

通过图 7 数据可看出，企业各个工序数字化设备占比大多在 50%以上，特别是喷气涡流纺设备，数字化占比达到 100%，但在精梳、并条等工序上，老旧设备偏多，数字化设备占比不足 50%。随着科技的快速发展，纺纱技术也在不断进步，纺纱设备更新速度加快，但由于纺纱设备价格高，更换成本大，纺织厂不可能将所有设备短时间内更换，只能分批次的进行，逐步进行数字化改造，因此，各个工序仍然存在一定的非数字化设备。喷气涡流纺作为近几年发展起来的新型纺纱方式，本身发展起点高，纺纱设备均为数字化设备。

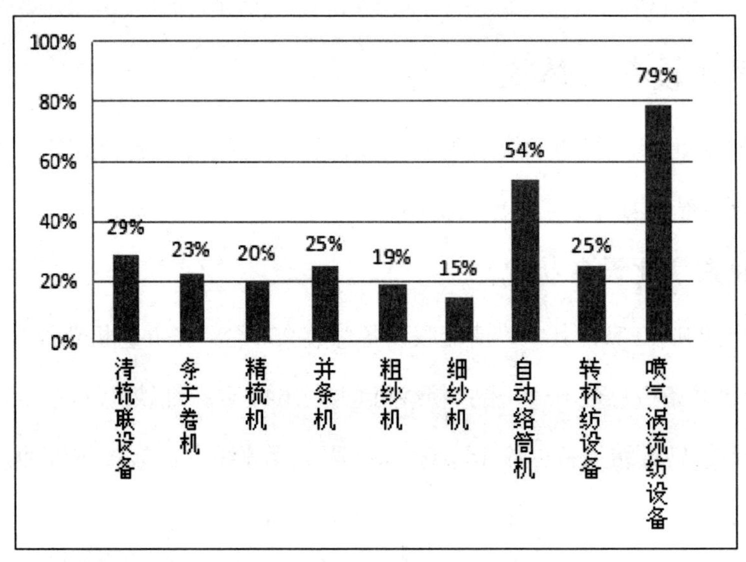

数据来源：中国棉纺织行业协会

图 8　纺纱各工序数字化设备联网率

图 8 是各工序数字化设备的联网率，调查发现，清梳联设备联网率 29%，条并卷机联网率 23%，精梳机联网率 20%，并条机联网率 25%，粗纱机联网率 19%，细纱机联网率 15%，自动络筒机联网率 54%，转杯纺设备联网率 25%，喷气涡流纺设备联网率 79%。喷气涡流纺设备是近几年才在我国大规模新上的设备，设备自动信息化程度非常高，因此也为联网提供了很好的基础条件。

通过图 7 和图 8 的对比发现，纺织企业在生产方面的信息化管理系统建设，还需要进一步提高，虽然企业淘汰了老旧设备，更换了先进的数字化设备，但是，企业并没有将数字化设备联入在线监控系统，不能实现在线管理，没有完全挖掘出数字化设备的功能。

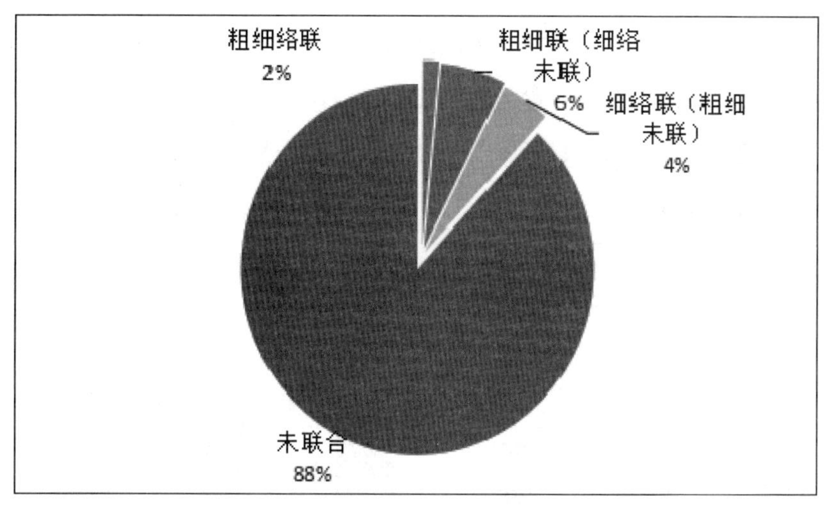

数据来源：中国棉纺织行业协会

图 9　细纱机与其他设备联合状况

本次调查还对细纱机与其他相关设备的联合状况进行调查，其中，粗细络联占 2%，粗细联（细络未联）占 6%，细络联（粗细未联）占 4%，剩余 88%细纱机未与其他设备联合。企业在以细纱为核心的工艺流程自动化联合方面，受升级资金、用电成本等影响，以及多品种的适应性方面还处于发展的初级阶段，纺织企业在细纱自动化方面的发展还有很大空间。见图 9。

（二）织造企业数字化设备状况

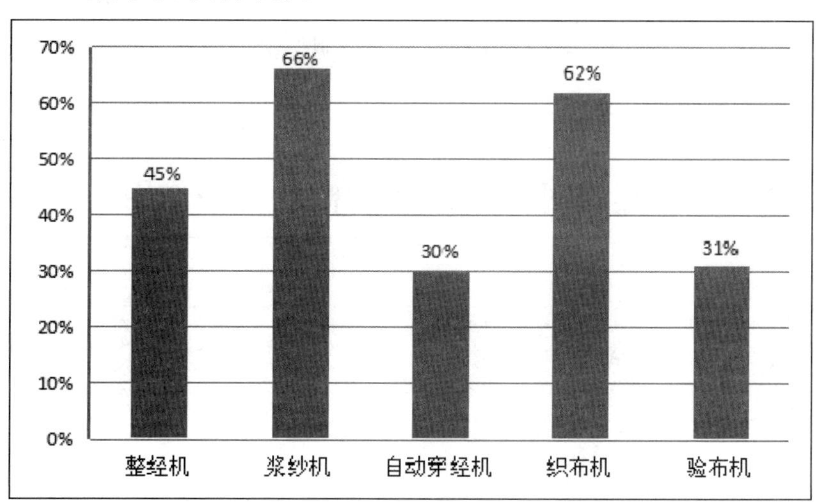

数据来源：中国棉纺织行业协会

图 10　织造各工序数字化设备比率

本次调查织造企业共 23 家，其中，整经机设备总数 251 台，数字化设备占比达到 45%；

浆纱机设备总数 131 台，数字化设备占比达到 66%；自动穿经机设备总数 92 台，数字化设备占比 30%；织布机设备总数 13117 台，数字化设备占比达到 62%；验布机设备总数 681 台，数字化设备占比达到 31%。作为核心工序的浆纱和织布流程数字化设备比重最高，也体现了企业对最关键设备的重视程度。见图 10。

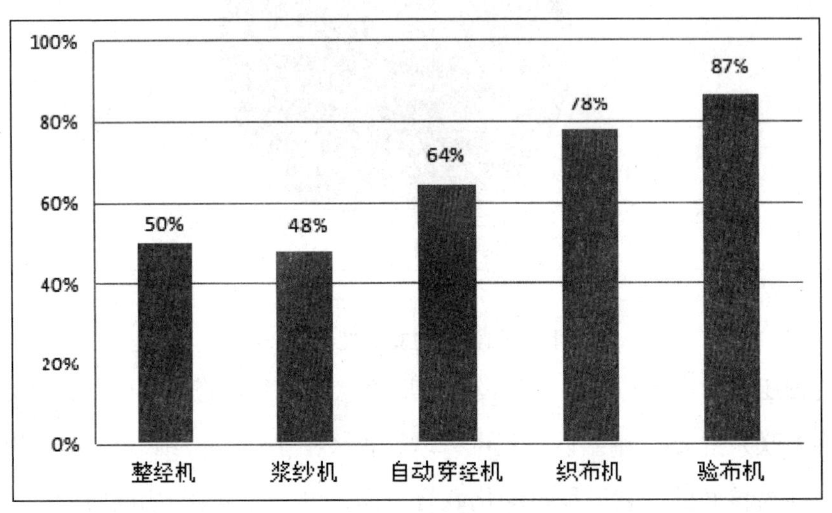

数据来源：中国棉纺织行业协会

图 11　织造企业数字化设备联网率

在数字化设备中，整经机联网率达 50%；浆纱机联网率达 48%；自动穿经机联网率达 64%；织布机联网率达 78%；验布机联网率达 87%。织造设备的数字化设备联网率状况较好，基本能达 50%以上。且越往后道，联网率越高。说明越接近成品制造工序，设备信息化水平越高，织造企业也越重视。见图 11。

四、智能制造体系建设对企业经济指标的促进作用

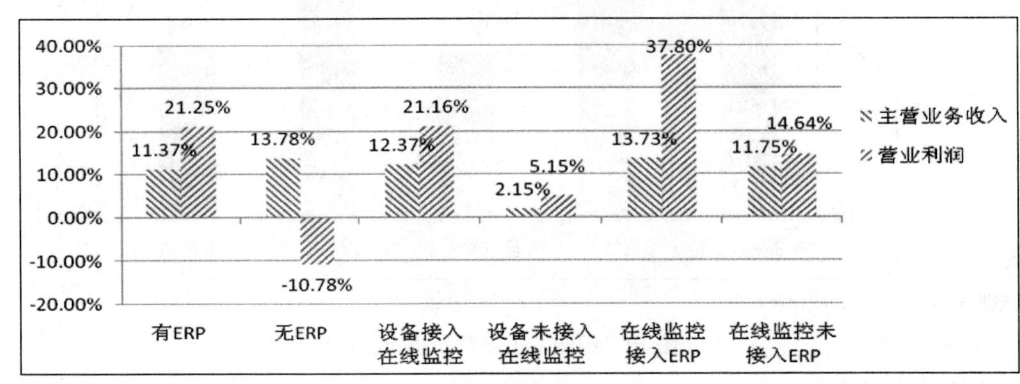

数据来源：中国棉纺织行业协会

图 12　企业 2016 年主营业务收入与营业利润同比情况

为更好地研究 ERP 管理系统和生产设备在线监控系统对企业运营的影响，本文将企业智能制造体系建设状况分类，并对 2016 年主营业务收入与营业利润同比情况进行了分析，结果如图 12 所示。

运用 ERP 管理系统、在线监控系统及管控集成的棉纺企业比没有运用的企业，营业利润同比增长情况明显，主营业务收入增幅相比变化不大，说明智能制造体系在棉纺企业的有效利用，对企业产品质量提升带来营业利润的增长，起到非常重要的作用。

从企业自身实力角度分析，建设 ERP 管理系统、在线监控系统及管控集成，需要大量的资金投入，需要数字化程度较高的设备，对中小企业有一定难度，有效利用的大多为具有一定规模、实力强大的企业，应用好这些现代化管理工具可进一步促进企业管理运营能力的提升，给企业带来可观利润和竞争力的提高。

五、总结

通过以上调查所得数据，总结如下：

（1）大企业较重视企业的智能制造建设，在 ERP 管理系统和在线监控系统方面，建设状况较好，超过 70%的企业能够拥有 ERP 管理系统，但在 ERP 和在线监控的融合方面，存在不足，大部分企业未将在线监控系统接入 ERP 管理系统。

（2）在信息化的应用方面，由于设备等投入资金及改造成本高，见效慢，企业改造积极性不高，信息化程度有待进一步加强。同时，跨部门跨业务的信息化集成应用方面，也需要提高，问题是企业领导要有认识。

（3）从信息化建设及数字化设备建设方面的投入状况来看，大部分企业的资金投入呈增加趋势。企业数字化水平稳步提高成为发展趋势。

（4）从整体看企业的数字化设备比重较高，不同工序间比重有差异，数字化设备的联网率偏低，有待企业对数字化设备的生产管理系统进行进一步开发。

（5）从企业经济指标来看，ERP 管理系统、在线监控系统及管控集成等智能制造体系建设，对企业的成本控制和利润提升，有着明显的促进作用。

（6）智能化系统目前在个别实力雄厚的企业得到应用，但由于投入资金大、现阶段投入产出比效率偏低等原因，还未在行业广泛应用，随着智能化应用未来逐步发展成熟，将在棉纺织行业得到推广。

节能减排促棉纺织行业可持续发展

和圆圆　罗蒙　郑洁雯

摘要：新型工业化道路、生态文明建设的核心要求之一是破解工业发展中的资源环境制约、维护人类的生产活动与自然的和谐，对棉纺织行业来说，节能减排与资源综合利用已成为未来一段时间内可持续发展方式的主攻方向之一。本文通过对有关宏观政策的梳理，总结棉纺织行业及主要生产的节能减排现状、标准、创新应用及相关的新技术，简要说明发展趋势等。

一、保护绿水青山 全民责无旁贷

改革开放以来，我国坚持以经济建设为中心，推动各行各业快速发展起来，但同时积累下来的生态环境问题日益显现。随着社会发展和人民生活水平不断提高，民众对干净的水、清新的空气、安全的食品、优美的环境等的要求越来越高，生态环境在群众生活幸福指数中的地位不断凸显，环境问题成为重要的民生问题之一。

（一）我国对世界的承诺和对后人的责任

早在 2013 年 9 月，习近平主席在谈到环境保护问题时就指出："我们既要绿水青山，也要金山银山。"这生动形象地表达了我们党和国家大力推进生态文明建设的鲜明态度和坚定决心。

2015 年 12 月，多国在巴黎气候变化大会上达成《巴黎协定》，承诺 2020 年后将全球气温升高幅度控制在 2℃范围之内。2016 年 9 月 3 日，中国全国人大常委会批准中国加入该协定，成为第 23 个完成批准协定的缔约方。《巴黎协定》已于 2016 年 11 月 4 日正式生效。时任联合国秘书长潘基文就此表示："曾经难以想象，现在不可阻挡。"

（二）国家与行业的节能减排方案及目标

最近五年来，在党和国家的总体规划和要求下，中国的节能减排效果取得了长足的进步，全国单位 GDP 能耗逐年下降。

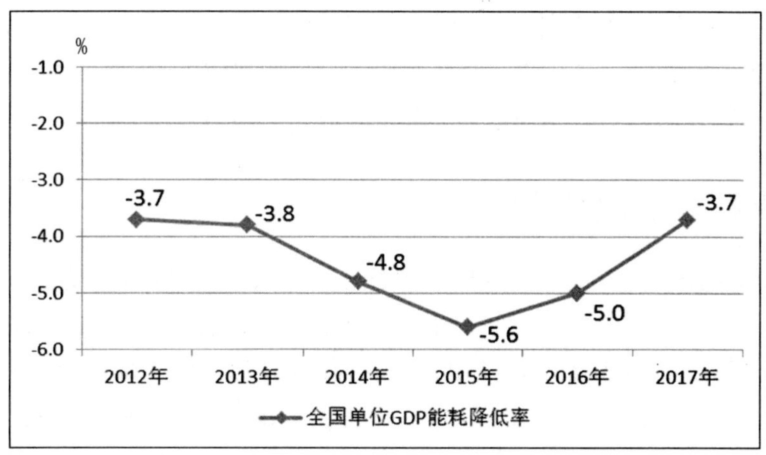

数据来源：国家统计局

图 1　全国单位 GDP 能耗降低率变化情况

2012～2016 年，全国累计节能 10.2 亿吨标准煤，占全球节能量的 80%，相当于减少排放二氧化碳 22.7 亿吨。

良好的生态环境既是百姓对美好生活的希冀，也是“十三五”时期践行绿色发展理念的目标要求。2016 年，国务院发布的《“十三五”节能减排综合工作方案》明确提出，到 2020 年，全国能源消费总量控制在 50 亿吨标准煤以内。同年内先后发布的国家及各行业“十三五”发展规划，对节能减排工作提出了具体目标和详尽的实施路线图。

表 1　2020 年主要节能减排目标降幅（相比 2015 年）

分类	中国	纺织工业	棉纺织业
单位 GDP 能耗	↓15%	↓18%	
主要污染物排放	↓≥10%	↓≥10%	
单位 GDP 取水	—	↓23%	
纱布综合能耗	—	—	↓4%

2016 年年中，《棉纺织行业“十三五”发展规划》正式对外发布，提出了坚持清洁生产和资源的综合利用，到 2020 年，可持续发展的棉纺织生产体系基本建立，纱布综合能耗下降 4%。

（三）发达国家政策之借鉴

环顾世界，许多国家，包括一些发达国家，都经历了“先污染后治理”的过程，殷鉴不远，西方传统工业化的迅猛发展在创造巨大物质财富的同时，也付出了十分沉重的生态环境代价，教训极为深刻。

因此节能减排的顶层制度设计不能或缺。如美国的环境空气质量标准、排放限制、新能源执行标准和危险空气污染物排放标准等均具有技术性强、全国和各州双重监督等特点，而《资源保护回收法》长达 466 页，具有很强的可操作性；日本对使用列入目录的 111 种节能设备实行税收减免优惠，减免额约占设备购置成本的 7%；法国通过减免税，鼓励在工业、服务、住房建筑、交通运输等领域采取用节能型设备。

二、棉纺织行业节能减排现状

节能减排水平是一个行业产业结构、增长方式、科技水平、管理能力、消费模式等多个方面的综合反映。“十三五”以来，中国棉纺织行业协会（以下简称“中棉行协”）继续密切关注棉纺织行业的节能减排情况，并针对吨纱(线）综合能耗、万米布综合能耗、工业用水总量、工业废水排放总量、水回用率等指标进行实地调研和跟踪。本文根据中棉行协统计测算的情况，对棉纺织行业节能减排现状进行简要叙述。

（一)棉纺织行业节能减排基本情况

1、棉纺织行业的能耗情况

随着我国棉纺织企业节能意识的不断增强，通过加大淘汰、更新设备及专件，缩短工艺流程，优化工艺设计，积极探索能源利用率，一定程度上降低了能源消耗，呈现的主要特点如下：

（1）纱、布综合能耗总量呈下降趋势。“十二五”期间，我国纱布生产装备水平不断提升，节能降耗越来越受到重视，棉纺织行业能耗总量下降明显；进入十三五，随着纱布市场需求提升，特别是纱线产量的小幅增长，行业能耗总量略增，但总体下降的趋势不变。根据中棉行协跟踪企业的数据估算，2017 年棉纺织全行业纱布生产综合能耗总量 2496 万吨标准煤，同比略增 0.15%，但比 2011 年大幅下降了 13%，说明七年来行业的节能降耗工作总体取得了进展（图 2）。

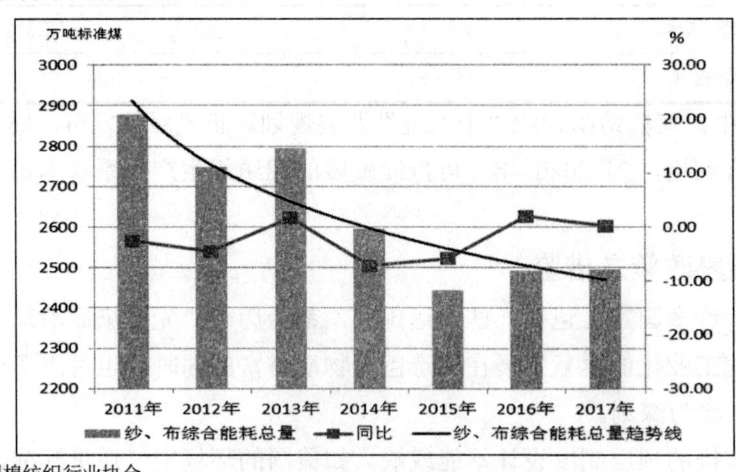

数据来源：中国棉纺织行业协会

图 2　纱、布综合能耗总量与同比变化趋势图

（2）纱、布综合能耗占全国能源消费比重呈下降趋势。据国家统计局发布的《2017年国民经济和社会发展统计公报》显示，初步核算，全国 2017 年全年能源消费总量为 44.9 亿吨标准煤。据中棉行协跟踪企业的数据推算，自 2011 年以来棉纺织行业能耗总量占全国的比重逐年下降，2017 年约占全国能源消费总量的 0.56%，见图 3，表明我国棉纺织企业在整体环境下节能降耗举措切实有效。

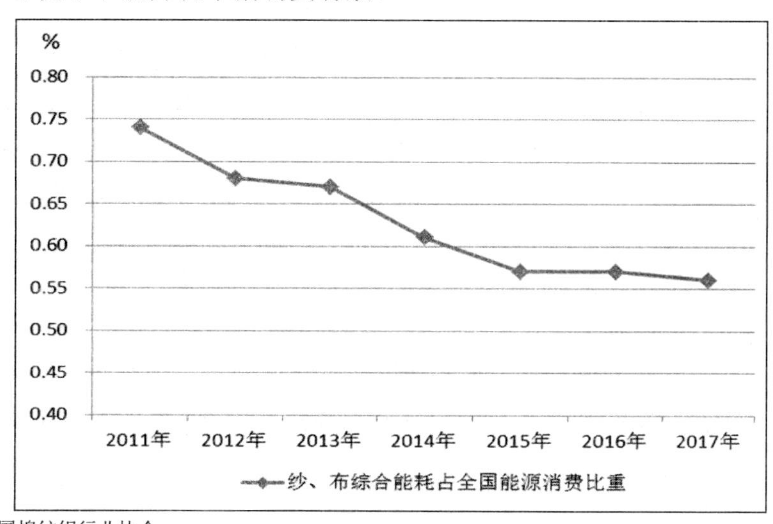

数据来源：中国棉纺织行业协会

图 3　纱、布综合能耗占全国能源消费比重变化趋势图

2、棉纺织行业的减排情况

为加强纺织工业水污染排放控制，国家行业标准也在不断收紧和完善。环境保护部和国家质量监督检验检疫总局联合修订发布的 GB4287-2012《纺织染整工业水污染物排放标准》中明确规定，自 2015 年 1 月 1 日起，现有企业水污染物中化学需氧量(CODCr)直接排放量限值由 100 降为 80，色度由 70 降为 50，棉、麻、化纤及混纺机织物基准排水量 140m^3/t，纱线基准排水量 110m^3/t，相较之前标准均有所控制。此后，环境保护部又结合纺织园区实际情况和水污染物间接排放控制的调整需求，发布了 GB4287-2012《纺织染整工业水污染物排放标准》修改单，进一步完善水污染物的排放标准。

棉纺织行业的排放物主要有废水和废气两方面。在治理方面，有以下几个特点：

（1）通过新工艺、新技术减少废水的排放。棉纺织行业排放的废水主要包括上浆工序的浆液、色织企业纱线染色的废水、织物后整理工序的废水等。这些废水含有加工过程中所用的浆料、油剂、染料、化学助剂等，均会对水体、土壤及其生态系统造成破坏。然而，我国棉纺织企业在生产过程中，对节能减排的新工艺、新技术和新设备在研发应用还存在一些问题，减排效果还有待提高。如我国对于新型浆料的研发一直在不断进步，但推广比较缓慢，完全实现“无 PVA”上浆还需要一定的时间，主要原因有：行业的绿色发展理念有待加强；产业链之间的协作不足，节能减排工作的实施需要上下游共同努力才能完成；企业内部管理需要进一步优化等。

（2）通过“煤改气”等动力设备的改造和升级减少废气产生。棉纺织行业的废气主要来自行业内成千上万台小锅炉，这些小锅炉绝大多数以煤（包括一部分原煤）为燃料，煤含有一定量的硫，在燃烧过程中排放出大量的废气、二氧化硫和烟尘，严重污染了环境。许多有条件的棉纺织企业已经有计划有步骤地进行改造和升级，但由于棉纺织行业生产利润总值相对较低，受制于资金、人力、环保意识等因素，节能减排工作的实施相对缓慢。

针对节能减排，国家有关部门已出台相关行业标准。由工业和信息化部颁布的《印染行业规范条件（2017 版）》（以下简称《规范条件》）于 2017 年 10 月 1 日起正式实施，对企业单位产品能耗和新鲜取水量做出明确规定如表 2 所示，其中的指标限值相较之前均下调 30%左右。对棉纺织行业来说，该《规范条件》主要涉及棉纺织行业的色织企业。据中棉行协跟踪企业数据，2017 年我国色织企业百米布综合能耗、吨纱取水量分别低于限定值 20.6%和 16.7%。

表 2　印染加工综合能耗及新鲜水取水量

分类	综合能耗	新鲜水取水量
棉、麻、化纤及混纺机织物	≤30 公斤标煤/百米	≤1.6 吨水/百米
纱线、针织物	≤1.1 吨标煤/吨	≤90 吨水/吨

注：1. 机织物标准品为布幅宽度 152cm、布重 10~14kg/100m 的棉染色合格产品，当产品不同时，可按标准进行换算。

2. 针织或纱线标准品为棉浅色染色产品，当产品不同时，可参照《针织印染产品取水计算办法及单耗基本定额》（FZ/T 01105-2010）进行换算。

数据来源：工业和信息化部

在当前新的环保政策不断出台的形势下，棉纺织企业未来将会面临一定的挑战，要更加注重节能降耗和污水排放，助力推动能源消费改革，抑制不合理能源消耗；同时，要坚决控制能源消耗总量，有效落实企业节能减排环保规划，把节能减排贯穿于各个生产工序和整个企业的经济发展，真正实现清洁化生产和绿色可持续发展。

（二）中棉行协跟踪节能减排情况分析

1、企业能源消耗变化趋势

企业的综合能源消耗主要包括生产系统、辅助生产系统和附属生产系统的实际用能，分用电、用汽、用水等方面。通常情况下，棉纺织企业生产成本主要包括原料成本、用电成本、用工成本等，除原料成本占总成本的70%左右外，其中用电成本占较大比重。

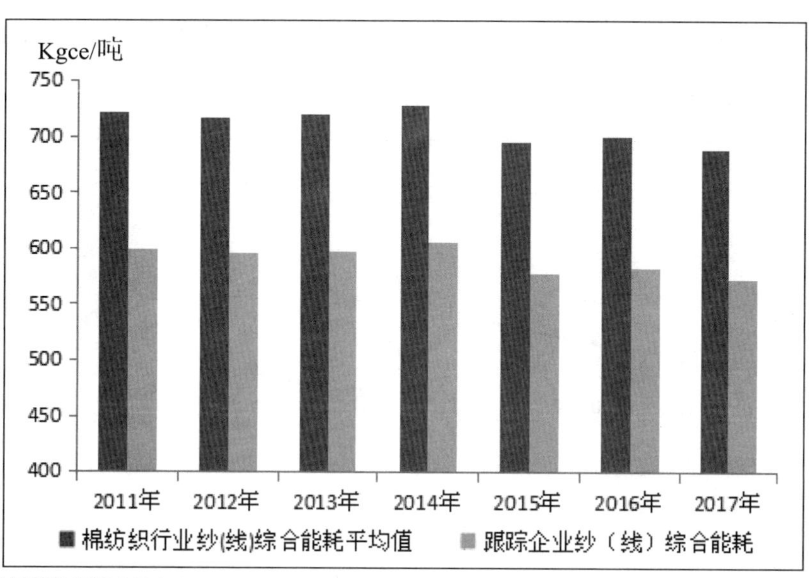

数据来源：中国棉纺织行业协会

图 4　棉纺织行业与跟踪企业的纱（线）综合能耗对比情况

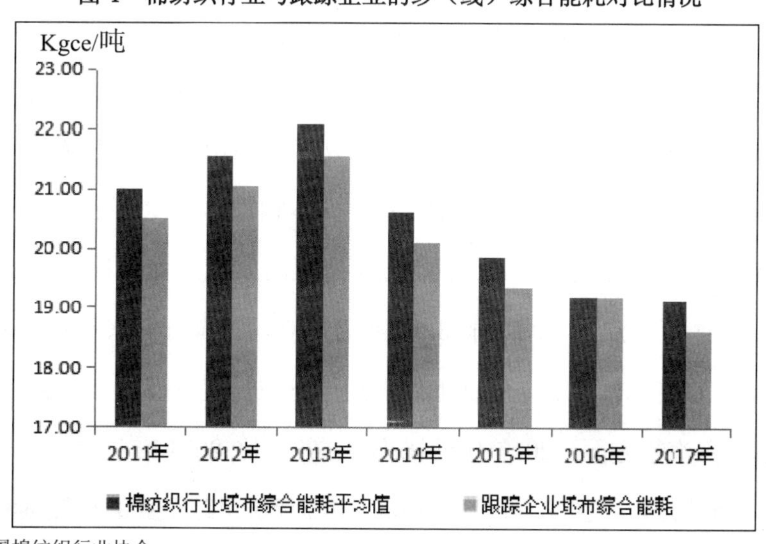

数据来源：中国棉纺织行业协会

图 5　棉纺织行业与跟踪企业的坯布综合能耗对比情况

据中棉行协跟踪企业数据显示，由图 4 和图 5 可知，跟踪企业的纱、布综合能耗与棉纺织行业的纱、布综合能耗平均值的变化趋势基本保持一致，均稳步降低，且跟踪企业的综合能耗均低于全行业的综合能耗平均值。2017 年跟踪企业的统扯吨纱（线）用电量比

2011 年减少 2.01 个百分点，年均减少 0.18 个百分点；跟踪企业的吨纱综合能耗 572 千克标准煤，比 2011 年下降 4.5%，低于行业平均值近 17%；2017 年跟踪企业的百米坯布用电量比 2011 年减少 2.9 个百分点，年均减少 1.70 个百分点；跟踪企业的百米坯布综合能耗 18.79 千克标准煤，比 2011 年下降 8.3%，低于行业平均值 1.9%。

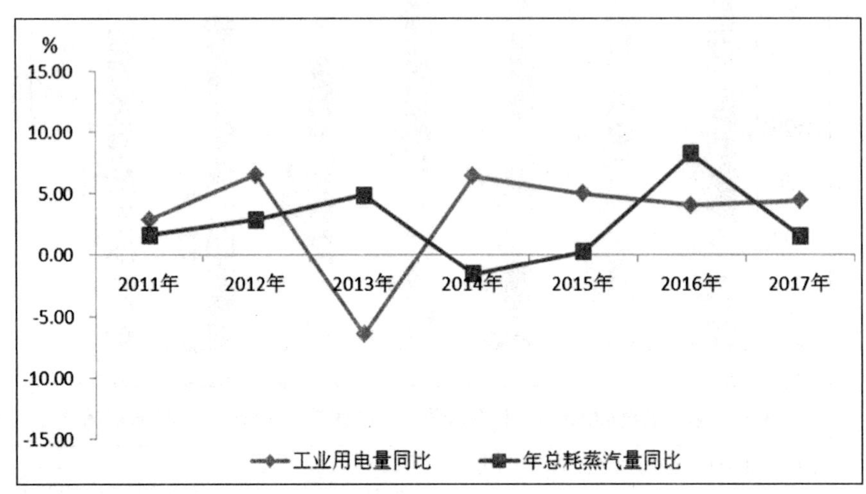

数据来源：中国棉纺织行业协会

图 6　棉纺织企业电耗和汽耗同比情况

据中棉行协跟踪数据显示，棉纺织企业工业用电量和年总耗蒸汽量不断攀升，工业用电量的增速在逐渐趋缓，而年总耗蒸汽量增速有所波动。由图 6 可以看出，企业的总用电量和耗蒸汽量均呈现上升趋势，与投资增长情况基本相符，具体情况如下：

（1）年工业用电量方面，2017 年棉纺织企业的工业用电量同比增加 4.44%，相比 2011 年上升 1.58 个百分点，年均增加 3.25 个百分点。就全行业来看，在确保完成“十三五”节能减排约束性目标情况下，行业的工业用电量在一定范围内有增加空间。

（2）年总耗蒸汽量方面，2017 年同比为 1.57%，比 2011 年下降 0.05 个百分点，年均增加 2.55 个百分点。由图 6 可见，近几年中棉行协跟踪企业的总耗蒸汽量有所波动。就全行业而言，节能减排要求日趋严格，从技术管理层面看，用蒸汽量应维持平稳或略降，若未来企业用汽量延续上升态势，则用水和用电量应下降，以维持综合能耗的平衡。

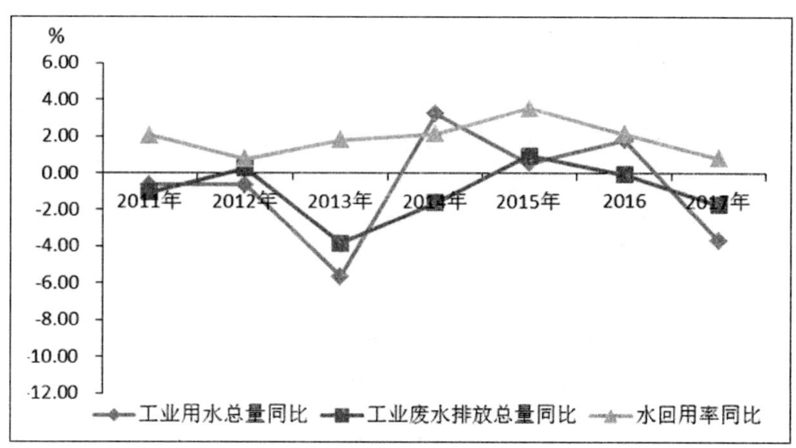

数据来源：中国棉纺织行业协会

图 7　棉纺织企业水耗同比情况

水利用和废水排放方面，由图 7 可知，2017 年棉纺织企业工业用水总量比 2011 年减少 3.03 个百分点，年均降低 0.72 个百分点，同比变化有所波动； 2017 年棉纺织企业工业废水排放总量比 2011 年减少 0.66 个百分点，年均降低 1.02 个百分点；2017 年棉纺织企业水回用率比 2011 年下降 1.26 个百分点，年均增加 1.89 个百分点，增速有所趋缓。从调研情况看，部分棉纺织企业对能源利用没有足够的重视，用水管理环节相对比较薄弱，造成水资源浪费或废水的过量排放，水回用率较低。

据有关部门统计，我国纺织企业实现三级计量管理的不到 1/3，在基础管理上偏于简单化和粗放化，生产过程中能源滴跑漏冒现象比较严重，造成能源浪费和成本增加，不利于能耗管理和减排工作的正常进行。由此可见，棉纺织企业节能减排意识有待提高，基础管理仍需优化，社会责任感尚待增强。

2、骨干企业的引领示范效应

“十三五”期间，为贯彻落实党中央、国务院有关决策部署，中国纺织工业联合会（以下简称“中纺联”）在全行业积极推广低碳节能、绿色环保和资源循环利用等三大领域的先进技术。同时，中棉行协在行业内积极组织开展了有关节能减排技术推荐活动，鼓励棉纺企业节能降耗、清洁生产、绿色发展。

自 2015 年“中国纺织工业联合会可持续纺织产品开发—卓越能效奖”单项奖的首次设立，就受到了众多棉纺织企业的高度关注和积极参与。目前，已有 60 余家棉纺织企业入围该奖项。该活动推广的卓越能效管理模式也使越来越多的企业认识到要从源头改善能耗问题，通过建立完整的能源管理体系、实施节能新技术和能源综合利用等措施，推动企业坚持走创新型节能的发展道路。

随着纺织行业节能减排关键性技术获得不断突破，节能减排理念也贯穿行业的方方面面。从近几年荣获中纺联科学技术进步奖的项目可知，有关节能减排关键技术和项目入选率较高，行业骨干企业和单位对节能减排工作非常重视，为推动行业绿色发展做出较大贡献。如“经纱泡沫上浆关键技术研发及产业化应用”荣获 2015 年中纺联科学技术一等奖，该项目可显著降低浆料用料和蒸汽能耗。“泡沫整理技术的工业化应用研究” 荣获2016年中纺联科学技术奖，该技术可实现节能 35%左右。相关企业研发的“常温调浆和常温上浆技术”，该技术适用性强，可完全取代 PVA 浆料，节约蒸汽 40%左右。还有“半糊化节能环保上浆及浆料制造新技术”，其最大亮点为“中温调浆、常温上浆、节能减排”。

此外，为了鼓励和引导棉纺织企业积极在节能减排中的工作和贡献，提升企业领导节能减排意识，在中棉行协每年一度的中国棉纺织行业竞争力百强企业排名活动中，节能减排指标值在排名模型中的占比也不断提高。

3、产业结构调整，促进行业节能减排

当前，随着东南亚国家、国内新疆纺织服装产业的加速发展，其常规纱线产品在国内纱线市场竞争优势逐步增加。为了规避常规产品的竞争，企业正在加快产品结构调整的步伐，降低纯棉类产品占比，增加非棉纤维原料配比，同时致力于产品研发和创新，提高产品附加值，扩大生产差别化、多功能、生态环保型产品，加强企业管理，有效降低能源的损失与浪费；在装备及配件应用的节能减排方面，不断进行技术改革和设备转型升级，推动智能制造和绿色制造进程，组织“创效降本、节能降耗”活动，鼓励员工积极参与节能减排工作，提高企业经济效益，逐步实现绿色发展。

三、棉纺织行业节能减排工作不断推进

自 2013 年以来，中棉行协开展 “节能减排技术与应用”项目征集等系列活动。促使棉纺织行业开展节能减排工作，强化行业节能减排意识、降低生产成本，提升社会责任感，实现快速、稳定、可持续发展。

活动收录棉纺织行业节能减排、清洁生产、资源循环利用等工艺路线成熟、实用性强的技术与应用。发布《中国棉纺织行业节能减排技术暨创新应用目录》“节能减排创新型棉纺织企业”，并在行业内推介与推广。目录包含了近 200 项节能减排技术与应用，涉及纺纱、织造、染色及后整理工序中的节能、节水、污水处理及回用、信息化管控等方面。这些技术及企业的发布，对棉纺织行业的节能减排工作起到了引领、示范作用。

（一）节能减排创新型棉纺织企业

截至 2017 年年底，中棉行协命名了 19 家“节能减排创新型棉纺织企业”，这些棉纺织企业的节能减排工作，体现了我国现阶段棉纺织行业的发展理念及节能减排发展趋势。入围企业的节能减排工作涵盖了能源系统优化升级、余热回用、智能化生产、设备专件改造升级、节电节能应用等方面。

表 3　应用节能创新技术成果一览表

技术	经济效益（年节约资金）	社会、环境效益	项目占比
能源系统优化	2.5～8.5 万元/万锭 110 [illegible]	[illegible] 4%-30%	17.4%
余热回收技术	56.9 万元/万锭	热回收率达 100%	11.9%
在线监测技术	12.7 万元/万锭	节能效果 4%以上	18.8%
设备专件改造技术	3.6 万元/万锭 15.6 万元/百台织机	综合节能约 30%	23.8%
节能电机改造技术	1.67 万元/万锭	节能效率约为 15%～40%	17.5%
节电技术	200 元/支	节电效率约 70%	10.6%

数据来源：中国棉纺织行业协会

节能技术的创新应用主要包括：能源系统优化、余热回用、在线监测系统、设备专件的改造、节能电机改造、节电节能应用等方面的技术创新应用，其在棉纺织企业的应用跟据不同技术类型具有不同的节能效益，具体节能效果见表 3。

能源系统优化主要通过煤改气、空压系统等方面的改造；余热回用技术主要是采用热交换，回收空压机的余热用于辅助设备、生活等方面；在线监测系统技术主要通过纺织生产过程信息化，对现场设备在线监测获取基础数据，实现生产过程精细化管理，提高生产率与信息化水平、降低用工成本；设备专件的改造技术主要是根据生产条件，优化设备、系统或工艺条件以达节约能源的效果。包括废边纱改造、全自动管理机的研发与应用、自络机的气捻改水捻、提花机磁铁组件检测装置的设计与应用等；节能电机改造技术主要采用高效节能的永磁螺杆式压缩机组代替低效高能耗螺杆式压缩机组，或者进行电机变频改造；节电节能应用主要包括节能灯和节能风机等设备的使用，LED 照明改造主要是采用新型 LED 灯代替白炽灯、荧光灯。

（二）推荐节能减排先进技术

截至 2017 年年底，中棉行协先后发布了五批“中国棉纺织行业节能减排技术暨创新应用目录”，近 200 余项节能减排技术入围“目录”的推荐技术。包括纺织生产过程自动化设备的投入及设备专件研发升级、节电设备的研发等。这些技术与设备的研发解放劳动力，提高生产效率、提高产品质量，是当前纺织企业设备升级的主要方向之一，具有良好的发展前景。

表 4　节能减排推荐技术简介表

技术类型	技术名称	投资回收期	技术特点
纺织自动化技术（占比 16.7%）	自动落纱小车技术	约 2.5 年	节约用工 60%，落纱系统与纺纱系统独立工作，一台小车可用于多台细纱机
	粗细联全自动粗纱技术	2~4 年	全程在线监测，信息物流全程控制，多品种识别智能纱库
	智能穿经技术	3~4 年	性价比高，每分钟 140 根左右的速度同时穿入停经片、综丝及钢筘
纺织设备专件研发升级技术（占比 27.8%）	高效节能精梳技术	3~4 年	生产速度高、适纺纤维长度范围广。短绒及棉结排除率 70%
	高速锭子节能技术	<1 年	稳定性高、噪音小、寿命长，集体落纱留头率高、断头率低
	节能丝光、退浆、精炼技术	约 1 年	低水耗、短流程、低液位、高交换率，智能操作，自动配碱及注料
纺织生产节电节能技术（占比 11.1%）	LED 节电技术	<1 年	采用高效反光装置，提高灯具效率，降低能耗
	节能风机技术	<1 年	高效、大风量、低噪，提能效、防失速和降低噪声等方面均有突破

注：加下划线的为估算值

数据来源：中国棉纺织行业协会

节能减排推荐技术主要包括纺织生产自动化技术、纺织设备专件研发升级、纺织生产节电节能等技术类型。纺织生产自动化技术主要通过提高设备的自动化程度，解放劳动力、有效减少用工、降低生产成本；纺织设备专件研发主要通过减少设备损耗，提高设备生产率达到节能效果；节电节能技术主要通过应用节电设备降低用电成本，达到节能效果。

以上应用与技术的可行性强、适用范围广、节能效果显著，完全符合节能减排要求，并实现了先进技术与常规技术的有机结合。为扩大先进实用的节能减排技术在棉纺织行业内的应用范围，中棉行协将继续开展此项活动。

四、棉纺织行业节能减排的发展趋势及建议

（一）发展趋势及建议

1. 加大节能减排的政策支持力度

向政府有关部门积极呼吁、争取棉纺织行业节能减排政策。促进棉纺织行业节能减排的财税奖惩机制，实行税率与纺织企业节能减排挂钩政策，对生产同类产品的低能耗、低排放企业实行税收抵扣政策。加大对棉纺织企业节能减排项目的信贷支持。优先做好符合节能减排条件的企业和节能减排领域企业的上市培育工作。加强对棉纺织工业节能减排技术改造项目的政策扶持，落实节能减排投资项目税收减免优惠政策。

2. 建立健全节能减排标准体系

制定和实施主要棉纺织产品的能耗限额标准，逐步提高、定期修订行业能效和污染排放标准，切实推进行业能效对标达标。建立废旧纺织品分类处理和纺机绿色再制造标准体系，推进资源再利用。开展棉纺织产品“碳足迹”研究工作，制定和实施棉纺织行业低碳企业评价标准体系。

3. 加大对设备改造和技术推广力度

实施棉纺织行业节能减排技术改造工程，推广普及节能减排技术，对生产设备进行综合节能减排改造。在行业内树立企业节能减排标杆形象，增强企业环保意识，带动集群、区域及整个行业积极参与设备改造和升级，推动棉纺织企业加快产业转型。

4. 充分发挥中棉行协在节能减排中的作用

充分发挥行业协会在节能减排标准制定和贯彻过程中的积极作用。在行业内开展节能减排技术与项目推荐工作。定期组织行业节能减排和清洁生产等方面的教育培训工作。加强与专业化节能服务公司以合同能源管理、节能设备租赁、节能项目融资担保公司合作，为棉纺织企业提供专业性强、可行性高的节能减排技术咨询与服务。

（二）大力倡导行业节能减排 践行社会责任

近年来，中棉行协通过推介推广节能减排技术与项目等各种措施，从行业能耗、减排、产业结构调整、管理体系等方面，增强棉纺织行业企业的节能减排意识，促进企业进行节能减排新工艺、新技术以及新设备的研发与应用，推动企业建立健全能源管理体系，走创新型节能的道路，实现清洁生产、绿色发展。

企业通过产业结构调整提高产品附加值，加强企业管理降低能源的损失与浪费，进行技术改造与设备转型升级提高生产效率，降低生产成本。棉纺织行业的纱布综合能耗稳步降低，均处于限值条件内。工业用水、用电总量逐年减小。工业废水排放总量与水回用率增速有所降低。企业正加强对能源利用的重视及用水环节的管理，避免能源与废水的过量排放，逐步提升水回用率。各项节能减排工作已逐步展开。

节能减排、绿色发展是《中国制造 2025》指导思想的核心内容之一，是推动我国经济可持续发展的重要引擎。全面推行节能减排工作不仅对缓解当前资源与环境瓶颈约束，降低生产成本、提高生产效率具有现实作用，而且对加快转变经济发展方式、推动工业升级转型、提升制造业国际竞争力具有深远意义。棉纺织作为纺织产业的基础性行业，应大力倡导节能减排工作，把生态文明建设融入棉纺织产业链中，促进棉纺织产业可持续发展，进而实现企业发展和履行社会责任的双重目标。

棉纺织上市公司竞争力分析

刘春芳　冷景钢

摘要：棉纺织上市公司是棉纺行业的重要企业，其经营情况在一定程度上反映了优势企业的运行状况，经营战略和未来的发展方向一定程度上代表了行业发展趋势。本文结合部分棉纺织上市公司的运行情况，以年报数据为依据，分析公司经营特点。

随着供给侧结构性改革的实质推进，我国迈出了由制造大国向制造强国转变的步伐。棉纺织上市公司积极响应国家战略号召，挖掘新动能，激发企业内生动力，在增强自主研发能力、调整产业结构等方面勇于尝试并取得成功，综合实力得到增强，在竞争激烈的市场环境中得以生存和发展。

一、总体情况

当前，我国纺织行业进入深度调整的转型期，各棉纺上市公司结合自身情况制定并实施发展战略，通过积极调整产业布局、推行转型升级、开拓业务范围等方法增强企业实力并进一步开发市场，从经营数据来看，取得了较为理想的效果。

本文根据沪、深、港三市以棉纺织产业为主业的十二家上市公司（以下简称棉纺织上市公司，不含新三板上市公司，涉及 A 股 8 户，港股 4 户）统计，截至 2017 年最后一个交易日，十二家棉纺织上市公司总市值达到 794.06 亿元，其中华孚时尚以 135.63 亿元居第一，常山北明紧随其后，市值 131.24 亿元，第三名天虹纺织市值 92.78 亿元。

（一）经营稳定向好，营业收入平稳提升

近年来，十二家棉纺织上市公司经营稳定向好，营业收入平稳提升，净利润保持平稳。2015~2017 年，十二家棉纺上市公司营业收入合计分别达到 647.02 亿元，769.01 亿元和 887.94 亿元，归母净利润由 2015 年的 40.15 亿元增长到 2017 年的 52.76 亿元，见表 1。通过各家公司年报披露信息可以看到棉纺织上市公司加强以市场需求为导向研发生

产高附加值产品，同时延伸产业链，升级生产设备，提高产量、缩短交期。种种拓渠道、增实力的经营策略已见成效，但由于生产要素成本维持高位，安全、环保标准不断提高，企业盈利面对较大阻力。

表 1　12 家棉纺织上市公司营业收入合计及归母净利润合计

项目	2015 年	2016 年	2017 年
12 家棉纺织上市公司营业收入合计（亿元）	647.02	769.01	887.94
12 家棉纺织上市公司归母净利润合计（亿元）	40.15	55.42	52.76

数据来源：上市公司年报（下同）

分公司来看，十家棉纺上市公司营业收入连续三年上升，五家公司营业收入年增速保持在 10%以上，其中天虹纺织、新野纺织、华孚时尚营业收入增长较快，见表 2。

表 2　12 家棉纺织上市公司营业收入情况

上市公司名称	2015 年（亿元）	2016 年（亿元）	2017 年（亿元）
华茂股份	19.30	19.66	23.43
中国织材控股	13.03	14.36	15.83
天虹纺织	105.75	136.48	163.06
星宏传媒（原银仕来控股）	6.54	4.99	4.89
常山北明	89.02	109.74	112.54
魏桥纺织	124.98	141.75	163.73
新野纺织	30.47	40.85	51.95
黑牡丹	43.23	60.80	62.89
鲁泰 A	61.73	59.90	64.09
联发股份	34.77	37.39	40.04
百隆东方	50.16	54.72	59.52
华孚时尚	68.04	88.37	125.97
合计	647.02	769.01	887.94

注：按年报披露时间排序（下同）

六家公司净利润连续三年上升，见表 3，其中华孚时尚净利润增长较快。6 家公司中，新野纺织、鲁泰 A、华孚时尚为单主营业务，华茂股份、常山北明、黑牡丹由双主业或三主业组成，共同推动公司发展。

表 3　12 家棉纺上市公司净利润情况

上市公司名称	2015 年（亿元）	2016 年（亿元）	2017 年（亿元）
华茂股份	0.81	0.99	1.04
中国织材控股	0.15	0.14	0.50
天虹纺织	5.89	12.01	11.75
星宏传媒	0.07	0.25	-0.81
常山北明	2.49	3.49	3.55
魏桥纺织	9.79	9.93	5.22
新野纺织	1.17	2.07	2.92
黑牡丹	2.71	3.71	4.93
鲁泰 A	7.12	8.05	8.41
联发股份	2.94	3.94	3.60
百隆东方	3.65	6.05	4.88
华孚时尚	3.36	4.79	6.77
合计	40.15	55.42	52.76

纺织业务方面，九家棉纺织上市公司的纺织业务稳定向好，收入连年上升。受生产成本上涨等影响，各家公司毛利润增减不一，其中华茂股份、新野纺织、百隆东方、华孚时尚毛利润保持连续三年增长，见表 4。

表 4　12 家棉纺织上市公司纺织业务收入及毛利润

上市公司名称	纺织业务收入（亿元）			纺织业务毛利润（亿元）		
	2015 年	2016 年	2017 年	2015 年	2016 年	2017 年
华茂股份	18.46	18.8	22.42	1.37	1.53	2.31
中国织材控股	13.03	14.36	15.83	1.06	1.56	1.42
天虹纺织	105.75	136.48	163.06	19.1	26.45	24.39
星宏传媒	6.47	3.79	4.12	0.99	0.69	0.55
常山北明	67.59	73.14	72.43	1.21	1.46	0.35
魏桥纺织	97.65	100.87	107.37	5.58	3.4	3.46
新野纺织	30.47	40.85	51.95	4.9	7.18	8.97
黑牡丹	12.40	14.25	25.03	2.2	2.28	2.21
鲁泰 A	56.67	55.59	59.07	16.75	18.46	18.17
联发股份	28.1	31.51	31.82	6.73	10.28	6.99
百隆东方	47.96	52.34	56.51	9.06	9.18	9.84
华孚时尚	66.54	86.59	124.24	7.94	8.69	12.51
合计	551.09	628.57	733.85	76.89	91.16	91.17

（二）投资热度不减，固定资产增长率稳步增长

近年来，棉纺织上市公司积极响应国家号召，加快转型升级和产业转移步伐，固定资产投资金额稳步增长，见表 5。结合年报分析，资金主要用于扩大产能及更新生产设备，进一步扩大公司规模，在成本凹地、政策高地寻求发展机遇，不断提高生产智能化、信息化程度。

表5　A股8家棉纺织上市公司固定资产投资情况

上市公司名称	2015年（亿元）	2016年（亿元）	2017年（亿元）
华茂股份	0.43	1.16	2.16
常山北明	3.10	1.92	3.89
新野纺织	1.67	4.97	6.56
黑牡丹	0.27	6.73	0.58
鲁泰A	3.42	7.37	6.94
联发股份	3.38	2.63	1.24
百隆东方	7.81	3.67	5.27
华孚时尚	3.29	4.78	15.66
合计	19.84	30.15	36.25

注：港股固定资产相关数据不详尽，故剔除此项计算

与全国固定资产投资增速相比，八家棉纺织上市公司固定资产投资增速波动较大，见表 6。由于 2014 年行业两极分化明显，八家棉纺织上市公司加快投资，基数较大，致2015年投资增速下降明显。

表6　全国及A股8家棉纺织上市公司固定资产投资增速对比

项目	2015年	2016年	2017年
全国	10.00%	8.10%	7.20%
A股8家棉纺织上市公司	-37.46%	42.19%	27.29%

注：港股固定资产相关数据不详尽，故剔除此项计算

数据来源：国家统计局、上市公司年报

自 2015 年以来，棉纺织上市公司积极响应国家供给侧结构性改革，持续推进产业及产品结构调整。棉纺织上市公司不断升级生产设备、加强两化融合、增强研发实力、优化产业布局，进一步减员提效、降本增利。如魏桥纺织已经投产的智能化紧密纺工厂，设备水平处于世界领先水平，万锭用工十人以内，能够大大降低人工成本。

同时，棉纺织上市公司紧抓“一带一路”发展机遇，12 家公司中华茂股份、天虹纺织、新野纺织、鲁泰 A、联发股份和华孚时尚均在新疆投资建设生产基地；天虹纺织、鲁泰 A、联发股份、百隆东方和华孚时尚还将产业版图延伸至国外，在越南、缅甸、柬埔寨等国家进行绿地投资，充分发挥产能、技术等优势，延长产业链，优化产业布局，增强公司实力。据年报披露，黑牡丹也将加快产业转移项目的立项调研，争取早日实现产业国际化。

二、个体情况

（一）A 股棉纺上市公司

1、华茂股份

华茂股份专注于纺织业务，公司产品主要包括纱线系列产品、坯布面料系列产品、色织面料系列产品和功能性产业用布等。立足于高端市场的华茂股份拥有“乘风”牌、“银波”牌等著名品牌产品，附加值较高，主要供应国内外知名服装品牌。

经营纺织业务的同时，华茂股份还在经营投资业务，谋求资本收益。根据做优做强“实业资本”和“金融资本”的发展战略理念，公司合理布局金融资本，随着投资理念和手段的不断完善，投资收益近年来保持在 2 亿元以上，见表 7。华茂股份通过多笔投资分红、出售证券回笼资金，为实体运营提供有力支撑。

表 7　华茂股份 2015～2017 年投资收益情况

项目	单位	2015 年	2016 年	2017 年
投资收益	亿元	2.75	2.87	2.24

2. 常山北明

2014 年 6 月，常山北明正式启动收购北明软件公司的项目，由此公司的整体战略布局发生改变。2017 年 10 月 27 日起，常山股份正式更名为常山北明，这标志着常山已经由纺织单主业变为纺织和软件双主业格局。

常山北明调整战略布局的同时继续深耕纺织业，走“专业化、精细化、特色化、新颖化和高附加值”道路，重视研发生产功能化、差异化产品。据年报披露，常山北明研发投入金额连年上升，研发投入占营业收入比重持续加大，见表 8。

表8 常山北明2015～2017年研发投入情况

项目	单位	2015年	2016年	2017年
研发投入金额	亿元	0.63	1.84	2.04
研发投入占营业收入比例	亿元	0.71%	1.68%	1.81%

3、新野纺织

在国家“一带一路”倡议的带动下，新野纺织在新疆投资20多亿元，整合了新疆的棉花收购、棉花加工、纺纱产业链。2017年底，公司产能已达到170余万锭，持续增加的产能为公司扩大销售提供支持，近年来，新野纺织营业收入大幅增加，见表9。

表9 新野纺织2015~2017年营业收入情况

项目	单位	2015年	2016年	2017年
营业收入	亿元	30.47	40.85	51.95

数据来源：上市公司年报

新野纺织开展多个校企合作、企业间协作项目，推进产品开发与应用，优化产品结构，尽量避开同质化竞争，以定制化生产模式打造个性化产品，满足客户的不同需求，增强不可替代性，抢占市场份额。

4、黑牡丹

黑牡丹积极响应国家供给侧结构性改革号召，不断调整产业结构，2017年年底，黑牡丹主营业务有纺织业务、房地产和产业投资，业务收入分别占比1/3左右。

纺织业务方面，为了进一步开发市场，黑牡丹产品不断推陈出新、加大营销力度，纺织业务收入有较大增长，见表10。

表10 黑牡丹2015~2017年纺织业务收入及毛利润情况

项目	单位	2015年	2016年	2017年
纺织业务收入	亿元	12.40	14.25	25.03
纺织业务毛利润	亿元	2.20	2.28	2.21

作为我国较早生产牛仔布的企业，黑牡丹持有的“黑牡丹”商标产品享誉国内外。未来，黑牡丹将着手于延伸产业链及调整产业布局，输出品牌，输出管理，以“三品”战略为抓手，加速转型升级，提升核心竞争力。

5、鲁泰A

近年来，鲁泰纺织不断完善和延伸产业链，致力于将企业打造成具有综合垂直生产能力的纺织服装企业。公司主要生产销售附加值更高的中高端产品，这一生产经营策略使鲁泰在消费需求疲软、生产要素成本居高不下等不利因素的影响下，净利润能够平稳上升，见表 11。

表 11　鲁泰 A 2015~2017 年归母净利润情况

项目	单位	2015 年	2016 年	2017 年
归母净利润	亿元	7.12	8.05	8.41

为了高效整合优化生产研发资源，鲁泰积极布局国内国外。在新疆布局优质棉基地，在柬埔寨、越南等国设立生产基地，在米兰、意大利等国设立设计机构和市场服务机构。不断研究及应用新技术、新材料，增强内生动力，巩固国际领先地位。

6、联发股份

联发股份是一家拥有轧花、纺纱、染色、织造、整理、针织、家纺、印染、制衣全产业链的大型纺织企业。近年来联发股份加强转型升级、积极布局产业转移，为企业发展培育新动能，营业收入稳步提升，见表 12。

表 12　联发股份 2015~2017 年营业收入及归母净利润

项目	单位	2015 年	2016 年	2017 年
营业收入	亿元	34.77	37.39	40.04
归母净利润	亿元	2.94	3.94	3.60

2016 年，联发股份与埃塞俄比亚政府签署了投资意向性协议，计划在埃塞俄比亚建设纺纱、印染布、色织布、成衣于一体的纺织产业链，将充分利用“一带一路”沿线国家优惠政策、关税优势、生产要素优势等，增强产品的价格竞争力。

7、百隆东方

百隆东方专注色纺纱的生产。营业收入平稳增长，而净利润增速不一，见表 13。根据市场需求及为生产成本考虑，自 2013 年起，百隆东方在越南陆续投资 7 亿美元建设色纺纱生产基地。截至目前，越南百隆 A 区已形成 50 万锭产能，越南百隆 B 区 50 万锭项目也已开工建设。2017 年，越南百隆营业收入达到 20.74 亿元，净利润 2.51 亿元。

表 13　百隆东方 2015~2017 年营业收入及净利润

项目	单位	2015 年	2016 年	2017 年
营业收入	亿元	50.16	54.72	59.52
净利润	亿元	3.65	6.05	4.88

百隆东方秉承“技术创新是不可复制的核心竞争力”的理念，立足市场，不断研发新品，提高新产品占比；走高附加值低污染，走绿色发展道路；同时推进产业转移，升级生产设备以控制生产成本、提升产品质量，多维度发力，助力公司成为“全球色纺行业主导者”。

8、华孚时尚

2017 年 10 月 12 日，华孚色纺正式更名为华孚时尚。华孚时尚一直努力将公司打造为一个潮流先驱者而不仅是制造商。近年来其与国际知名趋势机构合作，提前发布下一季流行色咭，寄希望能够影响流行趋势及时装设计。

华孚时尚实行网链战略，致力于发展柔性供应链，通过价值服务，逐步实现产业转型升级。到 2017 年年底，华孚时尚共经营管理 12 家棉业公司及 4 家贸易公司，发展配棉及供应链金融等延伸服务。

华孚时尚每年在研发方面投入的费用超过亿元，研发投入增速超过 30%，见表 14。华孚时尚不仅提供色纺纱产品，还提供流行趋势、技术咨询等增值服务，将产品与服务有机结合，希望能够以此增强客户对公司的依赖性。

表 14　华孚时尚 2015~2017 年研发费用情况

项目	单位	2015 年	2016 年	2017 年
研发费用	亿元	1.04	1.40	2.05

随着技术创新和产品研发的进一步推进和国际、国内高端需求的日益增加，可以预见华孚时尚将在色纺纱领域有更大的发展。

（二）港股棉纺上市公司

1、中国织材控股

中国织材控股主要从事纱线产品及相关原材料的生产和贸易，旗下生产企业有江西金源纺织有限公司、江西华春色纺科技发展有限公司和江西鑫源特种纤维有限公司（简称江西鑫源），生产范围涉及棉纱、棉混纺纱、涤纶纱等。中国织材控股近年经营情况稳定，纺织业务收入稳步提高，见表 15。

表 15　中国织材控股 2015~2017 年纺织业务收入及毛利润情况

项目	单位	2015 年	2016 年	2017 年
纺织业务收入	亿元	13.03	14.36	15.83
纺织业务毛利润	亿元	1.06	1.56	1.42

中国织材控股在保证原有业务正常运营的基础上，成立生产销售涤纶短纤的江西鑫源，向行业上游进行垂直整合。受益于生产范围较广，产品组合更多元化的中国织材控股未来将继续开发新产品、新组合，全力拓展市场。

2、天虹纺织

近年来，天虹纺织业务收入大幅增加，收入增加主要得益于公司产能、产量增量明显。由于新疆及越南的新纺纱厂陆续投产，至 2016 年年底基本上达到高效率运转状态，主营业务收入持续增加，见表 16。

表 16　天虹 2015~2017 年纺织业务收入及毛利润

项目	单位	2015 年	2016 年	2017 年
纺织业务收入	亿元	105.75	136.48	163.06
纺织业务毛利润	亿元	19.10	26.45	24.39

未来，天虹纺织将强势进入牛仔服装领域。现阶段的牛仔服装产能主要分布在山东及柬埔寨，年产量超过 300 万条牛仔裤。2017 年 3 月又收购了位于越南及柬埔寨的两家牛仔服装工厂，并根据市场情况调整生产线，进一步提升产量，开拓牛仔服装市场。

3、星宏传媒

2017 年 10 月，银仕来控股正式变更为星宏传媒。星宏传媒由纺织板块和传媒板块构成，纺织板块收入占营业收入逾 8 成。星宏传媒纺织业务呈平稳发展态势，见表 17。

表 17　星宏传媒 2015~2017 年纺织业务收入及毛利润情况

年份	单位	2015 年	2016 年	2017 年
纺织业务收入	亿元	6.47	3.79	4.12
纺织业务毛利润	亿元	0.99	0.69	0.55

据年报披露，星宏传媒将继续调整公司纺织业务产业、产品结构，加强校企合作，不断提高公司研发及生产能力，提升公司生命力，保持可持续发展。

4、魏桥纺织

魏桥纺织目前主要经营纺织业务和电力、蒸汽业务，纺织业务收入约占总收入的 70%。近年来，魏桥纺织积极推进产业升级，主动调整销售策略，主营业务收入稳定提高，见表 18。

表 18　魏桥纺织 2015~2017 年纺织业务收入及毛利润情况

年份	单位	2015 年	2016 年	2017 年
纺织业务收入	亿元	97.65	100.87	107.37
纺织业务毛利润	亿元	5.58	3.40	3.46

随着国内消费能力扩大及消费水平提升，中高端产品将占领更多的市场份额。魏桥纺织将坚持以市场为导向，深化结构调整的总体战略，加强研发新产品、全面推进智能制造，凭借稳定的高质量产品和规模优势为公司提升经营业绩奠定基础。

三、总结

我国是世界纺织品生产和贸易大国，棉纺织行业经过多年的积累和发展，在全球纺织工业中具备较大的比较优势。但近年来，国内产能过剩、生产要素成本持续走高、环保政策日趋收紧、融资环境相对困难等挑战制约着棉纺织行业的发展；国际方面，发达国家“再工业化”和发展中国家产能增加也在挤压我国棉纺织产品的市场空间，如何破局而出成为行业发展共同关心的问题。

党的十八大以来，在以习近平总书记为核心的党中央领导下，我国经济进入新常态，面对深入推进供给侧结构性改革的大形势，转型升级、产业结构优化成为棉纺织行业可持续发展的必由之路。与此同时，全球经济延续复苏向好的态势，全球消费意识不断升级，对产品由量的满足向质的提升转变。

面对纺织产业环境的深刻变化，棉纺织上市公司作为行业领头羊，围绕市场需求，通过一系列有益尝试积极寻求自己的创新之路，构建、强化市场优势地位。如积极响应国家“一带一路”“中国制造 2025”等倡议，以“三品”战略为发展方向，结合自身情况制定公司发展规划。通过延长产业链、增强研发实力、加强品牌建设、根据业务特点进行产能转移、海外并购等措施培育公司发展新动能，发掘新的利润增长点，加快制造商向创造商的转变，引领行业健康、有序发展。

政 策 篇

中共中央国务院关于开展质量提升行动的指导意见

（2017 年 9 月 5 日）

提高供给质量是供给侧结构性改革的主攻方向，全面提高产品和服务质量是提升供给体系的中心任务。经过长期不懈努力，我国质量总体水平稳步提升，质量安全形势稳定向好，有力支撑了经济社会发展。但也要看到，我国经济发展的传统优势正在减弱，实体经济结构性供需失衡矛盾和问题突出，特别是中高端产品和服务有效供给不足，迫切需要下最大气力抓全面提高质量，推动我国经济发展进入质量时代。现就开展质量提升行动提出如下意见。

一、总体要求

（一）指导思想

全面贯彻党的十八大和十八届三中全会、四中全会、五中全会、六中全会精神，深入贯彻习近平总书记系列重要讲话精神和治国理政新理念新思想新战略，牢固树立和贯彻落实新发展理念，紧紧围绕统筹推进“五位一体”总体布局和协调推进“四个全面”战略布局，认真落实党中央、国务院决策部署，以提高发展质量和效益为中心，将质量强国战略放在更加突出的位置，开展质量提升行动，加强全面质量监管，全面提升质量水平，加快培育国际竞争新优势，为实现“两个一百年”奋斗目标奠定质量基础。

（二）基本原则

——坚持以质量第一为价值导向。牢固树立质量第一的强烈意识，坚持优质发展、以质取胜，更加注重以质量提升减轻经济下行和安全监管压力，真正形成各级党委和政府重视质量、企业追求质量、社会崇尚质量、人人关心质量的良好氛围。

——坚持以满足人民群众需求和增强国家综合实力为根本目的。把增进民生福祉、满足人民群众质量需求作为提高供给质量的出发点和落脚点，促进质量发展成果全民共享，增强人民群众的质量获得感。持续提高产品、工程、服务的质量水平、质量层次和品牌影响力，推动我国产业价值链从低端向中高端延伸，更深更广融入全球供给体系。

——坚持以企业为质量提升主体。加强全面质量管理，推广应用先进质量管理方法，提高全员全过程全方位质量控制水平。弘扬企业家精神和工匠精神，提高决策者、经营者、管理者、生产者质量意识和质量素养，打造质量标杆企业，加强品牌建设，推动企业质量管理水平和核心竞争力提高。

——坚持以改革创新为根本途径。深入实施创新驱动发展战略，发挥市场在资源配置中的决定性作用，积极引导推动各种创新要素向产品和服务的供给端集聚，提升质量创新能力，以新技术新业态改造提升产业质量和发展水平。推动创新群体从以科技人员的小众为主向小众与大众创新创业互动转变，推动技术创新、标准研制和产业化协调发展，用先进标准引领产品、工程和服务质量提升。

（三）主要目标

到 2020 年，供给质量明显改善，供给体系更有效率，建设质量强国取得明显成效，质量总体水平显著提升，质量对提高全要素生产率和促进经济发展的贡献进一步增强，更好满足人民群众不断升级的消费需求。

——产品、工程和服务质量明显提升。质量突出问题得到有效治理，智能化、消费友好的中高端产品供给大幅增加，高附加值和优质服务供给比重进一步提升，中国制造、中国建造、中国服务、中国品牌国际竞争力显著增强。

——产业发展质量稳步提高。企业质量管理水平大幅提升，传统优势产业实现价值链升级，战略性新兴产业的质量效益特征更加明显，服务业提质增效进一步加快，以技术、技能、知识等为要素的质量竞争型产业规模显著扩大，形成一批质量效益一流的世界级产业集群。

——区域质量水平整体跃升。区域主体功能定位和产业布局更加合理，区域特色资源、环境容量和产业基础等资源优势充分利用，产业梯度转移和质量升级同步推进，区域经济呈现互联互通和差异化发展格局，涌现出一批特色小镇和区域质量品牌。

——国家质量基础设施效能充分释放。计量、标准、检验检测、认证认可等国家质量基础设施系统完整、高效运行，技术水平和服务能力进一步增强，国际竞争力明显提升，对科技进步、产业升级、社会治理、对外交往的支撑更加有力。

二、全面提升产品、工程和服务质量

（四）增加农产品、食品药品优质供给

健全农产品质量标准体系，实施农业标准化生产和良好农业规范。加快高标准农田建

设，加大耕地质量保护和土壤修复力度。推行种养殖清洁生产，强化农业投入品监管，严格规范农药、抗生素、激素类药物和化肥使用。完善进口食品安全治理体系，推进出口食品农产品质量安全示范区建设。开展出口农产品品牌建设专项推进行动，提升出口农产品质量，带动提升内销农产品质量。引进优质农产品和种质资源。大力发展农产品初加工和精深加工，提高绿色产品供给比重，提升农产品附加值。

完善食品药品安全监管体制，增强统一性、专业性、权威性，为食品药品安全提供组织和制度保障。继续推动食品安全标准与国际标准对接，加快提升营养健康标准水平。推进传统主食工业化、标准化生产。促进奶业优质安全发展。发展方便食品、速冻食品等现代食品产业。实施药品、医疗器械标准提高行动计划，全面提升药物质量水平，提高中药质量稳定性和可控性。推进仿制药质量和疗效一致性评价。

（五）促进消费品提质升级

加快消费品标准和质量提升，推动消费品工业增品种、提品质、创品牌，支撑民众消费升级需求。推动企业发展个性定制、规模定制、高端定制，推动产品供给向“产品+服务”转变、向中高端迈进。推动家用电器高端化、绿色化、智能化发展，改善空气净化器等新兴家电产品的功能和消费体验，优化电饭锅等小家电产品的外观和功能设计。强化智能手机、可穿戴设备、新型视听产品的信息安全、隐私保护，提高关键元器件制造能力。巩固纺织服装鞋帽、皮革箱包等传统产业的优势地位。培育壮大民族日化产业。提高儿童用品安全性、趣味性，加大“银发经济”群体和失能群体产品供给。大力发展民族传统文化产品，推动文教体育休闲用品多样化发展。

（六）提升装备制造竞争力

加快装备制造业标准化和质量提升，提高关键领域核心竞争力。实施工业强基工程，提高核心基础零部件（元器件）、关键基础材料产品性能，推广应用先进制造工艺，加强计量测试技术研究和应用。发展智能制造，提高工业机器人、高档数控机床的加工精度和精度保持能力，提升自动化生产线、数字化车间的生产过程智能化水平。推行绿色制造，推广清洁高效生产工艺，降低产品制造能耗、物耗和水耗，提升终端用能产品能效、水效。加快提升国产大飞机、高铁、核电、工程机械、特种设备等中国装备的质量竞争力。

（七）提升原材料供给水平

鼓励矿产资源综合勘查、评价、开发和利用，推进绿色矿山和绿色矿业发展示范区建设。提高煤炭洗选加工比例。提升油品供给质量。加快高端材料创新，提高质量稳定性，形成高性能、功能化、差别化的先进基础材料供给能力。加快钢铁、水泥、电解铝、平板玻璃、焦炭等传统产业转型升级。推动稀土、石墨等特色资源高质化利用，促进高强轻合金、高性能纤维等关键战略材料性能和品质提升，加强石墨烯、智能仿生材料等前沿新材料布局，逐步进入全球高端制造业采购体系。

（八）提升建设工程质量水平

确保重大工程建设质量和运行管理质量，建设百年工程。高质量建设和改造城乡道路交通设施、供热供水设施、排水与污水处理设施。加快海绵城市建设和地下综合管廊建设。规范重大项目基本建设程序，坚持科学论证、科学决策，加强重大工程的投资咨询、建设监理、设备监理，保障工程项目投资效益和重大设备质量。全面落实工程参建各方主体质量责任，强化建设单位首要责任和勘察、设计、施工单位主体责任。加快推进工程质量管理标准化，提高工程项目管理水平。加强工程质量检测管理，严厉打击出具虚假报告等行为。健全工程质量监督管理机制，强化工程建设全过程质量监管。因地制宜提高建筑节能标准。完善绿色建材标准，促进绿色建材生产和应用。大力发展装配式建筑，提高建筑装修部品部件的质量和安全性能。推进绿色生态小区建设。

（九）推动服务业提质增效

提高生活性服务业品质。完善以居家为基础、社区为依托、机构为补充、医养相结合的多层次、智能化养老服务体系。鼓励家政企业创建服务品牌。发展大众化餐饮，引导餐饮企业建立集中采购、统一配送、规范化生产、连锁化经营的生产模式。实施旅游服务质量提升计划，显著改善旅游市场秩序。推广实施优质服务承诺标识和管理制度，培育知名服务品牌。

促进生产性服务业专业化发展。加强运输安全保障能力建设，推进铁路、公路、水路、民航等多式联运发展，提升服务质量。提高物流全链条服务质量，增强物流服务时效，加强物流标准化建设，提升冷链物流水平。推进电子商务规制创新，加强电子商务产业载体、物流体系、人才体系建设，不断提升电子商务服务质量。支持发展工业设计、计量测试、标准试验验证、检验检测认证等高技术服务业。提升银行服务、保险服务的标准化程度和服务质量。加快知识产权服务体系建设。提高律师、公证、法律援助、司法鉴定、基层法律服务等法律服务水平。开展国家新型优质服务业集群建设试点，支撑引领三次产业向中高端迈进。

（十）提升社会治理和公共服务水平

推广“互联网+政务服务”，加快推进行政审批标准化建设，优化服务流程，简化办事环节，提高行政效能。提升城市治理水平，推进城市精细化、规范化管理。促进义务教育优质均衡发展，扩大普惠性学前教育和优质职业教育供给，促进和规范民办教育。健全覆盖城乡的公共就业创业服务体系。加强职业技能培训，推动实现比较充分和更高质量就业。提升社会救助、社会福利、优抚安置等保障水平。

提升优质公共服务供给能力。稳步推进进一步改善医疗服务行动计划。建立健全医疗纠纷预防调解机制，构建和谐医患关系。鼓励创造优秀文化服务产品，推动文化服务产品数字化、网络化。提高供电、供气、供热、供水服务质量和安全保障水平，创新人民群众满意的服务供给。开展公共服务质量监测和结果通报，引导提升公共服务质量水平。

（十一）加快对外贸易优化升级

加快外贸发展方式转变，培育以技术、标准、品牌、质量、服务为核心的对外经济新优势。鼓励高技术含量和高附加值项目维修、咨询、检验检测等服务出口，促进服务贸易与货物贸易紧密结合、联动发展。推动出口商品质量安全示范区建设。完善进出口商品质量安全风险预警和快速反应监管体系。促进“一带一路”沿线国家和地区、主要贸易国家和地区质量国际合作。

三、破除质量提升瓶颈

（十二）实施质量攻关工程

围绕重点产品、重点行业开展质量状况调查，组织质量比对和会商会诊，找准比较优势、行业通病和质量短板，研究制定质量问题解决方案。加强与国际优质产品的质量比对，支持企业瞄准先进标杆实施技术改造。开展重点行业工艺优化行动，组织质量提升关键技术攻关，推动企业积极应用新技术、新工艺、新材料。加强可靠性设计、试验与验证技术开发应用，推广采用先进成型方法和加工方法、在线检测控制装置、智能化生产和物流系统及检测设备。实施国防科技工业质量可靠性专项行动计划，重点解决关键系统、关键产品质量难点问题，支撑重点武器装备质量水平提升。

（十三）加快标准提档升级

改革标准供给体系，推动消费品标准由生产型向消费型、服务型转变，加快培育发展团体标准。推动军民标准通用化建设，建立标准化军民融合长效机制。推进地方标准化综合改革。开展重点行业国内外标准比对，加快转化先进适用的国际标准，提升国内外标准一致性程度，推动我国优势、特色技术标准成为国际标准。建立健全技术、专利、标准协同机制，开展对标达标活动，鼓励、引领企业主动制定和实施先进标准。全面实施企业标准自我声明公开和监督制度，实施企业标准领跑者制度。大力推进内外销产品“同线同标同质”工程，逐步消除国内外市场产品质量差距。

（十四）激发质量创新活力

建立质量分级制度，倡导优质优价，引导、保护企业质量创新和质量提升的积极性。开展新产业、新动能标准领航工程，促进新旧动能转换。完善第三方质量评价体系，开展高端品质认证，推动质量评价由追求“合格率”向追求“满意度”跃升。鼓励企业开展质量提升小组活动，促进质量管理、质量技术、质量工作法创新。鼓励企业优化功能设计、模块化设计、外观设计、人体工效学设计，推行个性化定制、柔性化生产，提高产品扩展性、耐久性、舒适性等质量特性，满足绿色环保、可持续发展、消费友好等需求。鼓励以用户为中心的微创新，改善用户体验，激发消费潜能。

（十五）推进全面质量管理

发挥质量标杆企业和中央企业示范引领作用，加强全员、全方位、全过程质量管理，提质降本增效。推广现代企业管理制度，广泛开展质量风险分析与控制、质量成本管理、质量管理体系升级等活动，提高质量在线监测、在线控制和产品全生命周期质量追溯能力，推行精益生产、清洁生产等高效生产方式。鼓励各类市场主体整合生产组织全过程要素资源，纳入共同的质量管理、标准管理、供应链管理、合作研发管理等，促进协同制造和协同创新，实现质量水平整体提升。

（十六）加强全面质量监管

深化“放管服”改革，强化事中事后监管，严格按照法律法规从各个领域、各个环节加强对质量的全方位监管。做好新形势下加强打击侵犯知识产权和制售假冒伪劣商品工作，健全打击侵权假冒长效机制。促进行政执法与刑事司法衔接。加强跨区域和跨境执法协作。加强进口商品质量安全监管，严守国门质量安全底线。开展质量问题产品专项整治和区域集中整治，严厉查处质量违法行为。健全质量违法行为记录及公布制度，加大行政处罚等政府信息公开力度。严格落实汽车等产品的修理更换退货责任规定，探索建立第三方质量担保争议处理机制。完善产品伤害监测体系，提高产品安全、环保、可靠性等要求和标准。加大缺陷产品召回力度，扩大召回范围，健全缺陷产品召回行政监管和技术支撑体系，建立缺陷产品召回管理信息共享和部门协作机制。实施服务质量监测基础建设工程。建立责任明确、反应及时、处置高效的旅游市场综合监管机制，严厉打击扰乱旅游市场秩序的违法违规行为，规范旅游市场秩序，净化旅游消费环境。

（十七）着力打造中国品牌

培育壮大民族企业和知名品牌，引导企业提升产品和服务附加值，形成自己独有的比较优势。以产业集聚区、国家自主创新示范区、高新技术产业园区、国家新型工业化产业示范基地等为重点，开展区域品牌培育，创建质量提升示范区、知名品牌示范区。实施中国精品培育工程，加强对中华老字号、地理标志等品牌培育和保护，培育更多百年老店和民族品牌。建立和完善品牌建设、培育标准体系和评价体系，开展中国品牌价值评价活动，推动品牌评价国际标准化工作。开展“中国品牌日”活动，不断凝聚社会共识、营造良好氛围、搭建交流平台，提升中国品牌的知名度和美誉度。

（十八）推进质量全民共治

创新质量治理模式，注重社会各方参与，健全社会监督机制，推进以法治为基础的社会多元治理，构建市场主体自治、行业自律、社会监督、政府监管的质量共治格局。强化质量社会监督和舆论监督。建立完善质量信号传递反馈机制，鼓励消费者组织、行业协会、第三方机构等开展产品质量比较试验、综合评价、体验式调查，引导理性消费选择。

四、夯实国家质量基础设施

（十九）加快国家质量基础设施体系建设

构建国家现代先进测量体系。紧扣国家发展重大战略和经济建设重点领域的需求，建立、改造、提升一批国家计量基准，加快建立新一代高准确度、高稳定性量子计量基准，加强军民共用计量基础设施建设。完善国家量值传递溯源体系。加快制定一批计量技术规范，研制一批新型标准物质，推进社会公用计量标准升级换代。科学规划建设计量科技基础服务、产业计量测试体系、区域计量支撑体系。

加快国家标准体系建设。大力实施标准化战略，深化标准化工作改革，建立政府主导制定的标准与市场自主制定的标准协同发展、协调配套的新型标准体系。简化国家标准制定修订程序，加强标准化技术委员会管理，免费向社会公开强制性国家标准文本，推动免费向社会公开推荐性标准文本。建立标准实施信息反馈和评估机制，及时开展标准复审和维护更新。

完善国家合格评定体系。完善检验检测认证机构资质管理和能力认可制度，加强检验检测认证公共服务平台示范区、国家检验检测高技术服务业集聚区建设。提升战略性新兴产业检验检测认证支撑能力。建立全国统一的合格评定制度和监管体系，建立政府、行业、社会等多层次采信机制。健全进出口食品企业注册备案制度。加快建立统一的绿色产品标准、认证、标识体系。

（二十）深化国家质量基础设施融合发展

加强国家质量基础设施的统一建设、统一管理，推进信息共享和业务协同，保持中央、省、市、县四级国家质量基础设施的系统完整，加快形成国家质量基础设施体系。开展国家质量基础设施协同服务及应用示范基地建设，助推中小企业和产业集聚区全面加强质量提升。构建统筹协调、协同高效、系统完备的国家质量基础设施军民融合发展体系，增强对经济建设和国防建设的整体支撑能力。深度参与质量基础设施国际治理，积极参加国际规则制定和国际组织活动，推动计量、标准、合格评定等国际互认和境外推广应用，加快我国质量基础设施国际化步伐。

（二十一）提升公共技术服务能力

加快国家质检中心、国家产业计量测试中心、国家技术标准创新基地、国家检测重点实验室等公共技术服务平台建设，创新“互联网+质量服务”模式，推进质量技术资源、信息资源、人才资源、设备设施向社会共享开放，开展一站式服务，为产业发展提供全生命周期的技术支持。加快培育产业计量测试、标准化服务、检验检测认证服务、品牌咨询等新兴质量服务业态，为大众创业、万众创新提供优质公共技术服务。加快与“一带一路”沿线国家和地区共建共享质量基础设施，推动互联互通。

（二十二）健全完善技术性贸易措施体系

加强对国外重大技术性贸易措施的跟踪、研判、预警、评议和应对，妥善化解贸易摩擦，帮助企业规避风险，切实维护企业合法权益。加强技术性贸易措施信息服务，建设一批研究评议基地，建立统一的国家技术性贸易措施公共信息和技术服务平台。利用技术性贸易措施，倒逼企业按照更高技术标准提升产品质量和产业层次，不断提高国际市场竞争力。建立贸易争端预警机制，积极主导、参与技术性贸易措施相关国际规则和标准的制定。

五、改革完善质量发展政策和制度

（二十三）加强质量制度建设

坚持促发展和保底线并重，加强质量促进的立法研究，强化对质量创新的鼓励、引导、保护。研究修订产品质量法，建立商品质量惩罚性赔偿制度。研究服务业质量管理、产品质量担保、缺陷产品召回等领域立法工作。改革工业产品生产许可证制度，全面清理工业产品生产许可证，加快向国际通行的产品认证制度转变。建立完善产品质量安全事故强制报告制度、产品质量安全风险监控及风险调查制度。建立健全产品损害赔偿、产品质量安全责任保险和社会帮扶并行发展的多元救济机制。加快推进质量诚信体系建设，完善质量守信联合激励和失信联合惩戒制度。

（二十四）加大财政金融扶持力度

完善质量发展经费多元筹集和保障机制，鼓励和引导更多资金投向质量攻关、质量创新、质量治理、质量基础设施建设。国家科技计划持续支持国家质量基础的共性技术研究和应用重点研发任务。实施好首台（套）重大技术装备保险补偿机制。构建质量增信融资体系，探索以质量综合竞争力为核心的质量增信融资制度，将质量水平、标准水平、品牌价值等纳入企业信用评价指标和贷款发放参考因素。加大产品质量保险推广力度，支持企业运用保险手段促进产品质量提升和新产品推广应用。

推动形成优质优价的政府采购机制。鼓励政府部门向社会力量购买优质服务。加强政府采购需求确定和采购活动组织管理，将质量、服务、安全等要求贯彻到采购文件制定、评审活动、采购合同签订全过程，形成保障质量和安全的政府采购机制。严格采购项目履约验收，切实把好产品和服务质量关。加强联合惩戒，依法限制严重质量违法失信企业参与政府采购活动。建立军民融合采购制度，吸纳扶持优质民口企业进入军事供应链体系，拓宽企业质量发展空间。

（二十五）健全质量人才教育培养体系

将质量教育纳入全民教育体系。加强中小学质量教育，开展质量主题实践活动。推进高等教育人才培养质量，加强质量相关学科、专业和课程建设。加强职业教育技术技能人才培养质量，推动企业和职业院校成为质量人才培养的主体，推广现代学徒制和企业新型学徒制。推动建立高等学校、科研院所、行业协会和企业共同参与的质量教育网络。实施企业质量素质提升工程，研究建立质量工程技术人员评价制度，全面提高企业经营管理者、一线员工的质量意识和水平。加强人才梯队建设，实施青年职业能力提升计划，完善技术技能人才培养培训工作体系，培育众多“中国工匠”。发挥各级工会组织和共青团组织作用，开展劳动和技能竞赛、青年质量提升示范岗创建、青年质量控制小组实践等活动。

（二十六）健全质量激励制度

完善国家质量激励政策，继续开展国家质量奖评选表彰，树立质量标杆，弘扬质量先进。加大对政府质量奖获奖企业在金融、信贷、项目投资等方面的支持力度。建立政府质量奖获奖企业和个人先进质量管理经验的长效宣传推广机制，形成中国特色质量管理模式和体系。研究制定技术技能人才激励办法，探索建立企业首席技师制度，降低职业技能型人才落户门槛。

六、切实加强组织领导

（二十七）实施质量强国战略

坚持以提高发展质量和效益为中心，加快建设质量强国。研究编制质量强国战略纲要，明确质量发展目标任务，统筹各方资源，推动中国制造向中国创造转变、中国速度向中国质量转变、中国产品向中国品牌转变。持续开展质量强省、质量强市、质量强县示范活动，走出一条中国特色质量发展道路。

（二十八）加强党对质量工作领导

健全质量工作体制机制，完善研究质量强国战略、分析质量发展形势、决定质量方针政策的工作机制，建立“党委领导、政府主导、部门联合、企业主责、社会参与”的质量工作格局。加强对质量发展的统筹规划和组织领导，建立健全领导体制和协调机制，统筹质量发展规划制定、质量强国建设、质量品牌发展、质量基础建设。地方各级党委和政府要将质量工作摆到重要议事日程，加强质量管理和队伍能力建设，认真落实质量工作责任制。强化市、县政府质量监管职责，构建统一权威的质量工作体制机制。

（二十九）狠抓督察考核

探索建立中央质量督察工作机制，强化政府质量工作考核，将质量工作考核结果作为各级党委和政府领导班子及有关领导干部综合考核评价的重要内容。以全要素生产率、质量竞争力指数、公共服务质量满意度等为重点，探索构建符合创新、协调、绿色、开放、共享发展理念的新型质量统计评价体系。健全质量统计分析制度，定期发布质量状况分析报告。

（三十）加强宣传动员

大力宣传党和国家质量工作方针政策，深入报道我国提升质量的丰富实践、重大成就、先进典型，讲好中国质量故事，推介中国质量品牌，塑造中国质量形象。将质量文化作为社会主义核心价值观教育的重要内容，加强质量公益宣传，提高全社会质量、诚信、责任意识，丰富质量文化内涵，促进质量文化传承发展。把质量发展纳入党校、行政学院和各类干部培训院校教学计划，让质量第一成为各级党委和政府的根本理念，成为领导干部工作责任，成为全社会、全民族的价值追求和时代精神。

各地区各部门要认真落实本意见精神，结合实际研究制定实施方案，抓紧出台推动质量提升的具体政策措施，明确责任分工和时间进度要求，确保各项工作举措和要求落实到位。要组织相关行业和领域，持续深入开展质量提升行动，切实提升质量总体水平。

五部委关于加强长江经济带工业绿色发展的指导意见

工业和信息化部 发展改革委 科技部 财政部 环境保护部

工信部联节[2017]178号

上海市、江苏省、浙江省、安徽省、江西省、湖北省、湖南省、重庆市、四川省、云南省、贵州省工业和信息化、发展改革、科技、财政、环境保护主管部门：

为贯彻落实党中央、国务院关于长江经济带发展重大战略部署，保护长江流域生态环境，进一步提高工业资源能源利用效率，全面推进绿色制造，减少工业发展对生态环境的影响，实现绿色增长，现提出以下意见：

一、总体要求

深入学习党的十八大和十八届三中全会、四中全会、五中全会、六中全会精神，贯彻新发展理念，落实党中央、国务院关于长江经济带发展的战略部署，按照习近平总书记提出的“共抓大保护，不搞大开发”要求，坚持供给侧结构性改革，坚持生态优先、绿色发展，全面实施中国制造2025，扎实推进《工业绿色发展规划（2016-2020年）》，紧紧围绕改善区域生态环境质量要求，落实地方政府责任，加强工业布局优化和结构调整，以企业为主体，执行最严格环保、水耗、能耗、安全、质量等标准，强化技术创新和政策支持，加快传统制造业绿色化改造升级，不断提高资源能源利用效率和清洁生产水平，引领长江经济带工业绿色发展。

到2020年，长江经济带绿色制造水平明显提升，产业结构和布局更加合理，传统制造业能耗、水耗、污染物排放强度显著下降，清洁生产水平进一步提高，绿色制造体系初步建立。与2015年相比，规模以上企业单位工业增加值能耗下降18%，重点行业主要污染物排放强度下降20%，单位工业增加值用水量下降25%，重点行业水循环利用率明显提升。全面完成长江经济带危险化学品搬迁改造重点项目。一批关键共性绿色制造技术实现产业化应用，打造和培育500家绿色示范工厂、50家绿色示范园区，推广5000种以上绿色产品，绿色制造产业产值达到5万亿元。

二、优化工业布局

（一）完善工业布局规划。落实主体功能区规划，严格按照长江流域、区域资源环境承载能力，加强分类指导，确定工业发展方向和开发强度，构建特色突出、错位发展、互补互进的工业发展新格局。实施长江经济带产业发展市场准入负面清单，明确禁止和限制发展的行业、生产工艺、产品目录。严格控制沿江石油加工、化学原料和化学制品制造、医药制造、化学纤维制造、有色金属、印染、造纸等项目环境风险，进一步明确本地区新建重化工项目到长江岸线的安全防护距离，合理布局生产装置及危险化学品仓储等设施。

（二）改造提升工业园区。严格沿江工业园区项目环境准入，完善园区水处理基础设施建设，强化环境监管体系和环境风险管控，加强安全生产基础能力和防灾减灾能力建设。开展现有化工园区的清理整顿，加大对造纸、电镀、食品、印染等涉水类园区循环化改造力度，对不符合规范要求的园区实施改造提升或依法退出，实现园区绿色循环低碳发展。全面推进新建工业企业向园区集中，强化园区规划管理，依法同步开展规划环评工作，适时开展跟踪评价。严控重化工企业环境风险，重点开展化工园区和涉及危险化学品重大风险功能区区域定量风险评估，科学确定区域风险等级和风险容量，对化工企业聚集区及周边土壤和地下水定期进行监测和评估。推动制革、电镀、印染等企业集中入园管理，建设专业化、清洁化绿色园区。培育、创建和提升一批节能环保安全领域新型工业化产业示范基地，促进园区规范发展和提质增效。

（三）规范工业集约集聚发展。推动沿江城市建成区内现有钢铁、有色金属、造纸、印染、电镀、化学原料药制造、化工等污染较重的企业有序搬迁改造或依法关闭。推动位于城镇人口密集区内，安全、卫生防护距离不能满足相关要求和不符合规划的危险化学品生产企业实施搬迁改造或依法关闭。到 2020 年，完成 47 个危险化学品搬迁改造重点项目。新建项目应符合国家法规和相关规范条件要求，企业投资管理、土地供应、节能评估、环境影响评价等要依法履行相关手续。实施最严格的资源能源消耗、环境保护等方面的标准，对重点行业加强规范管理。

（四）引导跨区域产业转移。鼓励沿江省市创新工作方法，强化生态环境约束，建立跨区域的产业转移协调机制。充分发挥国家自主创新示范区、国家高新区的辐射带动作用，创新区域产业合作模式，提升区域创新发展能力。加强产业跨区域转移监督、指导和协调，着力推进统一市场建设，实现上下游区域良性互动。发挥国家产业转移信息服务平台作用，不断完善产业转移信息沟通渠道。认真落实长江经济带产业转移指南（见附件2），依托国家级、省级开发区，有序建设沿江产业发展轴，合理开发沿海产业发展带，重点打造长江三角洲、长江中游、成渝、黔中和滇中等五大城市群产业发展圈，大力培育电子信息产业、高端装备产业、汽车产业、家电产业和纺织服装产业等五大世界级产业集群，形成空间布局合理、区域分工协作、优势互补的产业发展新格局。

（五）严控跨区域转移项目。对造纸、焦化、氮肥、有色金属、印染、化学原料药制造、制革、农药、电镀等产业的跨区域转移进行严格监督，对承接项目的备案或核准，实施最严格的环保、能耗、水耗、安全、用地等标准。严禁国家明令淘汰的落后生产能力和不符合国家产业政策的项目向长江中上游转移。

三、调整产业结构

（六）依法依规淘汰落后和化解过剩产能。结合长江经济带生态环境保护要求及产业发展情况，依据法律法规和环保、质量、安全、能效等综合性标准，淘汰落后产能，化解过剩产能。严禁钢铁、水泥、电解铝、船舶等产能严重过剩行业扩能，不得以任何名义、任何方式核准、备案新增产能项目，做好减量置换，为新兴产业腾出发展空间。严格控制长江中上游磷肥生产规模。严防“地条钢”死灰复燃。加大国家重大工业节能监察力度，重点围绕钢铁、水泥等高耗能行业能耗限额标准落实情况、阶梯电价执行情况开展年度专项监察，对达不到标准的实施限期整改，加快推动无效产能和低效产能尽早退出。

（七）加快重化工企业技术改造。全面落实国家石化、钢铁、有色金属工业“十三五”规划，发挥技术改造对传统产业转型升级的促进作用，加快沿江现有重化工企业生产工艺、设施（装备）改造，改造的标准应高于行业全国平均水平，争取达到全国领先水平。推广节能、节水、清洁生产新技术、新工艺、新装备、新材料，推进石化、钢铁、有色、稀土、装备、危险化学品等重点行业智能工厂、数字车间、数字矿山和智慧园区改造，提升产业绿色化、智能化水平，使沿江重化工企业技术装备和管理水平走在全国前列，引领行业发展。

（八）大力发展智能制造和服务型制造。在长江经济带有一定工作基础、地方政府积极性高的地区，探索建设智能制造示范区，鼓励中下游地区智能制造率先发展，重点支持中上游地区提升智能制造水平。加快在数控机床与机器人、增材制造、智能传感与控制、智能检测与装配、智能物流与仓储等五大领域，突破一批关键技术和核心装备。在流程制造、离散型制造、网络协同制造、大规模个性化定制、远程运维服务等方面，开展试点示范项目建设，制修订一批智能制造标准。大力发展生产性服务业，引导制造业企业延伸服务链条，推动商业模式创新和业态创新。

（九）发展壮大节能环保产业。大力发展长江经济带节能环保产业，在重庆、无锡、成都、长沙、武汉、杭州、盐城、昆明等地重点推动节能环保装备制造业集群化发展，在江苏、上海、重庆等地不断提升节能环保技术研发能力及节能环保服务业水平，在上海临港、合肥、马鞍山和彭州等地加快建设再制造产业集聚区，着力发展航空发动机关键件、工程机械、重型机床等机电产品再制造特色产业。加强节能环保服务公司与工业企业紧密对接，推动企业采用第三方服务模式，壮大节能环保产业。

四、推进传统制造业绿色化改造

（十）大力推进清洁生产。按照《清洁生产促进法》，引导和支持沿江工业企业依法开展清洁生产审核，鼓励探索重点行业企业快速审核和工业园区、集聚区整体审核等新模式，全面提升沿江重点行业和园区清洁生产水平。在沿江有色、磷肥、氮肥、农药、印染、造纸、制革和食品发酵等重点耗水行业，加大清洁生产技术推行方案实施力度，从源头减少水污染。实施中小企业清洁生产水平提升计划，构建“互联网+”清洁生产服务平台，鼓励各地政府购买清洁生产培训、咨询等相关服务，探索免费培训、义务诊断等服务模式，引导中小企业优先实施无费、低费方案，鼓励和支持实施技术改造方案。

（十一）实施能效提升计划。推动长江经济带煤炭消耗量大的城市实施煤炭清洁高效利用行动计划，以焦化、煤化工、工业锅炉、工业炉窑等领域为重点，提升技术装备水平、优化产品结构、加强产业融合，综合提升区域煤炭高效清洁利用水平，实现减煤、控煤、防治大气污染。在钢铁和铝加工产业集聚区，推广电炉钢等短流程工艺和铝液直供。积极推进利用钢铁、化工、有色、建材等行业企业的低品位余热向城镇居民供热，促进产城融合。

（十二）加强资源综合利用。大力推进工业固体废物综合利用，重点推进中上游地区磷石膏、冶炼渣、粉煤灰、酒糟等工业固体废物综合利用，加大中下游地区化工园区废酸废盐等减量化、安全处置和综合利用力度，选择固体废物产生量大、综合利用有一定基础的地区，建设一批工业资源综合利用基地。鼓励地方政府在沿江有条件的城市推动水泥窑协同处置生活垃圾。推进再生资源高效利用和产业发展，严格废旧金属、废塑料、废轮胎等再生资源综合利用企业规范管理，搭建逆向物流体系信息平台。

（十三）开展绿色制造体系建设。在长江经济带沿江城市中，选择工业比重高、代表性强、提升潜力大的城市，结合主导产业，围绕传统制造业绿色化改造、绿色制造体系建设等内容，综合提升城市绿色制造水平，打造一批具有示范带动作用的绿色产品、绿色工厂、绿色园区和绿色供应链。推动长江经济带重点行业领军企业牵头组成联合体，围绕绿色设计平台建设、绿色关键工艺突破、绿色供应链构建，推进系统化绿色改造，在机械、电子、食品、纺织、化工、家电等领域实施一批绿色制造示范项目，引领和带动长江经济带工业绿色发展。

五、加强工业节水和污染防治

（十四）切实提高工业用水效率。在长江流域切实落实节水优先方针，加强企业节水管理，大力推进节水技术改造，推广国家鼓励的工业节水工艺、技术和装备，加快淘汰高耗水落后工艺、技术和装备，控制工业用水总量，提高工业用水效率。开展水效领跑者引领行动，引导和支持工业企业开展水效对标达标活动。强化高耗水行业企业生产过程和工序用水管理，严格执行取水定额国家标准，推动高耗水行业用水效率评估审查。实行最严格水资源管理制度考核，加强对高耗水淘汰目录执行情况的督促检查。

（十五）推进工业水循环利用。大力培育和发展沿江工业水循环利用服务支撑体系，积极推动高耗水工业企业广泛开展水平衡测试，鼓励企业采用合同节水管理、特许经营、委托营运等模式，改进节水技术工艺，强化过程循环和末端回用，提高钢铁、印染、造纸、石化、化工、制革和食品发酵等高耗水行业废水循环利用率。推进非常规水资源的开发利用，支持上海、江苏、浙江沿海工业园区开展海水淡化利用，推动钢铁、有色等企业充分利用城市中水，支持有条件的园区、企业开展雨水集蓄利用。

（十六）加强重点污染物防治。深入实施水、大气、土壤污染防治行动计划，从源头减少工业水、大气及土壤污染物排放。按行业推进固定污染源排污许可证制度实施，依法落实企业治污主体责任，持证排污，按证排污。重点推进沿江干支流及太湖、巢湖、洞庭湖、鄱阳湖周边“十小”企业取缔、“十大”重点行业专项整治、工业集聚区污水管网收集体系和集中处理设施建设并安装自动在线监控装置，规范沿江涉磷企业渣场和尾矿库建设，推进工业企业化学需氧量、氨氮、总氮、总磷全面达标排放。加大燃煤电厂超低排放改造、“散乱污”企业治理、中小燃煤锅炉淘汰、工业领域煤炭高效清洁利用、挥发性有机物削减等工作力度，严控二氧化硫、氮氧化物、烟粉尘、挥发性有机物等污染物排放。加强涉重金属行业污染防控，制定涉重金属重点工业行业清洁生产技术推行方案，鼓励企业采用先进适用生产工艺和技术，减少重金属污染物排放。

六、保障措施

（十七）加强组织领导。长江经济带各级工业和信息化、发展改革、科技、财政、环境保护等主管部门要充分认识工业绿色发展的重大意义，加强组织领导，落实地方政府责任，以企业为主体，充分发挥行业协会、产业联盟等的桥梁纽带作用，切实推动工业绿色发展各项工作的落实。

（十八）强化标准和技术支撑。发挥水耗、能耗、环境、质量、安全，以及绿色产品、绿色工厂、绿色园区、绿色供应链和绿色评价及服务等标准的引领作用，鼓励各地出台最严格的绿色发展标准。加大急需技术装备和产品的创新，推动先进成熟技术的产业化应用和推广，支撑长江经济带工业绿色发展。

（十九）落实支持政策。充分利用现有资金渠道，进一步向长江经济带工业绿色发展、水污染防治等项目倾斜，支持符合条件的企业实施清洁生产技术改造、节水治污、能源利用效率提升、资源综合利用等。落实现有税收、绿色信贷、绿色采购、土地等优惠政策，加快支持企业绿色转型、提质增效。鼓励长江经济带建立地区间、上下游间生态补偿机制，推动上中下游开发地区和生态保护地区进行横向生态补偿，探索区域污染治理新模式。

（二十）加强人才培养和国际交流合作。组织实施绿色制造人才培养计划，加大专业技术人才、经营管理人才的培养力度，完善从研发、转化、生产到管理的人才培养体系。依托长江经济带的产业和区位优势，加强国际合作与交流，鼓励采用境外投资、工程承包、技术合作、装备出口等方式，推动绿色制造和绿色服务率先“走出去”。

（二十一）加大宣传力度。加大绿色理念的传播力度，充分发挥媒体、教育培训机构、行业协会、产业联盟、绿色公益组织的作用，开展多层次、多形式的宣传教育活动，积极传播绿色理念，为长江经济带工业绿色发展营造良好社会氛围。

2017年消费品工业“三品”专项行动计划

工业和信息化办公厅

为进一步落实《国务院办公厅关于开展消费品工业“三品”专项行动营造良好市场环境的若干意见》（国办发[2016]40号），现制定2017年消费品工业“三品”专项行动计划。

一、继续推进“增品种”

（一）组织轻工行业协会编制和发布1~2批轻工行业《升级和创新消费品指南》，培育认定10~15家中国轻工业工业设计中心。发挥家电业智能制造创新战略联盟的作用，促进协同创新。支持骨干企业发展智能节能家电、智能坐便器、电饭煲等。（消费品工业司，相关行业协会，地方工业和信息化主管部门）

（二）发挥中国服装智能制造技术创新战略联盟的平台作用，开发推广“三衣两裤”全流程自动化技术装备，支持重点企业开发功能型纺织品服装系列新产品。以大中城市和国家新型工业化产业示范基地为重点，组织申报并公告第二批纺织服装创意设计试点示范园区（平台）名单。评选2017年度十大纺织服装流行产品。（消费品工业司，相关行业协会，地方工业和信息化主管部门）

（三）引导企业积极研发营养与健康食品。指导重点企业增强中高端婴幼儿配方乳粉有效供给能力。支持地方和行业深入发掘、发展一批地方特色食品和中华传统食品，积极推进传统主食及中式菜肴工业化、规模化生产。（消费品工业司，相关行业协会，地方工业和信息化主管部门）

（四）推进医药高端制剂与绿色制造创新中心建设。鼓励发展非处方药（OTC药物），培育通用名药物大品种，形成一批品牌仿制药。加快新药的研发与生产，推动加快国内临床急需、市场短缺的药品审评审批，新增一批药品、医疗器械获批生产和上市。（消费品工业司，地方工业和信息化主管部门）

（五）引导企业加强智能可穿戴设备研发与应用。支持智能可穿戴设备核心芯片和操作系统等关键技术研发。制定智能可穿戴设备及服务推广目录，推动企业丰富新型消费电子产品供给。组织企业开展智能可穿戴产品交流和推广活动。（电子信息司、消费品工业司，相关行业协会，地方工业和信息化主管部门）

二、继续推进“提品质”

（六）继续开展智能制造试点示范和现场经验交流。加强轻工、纺织等产业规模较大、带动就业较多的传统消费品行业的智能化改造，加快推动相关行业标准和企业标准的制定。提高家电、缝制机械、家用照明电器、光伏电池等产品智能化水平，在服装、制鞋、家具、五金制品等行业继续推行个性化定制模式，在造纸行业继续推进绿色制造。在印染行业开展全流程数字化绿色生产线建设，推广染料助剂自动配送系统。（消费品工业司、装备工业司、电子信息司，相关行业协会，地方工业和信息化主管部门）

（七）在家电、制鞋、洗涤用品等行业开展重点产品与国外产品质量与性能实物比对。继续支持和鼓励医药企业开展仿制药质量和疗效一致性评价。继续鼓励国内制剂和原料药企业通过欧美 GMP 认证，新增 10 家左右企业通过认证。（消费品工业司，相关行业协会）

（八）启动全员质量品牌素质提升行动，开展全面质量管理知识竞赛，组织 30 万企业员工参与竞赛，弘扬工匠精神。（科技司）

（九）审核确定 5 家左右“食品企业质量安全检测技术示范中心”，组织现有 14 家示范中心为业内 1500 家中小食品企业提供人员培训、委托检测、应急检测等服务。再新增 2~3 家婴幼儿配方乳粉企业开展质量安全追溯体系建设试点。支持中药材第三方检验检测平台建设。（消费品工业司，相关行业协会，地方工业和信息化主管部门）

三、继续推进“创品牌”

（十）编制、发布《2017 年家用电器行业品牌发展报告》。支持钟表、制鞋、五金制品、香料香精化妆品等行业自主品牌建设，组织有关协会研究制定品牌评价指标体系，开展自主品牌评价和宣传推广活动。指导品牌企业继续与大型电商平台开展合作。（消费品工业司，相关行业协会）

（十一）开展服装家纺品牌调查工作，持续跟踪培育 100 家左右服装家纺重点自主品牌企业。发布《2017 年度纺织行业品牌发展报告》。支持品牌专业人才培训。（消费品工业司，相关行业协会）

（十二）支持行业和地方办好消费品博览会、服装节、时装周以及服装家纺设计大赛等重大品牌活动，继续举行中国电子信息博览会，支持办好电子行业重大品牌活动。（消

费品工业司、办公厅、电子信息司，相关行业协会，地方工业和信息化主管部门）

（十三）组织制定轻工、食品等行业品牌培育行业标准并宣贯。支持相关行业开展品牌价值评估活动。（消费品工业司、科技司，相关行业协会）

四、继续推进“优环境”

（十四）利用专项建设基金等支持符合条件的消费品制造企业实施“三品”战略。（规划司、财务司、消费品工业司、电子信息司，地方工业和信息化主管部门）

（十五）新增 10 个左右城市开展消费品工业“三品”战略示范试点。组织 2016 年 6 个示范试点城市开展交流活动。（消费品工业司、电子信息司，地方工业和信息化主管部门）

（十六）推动落实轻工、纺织、食品、医药等“十三五”发展规划（指南或指导意见）。组织开展消费品领域“十三五”技术标准体系建设方案编制工作。开展重点消费品国际对标转化工作。开展《智慧家庭综合标准化体系建设指南》宣贯实施工作，加快标准体系建设。推进强制性标准和重点产品标准制修订。继续推进行业准入（规范）管理工作。（消费品工业司、科技司、电子信息司，相关行业协会，地方工业和信息化主管部门）

（十七）加强消费品“三品”专题网站和微信建设。组织系列宣传活动，通过会议交流以及报刊、电视、网站、移动终端等媒体渠道，宣传、塑造“中国制造”品牌形象，提振消费者对“中国制造”的信心，挖掘并宣传推广中国质量管理的新模式、新特色。（消费品工业司、科技司、办公厅，相关行业协会，地方工业和信息化主管部门）

工业节能与绿色标准化行动计划（2017—2019 年）

为贯彻落实《中国制造 2025》，推进实施《工业绿色发展规划（2016—2020 年）》和《工业绿色制造工程实施指南（2016—2020 年）》，充分发挥工业节能与绿色标准的规范和引领作用，促进工业企业能效提升和绿色发展，依据《国务院关于印发深化标准化工作改革方案的通知》（国发[2015]13 号）和《国务院办公厅关于加强节能标准化工作的意见》（国办发〔2015〕16 号）精神，制定本行动计划。

一、加强工业节能与绿色标准化工作的必要性

工业节能与绿色标准是依法规范工业企业用能行为、推动工业节能和绿色发展的重要依据。近年来，工业和信息化部会同国家质检总局等部门推动出台了《绿色制造标准体系建设指南》（工信部联节[2016]304 号）、《装备制造业标准化和质量提升规划》（国质检标联[2016]396 号），结合工业节能与绿色发展的需求，印发了《工业和通信业节能与综合利用领域技术标准体系》（工信厅节[2014]149 号），不断加大标准的制定、宣贯和监督检查工作力度。在标准制修定方面，制修订了 400 多项单位产品能耗限额、产品能效、水效、再生资源利用等标准，初步形成工业节能和绿色标准基础。在标准实施监督方面，通过加强标准宣贯，落实强制性能耗限额和产品能效标准，推动企业淘汰低效设备，采用高效节能、节水技术工艺产品，开展重点用能行业能效对标达标活动，树立节水标杆企业，规范再生资源利用，不断提升工业能效和绿色发展水平。在标准宣贯工作基础上，通过加大工业节能监察力度，强化事中事后监管，支撑淘汰落后和化解过剩产能等重大政策落实；通过实施基于能耗限额标准的阶梯电价政策，倒逼企业节能降耗、降本增效，营造公平竞争市场环境。这些工作的开展，有力地推动工业企业能效提升和绿色转型，为超额完成“十二五”工业节能目标任务作出了重要贡献。

工业节能与绿色标准化工作虽然取得了一定的成效，但仍存在标准覆盖面不够、更新不及时、制定与实施脱节、实施机制不完善等问题。“十三五”时期是落实制造强国战略的关键时期，也是推进工业节能与绿色发展的攻坚阶段，国务院标准化改革也对工业节能与绿色标准化工作提出了更高的要求。为更好地落实绿色发展理念，全面推进绿色制造，完善工业节能与绿色标准化工作体系，做好未来几年的标准化工作，充分发挥标准化对工

业节能与绿色发展的支撑和引领作用，决定实施工业节能与绿色标准化行动计划。

二、总体要求和工作目标

（一）总体要求

全面贯彻新发展理念，落实中国制造 2025，加快推进绿色制造，紧紧围绕工业节能与绿色发展的需要，按照国务院标准化工作改革的要求，充分发挥行业主管部门在标准制定、实施和监督中的作用，强化工业节能与绿色标准制修订，扩大标准覆盖面，加大标准实施监督和能力建设，健全工业节能与绿色标准化工作体系，切实发挥标准对工业节能与绿色发展的支撑和引领作用。

坚持问题导向。按照工业绿色转型发展的规划和要求，针对工业节能与绿色发展面临的新问题，聚焦重点工作，加快单位产品能耗水耗限额、产品能效水效、运行测试、监督管理、绿色制造相关标准的制定、实施和监督。

坚持统筹推进。加强顶层设计，在协调各类标准需求的基础上，统筹推进国家标准、行业标准、地方标准、团体标准和企业标准制修订，构建定位明确、分工合理的工业节能与绿色标准体系。

坚持协同实施。落实工业节能与绿色标准制定、实施和监督工作的主体责任，充分发挥行业主管部门、节能监察机构、行业协会、社会组织、第三方机构、重点企业的积极性，形成工作合力，共同推进工业节能与绿色标准化工作。

（二）工作目标

到 2020 年，在单位产品能耗水耗限额、产品能效水效、节能节水评价、再生资源利用、绿色制造等领域制修订 300 项重点标准，基本建立工业节能与绿色标准体系；强化标准实施监督，完善节能监察、对标达标、阶梯电价政策；加强基础能力建设，组织工业节能管理人员和节能监察人员贯标培训 2000 人次；培育一批节能与绿色标准化支撑机构和评价机构。

三、重点任务

（一）加强工业节能与绿色标准制修订

1. 制定一批工业节能与绿色标准。针对工业节能与绿色发展、构建绿色制造体系的新形势和新任务，加快制定一批工业节能与绿色发展标准。一是重点在钢铁、建材、有色金属、机械等行业制定一批节能节水设计、能耗计算、运行测试、节能评价、能效水效评估、节能监察规范、再生资源利用等标准，支撑能效贯标、节能监察、能源审计等工作。二是重点在终端用能产品能效水效、工业节能节水设计与优化、分布式能源、余热余压回收利用、绿色数据中心等领域制定一批节能与绿色技术规范标准，推动节能与绿色制造领域新技术、新产品推广应用。三是加快制定绿色工厂、绿色园区、绿色产品、绿色供应链标准，指导绿色制造体系建设。

2. 修订更新一批工业节能与绿色标准。针对部分重点行业和重点用能设备标准标龄超过三年、不能体现技术和能效进步、无法适应工业绿色发展新要求等问题，缩短复审周期，加快修订更新一批工业节能与绿色标准。一是对钢铁、建材、石油化工、有色金属和轻工等重点行业单位产品能耗限额标准进行梳理，分类推进标准制修订工作，实现高耗能行业能耗限额标准全覆盖和滚动更新，并研究将“领跑者”指标纳入能耗标准。二是在钢铁、机械、电子、有色金属、轻工、航天等行业加强产品设备能效标准的制修订工作，确保标准指标先进，对用能设备起到引导约束作用。三是完善节能管理标准体系，加快制修订重点行业能源管理相关标准，推动工业企业加强节能管理。

（二）强化工业节能与绿色标准实施

1. 加大强制性节能标准贯彻实施力度。贯彻执行强制性能耗限额和产品能效标准，依法规范工业企业用能行为，通过加大工业节能监察力度，督促重点企业贯彻执行强制性节能标准，落实能源计量统计制度，淘汰落后工艺和用能设备产品，不断提高能源利用效率。通过在钢铁、水泥、电解铝等行业实施基于能耗限额标准的阶梯电价政策，完善工业能耗核查与价格政策实施联动机制，利用价格手段促进工业企业提升能效，降本增效。

2. 开展工业企业能效水平对标达标活动。向先进企业、先进水平看齐，推动实施节能技术改造，重点在钢铁、石油和化工、建材、有色金属等行业开展能效水效对标达标活动，实施能效水效“领跑者”制度，遴选发布能效标杆企业名单和能效指标，发布能效最佳实践指南，促进工业企业追赶先进，带动行业能效水平整体提升。继续遴选发布节能机电设备产品推荐目录和“能效之星”产品目录，推动工业企业采用高效节能的设备产品。

（三）提升工业节能与绿色标准基础能力

1. 构建标准化工作平台。工业节能与绿色标准化工作涉及面广、参与主体多，需要加强沟通协调。工业和信息化部将会同有关部门，以及地方行业主管部门、节能监察机构、行业协会、社会组织和重点企业共同参与，搭建工作平台，加强工作沟通协调，总结标准制定实施经验，开展地方标准交流，统筹推进工业节能与绿色标准化工作。

2. 加强标准宣贯培训。提升工业和信息化主管部门、节能监察机构、重点企业的贯标意识和能力，是落实节能与绿色标准作用的关键。结合节能与绿色标准更新情况，重点针对钢铁、石化、建材、有色金属、轻工、纺织、电子等行业，充分发挥地方节能监察机构的作用，通过编制培训教材、开展现场培训、建设网上培训平台等手段，加强对节能管理人员、节能监察人员、企业能源管理负责人的节能与绿色标准培训。

3. 培育标准化支撑机构和评价机构。充分发挥市场主体作用，鼓励社会组织和产业技术联盟协调相关市场主体共同制定满足市场和创新需要的标准，是标准化工作改革的既定方向。依托研究机构、行业组织、产业联盟等，培育一批标准化支撑机构，加快发展团体标准和地方标准。培育一批工业节能与绿色发展评价机构，为标准实施提供技术支撑。

四、保障措施

（一）加强政策支持

加大对标准化工作的政策支持力度，并探索建立市场化、多元化的投入机制。支持重点行业、重点领域节能与绿色标准制修订工作，鼓励地方政府加强工业节能与绿色标准化工作投入，引导社会组织、工业企业等积极参与标准化工作。优先利用绿色金融手段支持企业对照标准实施节能与绿色技术改造。

（二）发挥地方和行业协会作用

充分发挥地方政府、第三方机构在节能与绿色标准化工作中的作用，结合长江经济带、京津冀等重点地区推进工业节能与绿色发展工作的实际需求，研究制定区域标准、地方标准和团体标准。加强部省联动，推动基础好、适应性强的地方标准、团体标准上升为行业标准、国家标准。

（三）加强舆论宣传

充分利用各类新闻媒体、采取多种方式加强对工业节能标准化工作的宣传，引导企业依法用能、合理用能，提升全民节能贯标和绿色发展意识。认真总结工业节能与绿色标准化工作经验，不断完善工作机制。

印染行业规范条件（2017 版）

为促进印染行业产业结构调整和转型升级，规范印染行业生产经营和投资行为，推进节能减排清洁生产，引导印染行业向技术密集、资源节约、环境友好型产业发展，根据国家有关法律、法规和产业政策，制定本规范条件。

一、企业布局

(一)印染企业建设地点应当符合国家产业规划和产业政策，符合本地区主体功能区规划、城乡规划、土地利用总体规划和生态环境规划要求。七大重点流域干流沿岸，要严格控制印染项目环境风险，合理布局生产装置。

(二)在国务院、国家有关部门和省(自治区、直辖市)级人民政府规定的风景名胜区、自然保护区、饮用水保护区和主要河流两岸边界外规定范围内不得新建印染项目。已在上述区域内投产运营的印染生产企业要根据区域规划和保护生态环境的需要，依法通过关闭、搬迁、转产等方式退出。

(三)缺水或水质较差地区原则上不得新建印染项目。水源相对充足地区新建印染项目，地方政府相关部门要科学规划，合理布局，在工业园区内集中建设，实行集中供热和污染物的集中处理。环境质量不达标区域的建设项目，要在环境质量限期达标规划的基础上，实施水污染物区域削减方案。工业园区外企业要逐步搬迁入园。

二、工艺与装备

(一)印染企业要采用技术先进、节能环保的设备，主要工艺参数实现在线检测和自动控制。新建或改扩建印染生产线总体水平要达到或接近国际先进水平。鼓励采用染化料自动配液输送系统。禁止使用国家明确规定的淘汰类落后生产工艺和设备，禁止使用达不到节能环保要求的二手设备。棉、化纤及混纺机织物印染项目设计建设要执行《印染工厂设计规范》(GB 50426)。

(二)连续式水洗装置要密封性好，并配有逆流、高效漂洗及热能回收装置。间歇式染色设备浴比应满足 1∶8 以下工艺要求。热定形、涂层等工序挥发性有机物(VOCs)废气应收集处理，鼓励采用溶剂回收和余热回收装置。

三、质量与管理

(一)印染企业要开发生产低消耗、低污染绿色产品，鼓励采用新技术、新工艺、新设备、新材料开发具有知识产权、高附加值的纺织产品。产品质量要符合国家或行业标准要求，产品合格率达到95%以上。

(二)印染企业应实行三级用能、用水计量管理，设置专门机构或人员对能源、取水、排污情况进行监督，并建立管理考核制度和数据统计系统。

(三)印染企业要健全企业管理制度，鼓励企业进行质量、环境以及职业健康等管理体系认证，支持企业采用信息化管理手段提高企业管理效率和水平。企业要加强生产现场管理，车间要求干净整洁。

(四)印染企业要规范化学品存储和使用，危险化学品应严格遵循《危险化学品安全管理条例》要求，加强对从业人员化学品使用的岗位技能培训。企业应建立化学品绿色供应链管控体系，避免使用对消费者、环境等有害的化学物质。

四、资源消耗

(一)印染企业单位产品能耗和新鲜水取水量要达到规定要求。

注：

1、机织物标准品为布幅宽度 3800px、布重 10～14kg/100m 的棉染色合格产品，真丝绸机织物标准品为布幅宽度 2850px、布重 6～8kg/100m 的染色合格产品，当产品不同时，可按标准进行换算。

2、针织或纱线标准品为棉浅色染色产品，当产品不同时，可参照《针织印染产品取水计算办法及单耗基本定额》(FZ/T 01105)进行换算。

3、精梳毛织物印染加工指从毛条经过条染复精梳、纺纱、织布、染整、成品入库等工序加工成合格毛织品精梳织物的全过程。粗梳毛织物单位产品能耗按精梳毛织物的 1.3 倍折算,新鲜水取水量按精梳毛织物的 1.15 倍折算。毛针织绒线、手编绒线单位产品能耗按纱线、针织物的 1.3 倍折算,新鲜水取水量按纱线、针织物的 1.3 倍折算。

五、环境保护与资源综合利用

(一)印染企业环保设施要按照《纺织工业企业环保设计规范》(GB 50425)的要求进行设计和建设，执行环保设施与主体工程同时设计、同时施工、同时投产的“三同时”制度。印染废水应自行处理或接入集中废水处理设施，并加强废水处理及运行中的水质分析和监控，废水排放实行在线监控，实现稳定达标排放。采用高效节能的固体废弃物处理工艺，实现固体废弃物资源化和无害化处置。依法办理排污许可证，并严格按证排放污染物。

(二)印染企业要按照环境友好和资源综合利用的原则，选择采用可生物降解(或易回收)浆料的坯布。使用生态环保型、高上染率染料和高性能助剂。完善冷却水、冷凝水及余热回收装置。丝光工艺配备淡碱回收装置。企业水重复利用率达到 40%以上。

(三)印染企业要采用清洁生产技术，提高资源利用效率，从生产的源头控制污染物产生量。印染企业要依法定期实施清洁生产审核，按照有关规定开展能源审计，不断提高企业清洁生产水平。

六、安全生产与社会责任

(一)印染企业要按照《纺织工业企业安全管理规范》(AQ7002)和《纺织工业企业职业安全卫生设计规范》(GB 50477)要求，建设安全生产设施，并按照国家有关规定和要求，确保安全设施与主体工程同时设计、同时施工、同时投入生产和使用。

(二)鼓励印染企业按照《纺织企业社会责任管理体系》(CSC9000-T)的要求，履行社会责任。鼓励企业开展化学品和环境信息公开。企业在生产运营过程中严格按照《纺织工业企业安全管理规范》要求，规范安全生产工作。

七、监督管理

(一)工业和信息化、国土资源、环境保护、住房和城乡建设、安全监管等部门，要依法加强对印染企业的监督检查，对于违反规定的，有关部门要责令其及时改正，并依法严肃处理。

(二)各级工业和信息化主管部门要加强对印染行业的管理，督促企业按照规范条件要求，加快技术改造，加快淘汰落后产能，规范企业各项管理。经企业自愿申请，省级工业和信息化主管部门核实推荐，工业和信息化部对符合规范条件的企业进行公告。

（三）有关行业协会要宣传国家产业政策，加强行业指导和行业自律，推进印染行业技术进步，协助政府有关部门做好行业监督、管理工作。

八、附则

（一）本规范条件适用于中华人民共和国境内（港澳台地区除外）各类印染企业，具有印染能力的棉纺织、化纤织造、毛纺织、麻纺织、丝绸、色织、针织、服装等企业。

（二）本规范条件采用的标准或数据如有修订，从其规定。

（三）本规范条件自 2017 年 10 月 1 日起实施。2010 年 4 月 11 日公布的《印染行业准入条件（2010 年修订版）》（工消费[2010]第 93 号）同时废止。

印染企业规范公告管理暂行办法

第一章　总则

第一条　为推进印染企业规范化运营，提高印染产品质量，减少能耗水耗以及污染物排放总量，根据《印染行业规范条件（2017 版）》（以下简称《规范条件》）有关规定，制定《印染企业规范公告管理暂行办法》。

第二条　各省、自治区、直辖市及计划单列市、新疆生产建设兵团工业和信息化主管部门（以下统称省级工业主管部门）负责本地区印染企业规范公告申请的受理、审核、推荐以及日常监督查工作。相关行业协会协助工业和信息化部做好申请材料的核查及现场查验等工作。工业和信息化部对符合《规范条件》印染企业的名单进行公告。

第三条　未进入公告名单印染企业的公告申请工作每年开展 1 次，公告名单实行动态管理。

第二章　申请条件和申请材料

第四条　申请企业应当具备以下基本条件：

（一）具有独立法人资格。

（二）符合《规范条件》有关规定要求。

第五条　满足第四条基本条件要求的印染企业可向本地区省级工业主管部门提出公告

申请，并如实填报相关申请材料。申请材料应对本企业建设地点、工艺装备、质量与管理、能源消耗、资源消耗及综合利用、环评审批和“三同时”验收、排污许可证、主要污染物排放、污泥处置、清洁生产审核、安全生产等方面进行说明并提供必要证明材料。

第三章 审核和公告

第六条 各省级工业主管部门按照《规范条件》要求，对申请公告企业的相关情况进行核实，并将符合《规范条件》要求的企业申请材料及审核意见报工业和信息化部。

第七条 工业和信息化部收到各地上报材料后，组织相关行业协会、专家开展申请材料核查及现场查验等工作，对符合《规范条件》印染企业的名单进行公示(5 个工作日)，对公示无异议企业名单，以公告形式予以发布。

第四章 监督和管理

第八条 进入公告名单的印染企业要严格按照《规范条件》的要求组织生产经营活动。各省级工业主管部门负责日常监督检查工作。

第九条 已公告企业有下列情况之一，省级工业主管部门应责令其限期整改，拒不整改或整改不合格者，报请工业和信息化部撤销其公告。工业和信息化部撤销企业公告前，听取有关企业陈诉和申辩。

(一)不能保持《规范条件》。

(二)报送的相关材料有弄虚作假行为。

(三)拒不接受监督检查。

(四)发生重大违反国家法律法规、产业政策要求的行为。

(五)发生重大安全生产和环境污染事故。

被撤销公告的企业，经整改合格满 2 年后方可重新提出公告申请。

第五章 附则

第十条 本办法适用于中华人民共和国境内(港澳台地区除外)所有类型的印染企业。

第十一条 本办法自 2017 年 10 月 1 日起实施。2012 年 1 月 19 日公布的《印染企业准入公告管理暂行办法》(工信部消费〔2012〕40 号)同时废止。

工信部

三部门关于深入推进信息化和工业化融合管理体系的指导意见

工业和信息化部 国务院国有资产监督管理委员会 国家标准化管理委员会

工信部联信软[2017]155 号

各省、自治区、直辖市及计划单列市、新疆生产建设兵团工业和信息化、国有资产监督管理、质量技术监督（市场监管）部门，有关中央企业，有关行业协会，有关单位：

持续推进信息化和工业化深度融合（以下简称两化融合），是党中央、国务院的战略部署，两化融合管理体系是推进两化深度融合的重要举措和有力抓手。当前，两化融合管理体系工作正在从试点应用走向全面普及，在凝聚社会共识、转变行业管理方式、激发市场活力、提升企业竞争力等方面取得明显进展，但总体上仍处于起步阶段，在标准体系、贯标广度深度、协同工作机制、社会认可度、人才队伍建设等方面有待进一步加强。为贯彻落实《中国制造 2025》《国务院关于深化制造业与互联网融合发展的指导意见》，深入实施《信息化和工业化融合发展规划（2016—2020 年）》，推广普及两化融合管理体系，加速技术创新和管理变革，提升全要素生产率和产业竞争力，加快制造强国建设，提出以下意见。

一、总体要求

（一）指导思想

全面贯彻党的十八大和十八届三中全会、四中全会、五中全会、六中全会精神，牢固树立创新、协调、绿色、开放、共享的发展理念，以建设新型能力为主线，以建立和推广两化融合管理体系标准为抓手，以构建数据驱动的系统解决方案为着力点，持续推动两化融合创新发展，培育制造业、互联网和金融跨界融合新生态，提升企业创新活力、发展潜力、转型动力，加快推进供给侧结构性改革、经济发展方式转变和实体经济升级。

（二）基本原则

坚持企业主体。充分发挥市场在资源配置中的决定性作用和更好发挥政府作用，尊重企业自主性和独立性，激发企业积极性和主动性，务实推进以内生需求为出发点、以价值创造为落脚点的本质贯标，优化政府服务，营造两化融合发展良好环境。

坚持创新引领。促进技术创新与管理创新相统一，构建数据驱动的开放式生产组织体系，推动制造、信息通信、互联网和金融等行业企业跨界融合与创新发展，释放制造业创新发展新动能。

坚持合作共赢。加强政府部门、行业组织、科研院所、高等院校、服务机构、企业之间的合作，构建上下齐动、区域联动、行业互动的协同推进体系，建立以市场服务为纽带、以价值链共创为基础的推进机制。

坚持开放发展。顺应经济发展全球化趋势，奉行互利共赢的开放战略，加强国际交流合作，以两化融合管理体系国际标准化为突破口，推动技术、标准、服务、解决方案“走出去”，拓展互惠互利、开放共享的国际发展空间。

（三）主要目标

到 2020 年，两化融合管理体系标准体系初步形成，超过 5 万家企业开展两化融合管理体系贯标，遴选确定 200 家以上贯标示范企业，培训超过 100 万人次，基本形成规范、有序、健全的市场化机制。15 万家企业开展两化融合自评估、自诊断、自对标，两化融合发展数据地图成为政府、行业、企业分业施策的重要依据。形成一批两化融合新方法、新工具、新解决方案，两化融合管理体系成为引领企业战略转型、组织变革、技术创新、生产方式和服务模式转变的重要抓手。

二、重点任务

（一）建立健全标准化组织体系，完善两化融合管理体系标准

建立健全标准化组织体系。推动组建全国两化融合管理体系标准化技术委员会，加强与其他相关标准化技术委员会的协作，加快标准制修订和产业化应用。鼓励行业组织、重点企业、服务机构、科研院所等积极参与，适时组织成立重点领域与行业分技术委员会，共同形成产学研用协同创新的标准化组织体系。依托学会、协会、商会、联合会以及产业技术联盟等社会团体建立两化融合管理体系团体标准的推进机制。

发布两化融合管理体系标准化建设指南。明确两化融合管理体系总体架构，构建两化融合管理体系的标准体系，发布基础共性、关键技术、行业和参考模型等标准目录。滚动制定两化融合管理体系标准化发展路线图，明确不同时期的发展目标、重点、方法和路径等，指导各类主体协同开展标准制定。

滚动制修订两化融合管理体系标准。发布基础和术语、要求、实施指南、审核指南等基础共性标准，加快研制新型能力参考模型、多体系融合指南等亟需技术标准。组织研制两化融合管理体系方法工具以及制造业与互联网融合、“互联网+”、大数据等应用领域有关的解决方案标准。支持制定面向行业企业、研究院所、社会组织等不同对象的两化融合管理体系实施指南。建立标准应用效果评价和改进完善机制，促进标准化工作良性循环。推动支撑两化融合管理体系标准的软件工具开发和测试验证平台建设。

加快推进两化融合管理体系国际标准化。依托两化融合管理体系联合工作组建立国际标准化工作组，在国际标准化组织中推动筹建围绕两化融合的工作机构，加快推进两化融合管理体系国际标准化工作。推动建设两化融合管理体系国际应用推广平台，构建线上线下合作渠道，在学术交流、标准研制、课题研究、最佳实践和应用推广等方面加强国际交流与合作。

（二）普及推广两化融合管理体系，持续打造企业新型能力

全面推动两化融合管理体系贯标。深化国家和地方两化融合管理体系贯标试点，实现重点区域和优势产业贯标全覆盖。引导中央企业、大型企业集团推动下属企业及供应商全面开展贯标，加快形成产业链协同发展新生态。针对小微企业需求和特征，探索制定模块化、平台化、便捷化的两化融合管理体系贯标实施细则，开展小微企业贯标试点和普及推广。

分行业组织开展贯标示范。围绕重点行业开展两化融合管理体系贯标行业示范工作，系统总结推广贯标优秀经验和成果，引导同行业企业围绕战略转型，加快技术创新和管理变革，打造以数据为驱动、新型能力建设为主线的产业转型升级新模式。优先支持国家新型工业化产业示范基地内同等条件的达标企业成为贯标示范企业。

广泛深入开展贯标培训。支持标准研制单位、高等院校、各类培训机构等，联合建设两化融合管理体系培训体系，培育一批专业师资人才，编制系列培训教材，面向各级政府、行业组织、企业、服务机构等不同主体，分层次、分类别、多渠道组织开展系列培训，提高社会各界的认识和能力。鼓励各级工业和信息化主管部门结合本地区实际，有针对性地组织开展培训工作。引导贯标企业、咨询机构、评定机构、系统解决方案提供商等分级分类加强内部培训，提高从业人员专业技能。支持开展总裁研修班、企业家大讲堂等活动，培育一批具备先进发展理念和创新管理能力的新型企业家。

持续打造企业新型能力。引导企业通过贯标达标建立系统化的运行管理新机制，围绕

战略转型和差异化竞争的迫切需求动态制定新型能力规划，构建并持续打造新型能力。支持企业探索两化融合管理体系与内控、质量、环境等多体系融合的方法和路径，建立一体化管理体系。

引导企业建立数据集成与创新中心。利用云计算、物联网、大数据等新一代信息技术，不断增强企业数据自动采集、传输、存储、分析、决策和优化水平，实现企业内部核心业务系统纵向整合、企业间业务系统横向集成以及业务协作、产品全价值链和全过程数据的集成共享。以数据为新驱动要素，加快培育新技术、新产品、新模式、新业态。

探索面向新工业革命的管理新模式。以两化融合管理体系标准研制和应用推广为契机，支持一批创新型企业开展基于信息化的赋能管理新模式试点示范，构建平台化、协同化、开放式的组织体系，激发劳动者创新创业的动力、活力和潜能，探索推进制造强国、网络强国建设的新理念、新规律、新方法，支持在“走出去”“一带一路”建设等国际经济合作中应用推广，以新模式打造中国制造新品牌。

（三）持续建设两化融合发展数据地图，推动分级分类发展

完善两化融合评估体系和模型。结合制造业与互联网融合发展的新趋势，完善两化融合评估体系，加强分行业指标体系和小微企业指标体系制定，构建系列评估评价模型，明确数据指标和分析方法，夯实两化融合发展数据地图建设基础。

持续开展企业两化融合自评估、自诊断、自对标。组织完善国家和地方两化融合评估服务平台，联合各地方、中央企业、行业持续推进企业两化融合自评估、自诊断、自对标。推动编制全国、省市县各级区域、重点行业、中央企业两化融合发展数据地图，跟踪研判两化融合发展现状、发展重点、价值成效、特征模式以及发展趋势。

建设面向两化融合的工业大数据公共服务平台。支持科研院所、高校、企业等联合建设平台，研发数据采集方法、挖掘分析工具和服务模型，增强多源异构数据集成、建模、分析服务能力，提供产品全生命周期管理、供应链协同等大数据创新应用服务。面向国家、地方、行业开展工业和信息化发展态势预测分析，探索基于工业大数据的产业转型发展新模式。

形成基于两化融合发展数据地图的分业施策新方式。拓展两化融合发展数据地图的服务领域，发布两化融合系列发展指数，引导各地方、各行业、各企业深入应用数据地图，通过诊断发现问题，通过对标找准方向，支持政府精准施策、行业精准引导、企业精准决

策、市场精准服务，促进分级分类差异化发展。

（四）健全开放协作的市场化运行体系，提升服务质量

提升第三方服务机构的综合服务能力。推动地方、中央企业、行业组织面向两化融合管理体系贯标需求，持续培育高质量服务机构。支持研制两化融合管理体系贯标服务的系列技术指导规范，推动各类咨询服务机构、技术服务商、金融服务机构等深度合作，以贯标带动服务机构从单一专业领域服务向懂技术、善管理、明体系的多领域综合服务转变。

构建线上线下协同的平台化服务体系。建设完善两化融合管理体系工作平台，提供标准研制、贯标、咨询、评定、培训等全流程在线协同管理和服务，实现贯标咨询服务机构及人员、评定服务机构及人员等规范管理，加强平台服务资源集聚和服务供需对接能力，加快经验知识传播和分享。

建立开放透明的监督管理体系。完善两化融合管理体系贯标跟踪和评定管理平台，加强贯标咨询、评定等服务全流程指导、监督和管理，不断优化两化融合管理体系评定管理办法、服务机构监督与评级管理办法等管理制度。持续开展服务信息公开和动态评级，推动服务机构信用评价体系和信用惩戒机制建设，构建完善政府引导、行业监管、机构自律、社会监督四位一体的监管体系，形成优胜劣汰的良性市场竞争机制。

提升两化融合管理体系的社会认可度。组织开展两化融合管理体系评定采信试点，加强与各部门的沟通协调，引导中央企业、龙头企业、金融机构及第三方社会评价机构，将评定结果与资金支持、供应商选择、招标投标、投融资授信、品牌推广、社会信用评价体系建设相结合，扩大评定结果的社会采信范围，积极探索国际互认机制。

推动两化融合系统解决方案研制与应用。支持制造企业与信息技术企业、互联网企业、咨询服务机构跨界融合，面向各地方、各行业、不同类型企业的个性化需求，研制两化融合系统解决方案。支持建设系统解决方案服务支撑平台，开展系统解决方案互动体验、测试验证和应用推广。

三、保障措施

（一）加强组织领导

加强两化融合管理体系工作领导小组对两化融合管理体系工作的统筹协调和督导，研究重大问题，制定政策措施。工业和信息化部全面统筹两化融合管理体系工作，分别会同

国家标准化管理委员会和国务院国有资产监督管理委员会指导两化融合管理体系标准建设和中央企业两化融合管理体系推进工作。健全两化融合管理体系联合工作组，形成部委、地方政府、中央企业、行业组织、服务机构、科研院所等广泛参与的协同工作机制。各级工业和信息化主管部门、质量技术监督（市场监督管理）部门要结合本地区情况制定贯标工作方案，明确贯标总目标、时间表、路线图、政策措施及考核要求。建立健全两化融合管理体系工作的跟踪监测、统计分析、动态调整、监督考核、信息通报等机制。

（二）加大政策支持

利用现有资金渠道，加大对两化融合管理体系标准制订、企业贯标达标、示范推广、服务体系培育、解决方案研制等的支持力度，鼓励有条件的地方主管部门按照有关规定设立专项资金，探索建立多元化、多渠道社会投入机制。各地工业和信息化主管部门要将贯标工作与地方产业发展紧密结合，完善政策措施，为各项工作贯彻落实提供基本方法和有效途径。鼓励各级政府在技术改造、工业转型升级、智能制造、“互联网+”等项目中优先支持两化融合管理体系达标企业。贯彻落实《关于深化制造业与互联网融合发展的指导意见》，推动金融税收政策、用地用房政策与企业两化融合管理体系贯标达标相结合。

（三）加强人才保障

依托国家重大人才计划以及重大科研、工程、产业攻关项目，加大对两化融合领域学术研究人才和工程技术专家等领军人才的培养和支持力度。推动部属高校等高等院校在基础教育体系中设置两化融合相关专业课程，依托相关科研院所、重点企业建立人才培养实训基地，促进人才在高等院校、科研院所和企业之间有序流动，不断为两化融合管理体系培育理论与实践相结合的复合型人才。推动建立海外人才特聘专家制度，完善人才激励机制，创新使用全球高层次人才。

（四）强化宣传推广

各级工业和信息化主管部门、行业组织、中央企业、服务机构要积极组织“深度行”、“环省行”等多种形式活动，加大对两化融合管理体系标准的宣贯力度，在各类企业和组织中推动标准的实施与应用推广。充分发挥新闻媒体、互联网平台等多渠道宣传作用，支持社会各界围绕两化融合管理体系，加强宣贯交流，分享经验成果，提升全社会对两化融合管理体系的认知度。在国际交流合作中加强两化融合管理体系贯标达标成果宣传推广，提高国际认可度与影响力。

工业和信息化部

国务院国有资产监督管理委员会

国家标准化管理委员会

2017 年 6 月 26 日

国务院印发《关于深化“互联网+先进制造业”发展工业互联网的指导意见》

新华社北京 11 月 27 日电 经李克强总理签批，国务院日前印发《关于深化“互联网+先进制造业”发展工业互联网的指导意见》（以下简称《意见》）。

《意见》指出，要深入贯彻落实党的十九大精神，以全面支撑制造强国和网络强国建设为目标，围绕推动互联网和实体经济深度融合，聚焦发展智能、绿色的先进制造业，构建网络、平台、安全三大功能体系，增强工业互联网产业供给能力，持续提升我国工业互联网发展水平，深入推进“互联网+”，形成实体经济与网络相互促进、同步提升的良好格局，有力推动现代化经济体系建设。

《意见》提出三个阶段发展目标：到 2025 年，覆盖各地区、各行业的工业互联网网络基础设施基本建成，工业互联网标识解析体系不断健全并规模化推广，基本形成具备国际竞争力的基础设施和产业体系；到 2035 年，建成国际领先的工业互联网网络基础设施和平台，工业互联网全面深度应用并在优势行业形成创新引领能力，重点领域实现国际领先；到 21 世纪中叶，工业互联网创新发展能力、技术产业体系以及融合应用等全面达到国际先进水平，综合实力进入世界前列。

《意见》明确了建设和发展工业互联网的主要任务：一是夯实网络基础，推动网络改造升级提速降费，推进标识解析体系建设。二是打造平台体系，通过分类施策、同步推进、动态调整，形成多层次、系统化的平台发展体系，提升平台运营能力。三是加强产业支撑，加大关键共性技术攻关力度，加快建立统一、综合、开放的工业互联网标准体系，提升产品与解决方案供给能力。四是促进融合应用，提升大型企业工业互联网创新和应用水平，加快中小企业工业互联网应用普及。五是完善生态体系，建设工业互联网创新中心，有效整合高校、科研院所、企业创新资源，开展工业互联网产学研协同创新，构建企业协同发展体系，形成中央地方联动、区域互补的协同发展机制。六是提升安全防护能力，建立数据安全保护体系，推动安全技术手段建设。七是推动开放合作，鼓励国内外企业跨领域、全产业链紧密协作。《意见》还部署了 7 项重点工程：工业互联网基础设施升级改造工程，工业互联网平台建设及推广工程，标准研制及试验验证工程，关键技术产业化工程，工业互联网集成创新应用工程，区域创新示范建设工程，安全保障能力提升工程。

《意见》提出，要建立健全法规制度；扩大市场主体平等进入范围，实施包容审慎监管，营造良好市场环境；重点支持网络体系、平台体系、安全体系能力建设，加大财税支持力度；支持扩大直接融资比重，创新金融服务方式；强化专业人才支撑，创新人才使用机制；健全组织实施机制，促进工业互联网与“中国制造 2025”协同推进，为工业互联网快速发展提供支撑保障。

关于严格控制棉纺产业无序发展的紧急通知

新政办明电[2018]41 号

伊犁哈萨克自治州，各州、市人民政府，各行政公署，自治区纺织服装就业工作领导小组各成员单位：

第二次中央新疆工作座谈会确定新疆发展纺织服装产业带动就业战略以来，国家和自治区出台了一系列扶持新疆纺织服装产业发展的优惠政策，一大批国内纺织优强企业来疆投资设厂，我区纺织服装产业取得快速发展，但在发展中出现了棉纺产能增长过快，全产业链前后端结构失衡，棉纺行业就业容量偏低，棉纺产业财政补贴资金占比过大，地方债务风险加大的突出问题。至 2017 年末，已投产的棉纺产能达到 1746 万锭，如不采取措施加以控制，防止棉纺产能继续无序扩张，今年全疆棉纺已投产、在建产能将会突破国家确定的到 2023 年全疆（含兵团）棉纺产能 2000 万锭的发展目标。针对我区棉纺产业无序扩张势头，各地（州、市）、兵团各师（市）、自治区及兵团各部门要从全局利益出发，坚决贯彻落实第二次中央新疆工作座谈会以来国家和自治区关于纺织服装产业发展的各项政策措施，遏制棉纺产能盲目扩张、现将有关工作要求紧急通知如下：

一、统一思想认识。各地（州、市）、兵团各师（市），自治区纺织服装就业工作领导小组各成员单位要认真学习贯彻习近平新时代中国特色社会主义思想和党的十九大精神，强化“四个意识”提高政治站位，转变发展理念，认真落实《关于印发新疆纺织服装产业发展规划（2018-2023 年）的通知》（新政发[2018]154 号）和《关于促进新疆纺织服装产业健康可持续发展的指导意见》（新政发[2018]155 号），推动新疆纺织服装产业由高速发展转向高质量发展，进一步优化纺织服装产业布局，促进我区加快建成支撑保障社会稳定和长治久安总目标实现的现代工业产业体系。

二、立即停止棉纺产业在建项目建设。自本《通知》发布之日起 各地（州、市）、兵团各师（市）一律停止棉纺产业在建项目建设。自治区纺织服装就业工作领导小组近期将联合中国纺织工业联合会、中国棉纺织行业协会等相关部门对在建项目进行全面核查。

三、立即停止棉纺产业所有拟建项目前期工作。自本《通知》下发之日起，各地（州、市）、兵团各师（市）、自治区及兵团各部门要立即停止办理棉纺项目用地、环境影响评价、项目备案以及项目建设有关的一切手续。

四、优化政策导向。自治区纺织服装就业工作领导小组各成员单位及各地对擅自开工、恢复施工的棉纺企业，一律不得给予享受自治区纺织服装产业发展的优惠政策，自治区将调整财政资金支持政策，集中政策资金对就业容量大的服装、针织，家纺等产业给予更大支持。

五、严防金融风险。加强前瞻性预判，做好风险评估，各地（州、市），兵团各师（市）、自治区及兵团各都门要严格防范政举债为棉纺企业建设标准化厂房，防止出现债务风险。

六、加强舆论引导和政策宣贯。各地（州，市），兵团各师（市），自治区及兵团各门要加强引导，做好宣传解释工作，要充分认识到国家、自治区大力支持纺织服装产业发展的政策方针没有变，通过发展纺织服装产业带动 100 万人就业的初心没有变，停建棉纺项目主要是为了控制棉纺产业无序发展的势头，实现纺织服装产业健康可持续发展。

新疆维吾尔自治区人民政府办公厅

2018 年 3 月 21 日

关于进一步完善自治区纺织服装产业政策的通知

新政办发[2018]34 号

伊犁哈萨克自治州，各州、市人民政府，各行政公署，自治区人民政府各有关部门、各直属机构：

为深入贯彻落实习近平新时代中国特色社会主义思想和党的十九大精神，贯彻落实第二次中央新疆工作座谈会、第六次全国对口支援新疆工作会精神，贯彻落实自治区党委、政府关于促进新疆纺织服装产业健康可持续发展的工作部署，聚焦社会稳定和长治久安总目标，坚决打好防范化解重大风险、精准脱贫、污染防治三大攻坚战，经自治区人民政府同意，现将自治区进一步完善纺织服装产业政策有关事项通知如下：

一、稳定政策预期，优化政策，支持服装、家纺针织等终端产业发展

1、保持现有政策稳定。在基础设施和标准厂房建设、企业产品运费、电费、员工岗前培训和新增就业、社会保险、贷款贴息等方面继续给予必要的政策支持。

2、调整新增就业补贴。对各类纺织服装企业吸纳新疆籍人员就业，按照每人 5000 元的标准，分 3 年（第 1 年 2000 元，第 2 年 1000 元，第 3 年 2000 元）给予新增就业补贴。

3、优先支持终端产业。国家和自治区纺织服装产业专项资金优先支持各地服装、家纺、针织等终端产业发展。

4、支持企业“走出去”。对服装、家纺、针织等终端产业生产企业参加俄罗斯、中亚等国外各类展会、开展跨境电子商务、开拓国际市场等给予支持。

二、控制棉纺产能过快增长，促进棉纺织产业高质量发展

5、控制在建棉纺项目。暂停开工在建的棉纺项目，由自治区委托国家行业机构进行评估，装备和技术达到国内先进水平且具有一定生产规模的棉纺项目，允许继续建设建成后可享受现有棉纺产业扶持政策。

6、限制新建扩建棉纺产能。除喀什地区、和田地区、克州外，其他地（州、市）新建扩建棉纺项目不享受现有棉纺产业扶持政策。

7、提升现有棉纺装备水平。对 2018 年 3 月 31 日前建成投产的棉纺产能，继续执行

现有政策。分三年，通过技术改造、兼并、重组、置换等方式，逐步淘汰 3 万锭以下（含 3 万锭）规模、装备落后的棉纺产能。

8、取消新疆地产棉补贴。自 2018 年 1 月 1 日起，终止执行纺织企业使用新疆地产棉给予补贴的政策。

三、重点支持南疆四地州纺织服装产业发展

9、加大对地方政府建设生产厂房的支持力度。对南疆四地州地方政府投资建设、用于发展服装、家纺、针织等终端产业的卫星工厂、扶贫车间，就业人数超过 50 人以上的生产厂房予以适当补贴。

10、加大人才引进补贴。对南疆四地州服装、家纺、针织等终端产业生产企业，按照每 50 名员工 1 个名额的比例享受人才引进补贴，补贴标准每人每年 5 万元，补贴时限为 3 年。

11、给予企业产品出疆运输补贴。对南疆四地州服 装、家纺、针织、地毯、产业用纺织品等终端产业生产企业按照出疆产品销售额的 4%给予出疆运费补贴。

12、继续支持发展棉纺织产业。喀什地区、和田地区、克州新建扩建超过 5 万锭以上的棉纺项目可享受现有棉纺产业政策。

13、支持纺织服装配套产品发展。自治区制定纺织 服装相关配套产品目录，对在南疆四地州纺织服装相关配套产品的生产企业给予岗前培训、社保、出疆运费等政策支持，对地方政府投资建设用于上述产业的生产厂房予以适当补贴。

14、对部分县市予以专项支持。结合南疆四地州各县市纺织服装产业发展实际情况，综合产业结构、劳动力人口、脱贫任务等各类因素，实施特殊的更为精准的专项支持。

四、支持“教育培训中心+”发展纺织服装产业促进稳定

15、支持“教育培训中心+”生产厂房建设。在喀什地区、和田地区、克州、阿克苏地区柯坪县、乌什县开展支持“教育培训中心+”发展纺织服装等劳动密集型产业试点工作。对在“教育培训中心+”周边，由地方政府投资建设、用于服装、家纺、针织等劳动密集型企业的生产厂房予以适当补贴。

16、鼓励企业参与“教育培训中心+”。在“教育培训中心+”发展纺织服装等劳动密集型产业试点地区，为教转人员提供培训岗位的服装、家纺、针织等劳动密集型企业，企业可

享受产品销售额 4%的运输补贴外，按培训教转人员人数，给予每人 1800 元的培训补贴。

五、其他

17、适用范围。本政策自发布之日起在全疆范围内实施。新疆生产建设兵团按照稳定现有政策、调控棉纺产能、坚持就业第一、南疆优先的原则参照执行。

关于加强棉纺在建项目管理推进产业高质量发展的通知

新政办明电[2018]67 号

伊犁哈萨克自治州，各州、市人民政府，各行政公署，自治区各有关部门、单位：

第二次中央新疆工作座谈会确定发展纺织服装产业带动就业战略以来，全疆纺织服装产业快速发展，但在发展中出现棉纺产能增长过快、全产业链前后端结构失衡、地方债务风险加大等突出问题。2018 年 3 月 21 日，自治区人民政府办公厅下发《关于严格控制棉纺产业无序发展的紧急通知》（新政办明电[2018]41 号），同时组织自治区相关厅局配合中国纺织工业联合会、中国棉纺织行业协会对全疆棉纺备案在建项目进行全面核查评估。4 月 3 日，自治区人民政府办公厅印发《关于进一步完善自治区纺织服装产业政策的通知》（新政办发[2018]34 号），确定了控制棉纺产能，支持扶持服装、家纺、针织等终端产业发展，重点支持南疆的政策。

为深入贯彻落实习近平新时代中国特色社会主义思想和党的十九大精神，贯彻落实第二次中央新疆工作座谈会、第六次全国对口支援新疆工作会精神，贯彻落实自治区党委、自治区人民政府关于促进新疆纺织服装产业健康可持续发展的工作部署，牢固树立新发展理念，进一步加强棉纺在建项目管理，稳定优化存量，科学布局增量，推进产业高质量发展，现就有关事宜通知如下：

一、全面落实新发展理念，推进棉纺产业高质量发展

（一）准确把握产业发展方向。以“创新、协调、绿色、开放、共享”五大发展理念统领纺织服装产业发展全局，正确处理产业发展规模与资源、生态环境承受能力的关系。以创新发展为引领，通过技术改造、兼并重组、存量置换等方式，推动棉纺产业高质量发展。按照上下游一体化发展思路，控制棉纺产能过快增长，推动全产业链协同发展。按照集中、适度、环保的要求，发展工艺设备先进、清洁化程度高的棉纺项目。

（二）坚持控制产能总量。坚决落实国务院办公厅《关于支持新疆纺织服装产业发展促进就业的指导意见》（国办发[2015]2 号）和自治区人民政府《关于印发新疆纺织服装产业发展规划（2018—2023 年）的通知》（新政发[2017]154 号）的产能目标要求，严格控制产能过快增长。国家明令淘汰的落后生产工艺、装备和内地淘汰的二手设备，一律不

得向新疆转移、使用。核查中尚未订购设备的气流纺棉纺项目，一律不再给予现有棉纺产业政策支持。除现有棉纺企业扩建项目和全产业链发展确需配套的棉纺项目外，其他棉纺项目，一律不得新建，逐步通过技术改造、兼并重组、存量置换等方式引导淘汰现有 3 万锭以下规模，装备落后的棉纺产能。

二、进一步加强在建项目管理，调控棉纺产业有序发展

（一）分类管理处置棉纺在建项目，对 58 个备案且企业已自主投资建设的项目，自本《通知》印发之日起复工建设，继续给予现有棉纺产业政策支持，各地（州、市）应当继续积极协调加快项目建设进度，督促项目在 2019 年 12 月 31 日之前建成投产。

对 21 个已备案企业尚未自主投资建设的项目，自本《通知》印发进棉纱期货健康发之日起可以复工建设，不再给予现有棉纺产业政策支持，各地（州、市）也不得自行给予相关政策支持，但其仍然依法依规享有市场经营主体的权利和义务，相关部门，地（州，市）应当依法依规给予项目核准，土地供应，建设手续办理，金融贷款等方面的支持。

（二）精准支持南疆，对南疆三地州（喀什地区，和田地区和克州）所有在建棉纺项目继续给予现有棉纺产业政策支持，南疆三地州新建棉纺项目，按《关于进一步完善自治区纺织服装产业政策的通知》（新政办发[2018]34 号）执行。

（三）限制新建棉纺产能。未列入 79 个备案项目的棉纺项目（除南疆三地州外）原则上不得新建，对工艺装备水平先进，全产业链发展的棉纺产业项目，按照“一事一议”的原则，由自治区纺织服装就业工作领导小组研究决定。

（四）落实项目属地管理责任制。各地（州、市）要加强对棉纺业提出的在建项目管理，严格落实属地责任制。加大政策宣传力度，加强舆论引导，对 58 个备案且企业已自主投资建设的项目，在不增加地方债务风险的情况下，各地（州、市）要积极协调，加快推进项目建设进度。对 21 个已备案企业尚未自主投资建设的项目，各地（州、市）要充分与投资方协商，由企业自行决定项目建设进度，各地（州、市）要认真清理自行出台的土地，税收，电价等优惠政策，已经出台的不符合国家和自治区法律法规及产业政策的要坚决废止。

三、进一步加强协同配合力度，推动棉纺产业健康发展

（一）严格防范金融风险。各地（州、市）、各有关部门要坚决贯彻落实 3 月 26 日、28 日陈全国书记在自治区党委和政府“贯彻新发展理念，打好三大攻坚战”部署会议上提出的“1+3”工作目标。积极防范化解政府债务风险，严禁各地政府无序举债建设棉纺项目，对形成政府债务或政府隐性债务的在建项目，必须在规定期限内偿还化解，从源头上杜绝新增地方债务。

（二）加大政策协同力度。自治区纺织服装就业工作领导小组各成员单位要加强配合，综合运用发展规划、产业政策和技术标准等法治化手段，规范项目准入，优化项目布局，合理配置资金、土地、能源、人力等资源，全面提升棉纺产业发展质量和效益。

（三）坚持兵地一盘棋。全区各地（州、市）、兵团各师（市）、自治区及兵团各部门要坚决贯彻落实《关于支持新疆纺织服装产业发展促进就业的指导意见》（国办发[2015]2 号）和《新疆纺织服装期货交易产业发展规划（2018-2023 年）》（新政发[2017]154 号）规定的目标，统一思想认识，加强统筹协调，进一步增强棉纺产业创新力和竞争力，共同推进产业持续、稳定、健康发展。

附：已备案棉纺项目汇总表（详见原文件）

新疆维吾尔自治区人民政府办公厅

2018 年 4 月 27 日

统计篇

2017 年全球地区及国家 GDP 增长情况表

国家及区域	2016 年（%）	2017 年（%）
美国	1.6	2.3
德国	1.7	2.5
法国	1.3	1.8
意大利	0.9	1.5
西班牙	3.2	3.1
日本	0.9	1.7
英国	2.0	1.8
加拿大	1.3	3.0
俄罗斯	−0.6	1.5
中国	6.7	6.9
印度	6.6	6.7
东盟五国	4.8	5.3
巴西	−3.5	1.0
墨西哥	2.2	2.0
中东、北非、阿富汗和巴基斯坦	3.8	2.6
沙特阿拉伯	1.4	−0.7
尼日利亚	−1.5	0.8
南非	0.3	1.3

数据来源：世界货币基金组织

2017 年国内社会生产销售及消费情况

类别	2017 年累计（万亿元）	同比（%）
国内生产总值	82.7	6.9
其中：第一产业	6.5	3.9
第二产业	33.5	6.1
第三产业	42.7	8.0
社会消费品零售总额	36.6	10.2
工业增加值	28.0	6.4

数据来源：国家统计局

2017 年全国用电情况表

指标名称	绝对量（亿千瓦·时）	同比（%）
全国全社会用电量	63077	6.6
其中：第一产业用电量	1155	7.3
第二产业用电量	44413	6.6
工业用电量	43624	5.5
轻工业用电量	7493	7.0
重工业用电量	36131	5.2
第三产业用电量	8814	10.7
城乡居民生活用电量	8695	7.8

数据来源：国家能源局

2017 年纺织工业经济指标完成情况汇总表（规模以上）

指标名称	单位	本月止累计	去年累计	同比±（%）
企业单位数	户	38540	38540	-
亏损企业数	户	4242	3816	11.16
亏损面	%	11.01	9.90	1.11 百分点
主营业务收入	万元	689356484	661722520	4.18
主营业务成本	万元	607466048	583762588	4.06
销售费用	万元	14789519	14040663	5.33
管理费用	万元	22265630	21398468	4.05
财务费用	万元	7431342	7039000	5.57
其中：利息支出	万元	6032343	6026117	0.10
利润总额	万元	37688102	35248406	6.92
亏损企业亏损额	万元	1703028	1816206	-6.23
资产总计	万元	466454927	447866334	4.15
其中：流动资产合计	万元	242438053	235524183	2.94
其中：应收账款	万元	54197177	52552083	3.13
存货	万元	65772567	62037762	6.02
其中：产成品	万元	29171837	28129829	3.70
负债合计	万元	239966128	232735371	3.11
出口交货值	万元	86419778	84437376	2.35

数据来源：国家统计局

2017 年棉纺纱加工、棉织造加工经济指标完成情况汇总表

指标名称	单位	本年累计	去年累计	同比(%)
企业户数	户	8839		
亏损户数	户	939		
亏损面 %	%	10.62		
主营业务收入	亿元	21054	20435	3.03
主营业务成本	亿元	19099	18516	3.15
销售费用	亿元	272	254	6.98
管理费用	亿元	441	425	3.83
财务费用	亿元	250	240	3.94
其中：利息支出	亿元	236	228	3.45
利润总额	亿元	1037	1028	0.90
亏损企业亏损额	亿元	43	40	7.78
资产总计	亿元	12267	11889	3.17
其中：流动资产合计	亿元	5944	5798	2.52
其中：应收账款	亿元	981	967	1.38
存货	亿元	1747	1708	2.25
其中：产成品	亿元	701	695	0.84
负债合计	亿元	6238	6110	2.10
出口交货值	亿元	922	863	6.86

数据来源：国家统计局

2011～2017年纺织工业总产量统计汇总表

年份	纱（万吨）	布（亿米）	针织服装（亿件）	梭织服装（亿件）	化纤短纤（万吨）
2011	2894	620	121	133	1200
2012	2984	659	132.2	135.1	1250
2013	—	683	132	139	1325
2014	3899	704	144	155	1330
2015	3538	703	143	164	1380
2016	3733	714	144	170	1410
2017	4050	696	133	154	1403

注：化纤短纤总产量为中国化纤行业协会测算数据，为全社会总产量；其他数据来源国家统计局，是规上企业产量。

2012～2017年棉纺织行业纱、布总产量统计表

项目	2012年	2013年	2014年	2015年	2016年	2017年
纱（万吨）	1952	1943	1848	1843	1884	1929
布（亿米）	625	632	600	585	610	610

数据来源：中国棉纺织行业协会

2012～2017年棉花产量及化纤短纤加工量统计表

项目	2012年	2013年	2014年	2015年	2016年	2017年
棉花（万吨）	730	750	650	586	494	602
化纤短纤（万吨）	1250	1325	1250	1260	1263	1270

数据来源：中国棉纺织行业协会　中国棉花协会　有关单位会商

2017 年棉纺织品及服装出口额统计表

项目	小计		纺织品		服装	
	亿美元	同比（%）	亿美元	同比（%）	亿美元	同比（%）
一、贸易方式	820.4	-0.36	249.3	2.21	571.1	-1.44
1. 一般贸易	606.3	-0.95	189.4	2.95	417.0	-2.63
2. 来料加工	7.5	-15.5	0.3	-27.74	7.1	-14.81
3. 进料加工	85.3	-5.36	42.0	-3.35	43.3	-7.23
1. 国有企业	90.8	-10.29	27.1	-11.88	63.6	-9.6
2. 集体企业	27.2	-0.65	13.6	1.42	13.5	-2.65
3. 三资企业	153.3	-5.84	56.8	-2.36	96.5	-7.77
1. 亚洲地区	66.0	-8.41	23.9	-14.38	42.1	-4.64
（1）香港	0.9	1.25	0.3	6.79	0.6	-1.28
（2）澳门	6.5	13.17	0.6	-7.11	5.9	15.55
（3）台湾	53.6	-2.02	7.9	-1.06	45.7	-2.18
（4）日本	20.3	-8.12	3.6	-17.7	16.7	-5.74
（5）韩国	2.0	3.53	1.5	10.15	0.5	-12.23
（6）土耳其	16.5	-3.78	2.6	3.65	13.9	-5.08
（7）东盟	127.8	-0.31	16.0	3.74	111.8	-0.86
2. 欧洲	12.0	38.72	1.1	0.92	10.9	44.26
（1）欧盟	5.2	2	2.8	1.42	2.4	2.69
3. 非洲	409.5	-1.01	170.2	0.84	239.3	-2.29
4. 大洋洲	133.3	5.54	80.6	9.96	52.7	-0.57
（1）澳大利亚	140.8	-5.58	18.4	1.33	122.4	-6.54
5. 北美自由贸易区	121.5	-3.62	13.7	6.4	107.8	-4.76
（1）美国	64.2	-1.01	27.2	9.81	37.0	-7.7
（2）加拿大	19.2	-3.16	3.1	2.68	16.1	-4.21
（3）墨西哥	144.9	2.15	19.9	3.25	125.0	1.98
6. 设限国家	248.9	-1.99	29.6	4.9	219.3	-2.85
7. 非设限国家	571.5	0.37	219.7	1.86	351.8	-0.54

数据来源：中国海关总署

2017年棉纺织品及服装进口额统计表

项目	小计		纺织品		服装	
	亿美元	同比（%）	亿美元	同比（%）	亿美元	同比（%）
一、贸易方式	95.3	6.19	68.3	4.76	27.0	9.98
1. 一般贸易	66.7	13.74	46.4	13.99	20.3	13.18
2. 来料加工	3.1	-13.46	3.0	-13.92	0.2	-4.16
3. 进料加工	17.2	-10.88	17.1	-10.69	0.1	-29.56
1. 国有企业	18.3	20.79	15.8	26.36	2.5	-5.18
2. 集体企业	2.3	61.9	2.3	63.95	0.0	-17.97
3. 三资企业	50.6	1.06	31.8	-4.94	18.8	13.11
1. 亚洲地区	0.4	-30	0.3	-15.92	0.0	-68.23
（1）香港	0.0	-36.62	0.0	-52.75	0.0	-36.45
（2）澳门	3.2	-2.78	3.2	-2.83	0.1	0.09
（3）台湾	2.7	-5.41	2.3	-5.36	0.3	-5.78
（4）日本	2.1	1.73	1.4	-10.98	0.6	48.33
（5）韩国	2.5	12.4	0.6	6.8	1.9	14.39
（6）土耳其	0.0	-10.06	0.0	-14.59	0.0	-1.38
（7）东盟	1.1	-24.03	0.9	-19.95	0.1	-44.84
2. 欧洲	0.0	69.7	0.0	-19.83	0.0	189.83
（1）欧盟	0.1	-38.72	0.0	-33.85	0.1	-39.35
3. 非洲	85.7	6.01	66.0	5.22	19.8	8.72
4. 大洋洲	35.2	22.72	27.3	24.22	7.9	17.79
（1）澳大利亚	6.8	16.8	1.3	17.15	5.6	16.72
5. 北美自由贸易区	6.7	17.23	1.2	17.1	5.5	17.26
（1）美国	1.4	5.36	0.1	-52.92	1.3	16.21
（2）加拿大	0.0	-11.24	0.0	-16.7	0.0	-1.63
(3)墨西哥	1.2	-24.71	1.0	-20.11	0.2	-40.81
6. 设限国家	7.7	9.04	2.2	-2.57	5.6	14.33
7. 非设限国家	87.6	5.95	66.1	5.02	21.5	8.9

数据来源：中国海关总署

2017 棉纤维、化纤短纤、纱布出口额统计表

项目	数量（万吨/亿米）	金额（亿美元）	平均价格（万美元/吨）（美元/米）
1.棉纤维合计	1.7	0.3	0.2
原棉	1.7	0.3	0.2
已梳棉	0.0	0.0	0.36
2.化纤短纤	144.7	19.4	0.13
锦纶小计	0.7	0.4	0.62
涤纶小计	101.7	10.5	0.1
腈纶小计	4.6	0.9	0.19
粘胶短纤	30.9	6.0	0.2
3.棉纱线合计	39.4	16.5	0.42
棉缝纫线	0.3	0.2	0.6
棉纱、线	26.2	11.8	0.45
混纺纱、线	12.5	4.4	0.35
棉纱	20.0	8.2	0.41
普梳棉纱	3.1	1.0	0.33
精梳棉纱	17.0	7.2	0.42
4.短纤纱线	79.3	23.9	0.3
合成短纤缝纫线	10.3	3.8	0.37
合成短纤纱线	57.5	15.9	0.28
锦纶纱线	0.5	0.3	0.65
涤纶纱线	38.1	8.0	0.21
腈纶纱线	6.2	2.6	0.41
合成短纤混纺纱线	11.4	4.4	0.39
人造短纤纱、线	10.6	3.9	0.36
人造短纤纱	6.1	1.8	0.29
人造短纤线	2.4	0.9	0.38
人造短纤混纺纱线	2.2	1.2	0.57
5.棉织物	89.4	134.1	1.5
纯棉布	72.2	99.3	1.38
纯棉坯布	23.3	28.5	1.22
纯棉印染布	48.8	70.9	1.45
纯棉染色布	11.9	23.0	1.93
纯棉色织布	9.8	21.2	2.15
纯棉印花布	17.9	20.4	1.14
棉混纺布	16.2	31.8	1.96
棉混纺坯布	2.0	3.4	1.72
棉混纺印染布	14.2	28.4	2
棉混纺染色布	3.8	7.5	1.97
棉混纺色织布	9.2	18.6	2.03
棉混纺印花布	0.5	1.1	1.95
短纤织物	63.8	74.1	1.16

数据来源：中国海关总署

2017 棉纤维、化纤短纤、纱布进口额统计表

项目	数量（万吨/亿米）	金额（亿美元）	平均价格（万美元/吨）（美元/米）
1.棉纤维合计	126.2	23.0	0.18
原棉	115.5	21.9	0.19
已梳棉	0.1	0.0	0.3
2.化纤短纤	60.5	14.3	0.24
锦纶小计	1.4	1.0	0.73
涤纶小计	16.0	2.3	0.14
腈纶小计	14.7	3.4	0.23
粘胶短纤	12.1	3.2	0.26
3.棉纱线合计	198.4	54.6	0.28
棉缝纫线	0.0	0.0	1.38
棉纱、线	187.2	50.7	0.27
混纺纱、线	11.1	3.9	0.35
棉纱	180.0	47.9	0.27
普梳棉纱	140.3	34.8	0.25
精梳棉纱	39.7	13.1	0.33
4.短纤纱线	6.4	3.2	0.5
合成短纤缝纫线	0.3	0.2	0.53
合成短纤纱线	4.7	2.2	0.46
锦纶纱线	0.0	0.0	0.91
涤纶纱线	0.7	0.2	0.32
腈纶纱线	0.9	0.4	0.41
合成短纤混纺纱线	2.8	1.4	0.48
人造短纤纱、线	1.4	0.9	0.62
人造短纤纱	0.4	0.2	0.39
人造短纤线	0.2	0.1	0.47
人造短纤混纺纱线	0.8	0.6	0.81
5.棉织物	3.5	8.6	2.48
纯棉布	2.6	5.8	2.24
纯棉坯布	1.2	1.3	1.08
纯棉印染布	1.3	4.5	3.31
纯棉染色布	0.4	1.4	3.26
纯棉色织布	0.7	2.5	3.42
纯棉印花布	0.1	0.4	3.02
棉混纺布	0.8	2.6	3.06
棉混纺坯布	0.1	0.1	1.14
棉混纺印染布	0.7	2.4	3.34
棉混纺染色布	0.3	1.0	3.59
棉混纺色织布	0.4	1.3	3.2
棉混纺印花布	0.0	0.1	3.02
短纤织物	1.7	4.6	2.75

数据来源：中国海关总署

2017 年中国棉纺织行业景气指数

月份	景气指数	其中					
		生产指数	产品销售指数	产品库存指数	采购价格指数	原料库存指数	经营指数
1	47.52	45.48	46.96	48.38	49.71	49.94	45.46
2	48.84	49.93	49.54	46.66	50.40	47.01	49.68
3	49.13	50.04	49.72	46.91	50.50	48.46	49.14
4	49.25	49.88	49.09	46.78	49.70	48.22	48.66
5	48.97	50.31	49.50	46.60	50.83	48.43	48.25
6	48.89	50.45	49.76	46.30	50.50	48.88	47.34
7	48.24	48.31	49.19	46.13	50.83	48.34	47.02
8	49.18	49.61	50.16	48.88	50.67	47.62	48.52
9	53.77	54.66	55.42	54.18	50.83	53.61	53.78
10	50.32	51.30	52.89	48.47	49.83	48.89	50.55
11	49.22	50.45	51.76	46.45	49.58	47.02	49.96
12	49.20	50.55	51.21	48.53	48.83	46.98	49.24

注：中国棉纺织景气指数，是由中国棉纺织行业协会通过对棉纺织企业的月度调查统计汇总、编制而成的指数，涵盖了企业采购、生产、销售、经营等主要环节，用于反映棉纺织行业的运营情况。此指数以 50 作为分界点，当高于 50 时，反映行业形势向好；低于 50 时，则反映行业形势下滑。

发布单位：中国棉纺织行业协会

2011～2017 年世界棉花平衡表

项目（百万吨）	2011/2012	2012/2013	2013/2014	2014/2015	2015/2016	2016/2017	2017/2018
起始存量	11.0	16.0	19.6	21.8	24.4	21.1	19.1
产量	27.6	26.8	25.8	26.0	22.1	23.1	26.1
供应	38.6	42.8	45.4	47.8	46.5	44.1	45.2
消耗	22.4	23.2	23.5	24.2	23.9	24.5	26.0
结存量	16.0	19.6	21.8	23.9	22.7	19.6	19.2
存量/用量	71.30%	84.30%	92.90%	98.70%	94.98%	80%	74%

数据来源：美国农业部

2011～2017 年世界棉花产量

项目（百万吨）	2011/2012	2012/2013	2013/2014	2014/2015	2015/2016	2016/2017	2017/2018
中国	7.4	7.6	7.0	6.6	5.2	4.9	5.4
印度	6.3	6.2	6.8	6.6	6.1	5.9	6.4
美国	3.4	3.8	2.8	3.5	2.8	3.7	4.7
巴基斯坦	2.3	2.0	2.1	2.2	1.6	1.7	1.8
巴西	1.9	1.3	1.7	1.5	1.5	1.4	1.7
世界总和	27.6	26.8	25.8	26.0	22.1	23.0	26.1

数据来源：美国农业部

2011～2017 年世界棉花消耗量

国别（百万吨）	2011/2012	2012/2013	2013/2014	2014/2015	2015/2016	2016/2017	2017/2018
中国	8.3	7.8	7.5	7.7	7.0	7.9	8.5
印度	4.3	4.8	5.1	5.2	5.3	5.2	5.4
巴基斯坦	2.2	2.4	2.3	2.3	2.1	2.2	2.3
土耳其	1.2	1.3	1.4	1.4	1.4	1.4	1.5
巴西	0.9	0.9	0.9	0.9	0.7	0.7	0.7
世界总和	22.4	23.2	23.5	24.2	23.9	24.5	26.0

数据来源：美国农业部

2011～2017 年世界棉花出口量

国别（百万吨）	2011/2012	2012/2013	2013/2014	2014/2015	2015/2016	2016/2017	2017/2018
美国	2.6	2.8	2.3	2.3	2.1	3.8	3.2
印度	2.4	1.7	2.0	0.9	1.2	1.0	0.9
巴西	1.0	0.9	0.5	0.7	0.9	2.6	0.9
澳大利亚	1.0	1.3	1.0	0.7	0.6	0.9	0.9
世界总和	10.0	10.2	8.9	7.5	7.6	7.8	8.4

数据来源：　美国农业部

2011～2017 年世界棉花进口量

国别（百万吨）	2011/2012	2012/2013	2013/2014	2014/2015	2015/2016	2016/2017	2017/2018
中国	5.3	4.4	3.1	1.6	1.1	1.0	1.2
孟加拉国	0.7	0.8	0.9	1.0	1.2	1.4	1.6
越南	0.4	0.5	0.7	0.8	1.1	1.1	1.4
土耳其	0.5	0.5	0.9	0.8	0.8	0.8	0.8
印度尼西亚	0.5	0.6	0.6	0.7	0.7	0.7	0.8
世界总和	9.8	10.0	8.8	7.4	7.6	7.8	8.4

数据来源：　美国农业部

2017/2018 年全球棉花供需表

国家/地区（万吨）	期初库存	产量	进口量	消费量	出口量	期末库存
全球	1908.4	2611.8	837.9	5358.1	837.3	1915.9
澳大利亚	52.1	102.3	0.0	154.4	93.6	63.3
孟加拉国	36.0	2.7	157.9	156.8	0.0	39.6
巴西	165.7	169.8	2.7	74.0	87.1	180.4
缅甸	4.4	15.9	1.6	21.9	1.0	4.9
中国	1054.2	544.3	115.4	849.1	1.1	863.7
印度	242.3	642.3	34.8	538.9	93.6	287.0
巴基斯坦	49.3	178.5	58.8	226.4	6.5	53.1
泰国	4.4	0.0	27.2	31.6	0.0	4.9
土耳其	34.4	87.1	76.2	152.4	6.5	39.6
美国	59.9	466.8	0.2	526.9	322.2	126.3
乌兹别克斯坦	26.6	80.6	0.0	107.2	26.1	31.0
越南	19.2	0.1	141.5	132.8	0.0	28.0

数据来源：美国农业部

2017 年棉纺织行业进出口关键设备表

项目	进口		出口	
	数量（台）	金额（万美元）	数量（台）	金额（万美元）
梳理机	571	6998	2548	9148
精梳机	164	831	451	1722
纺纱机	854	27106	2983	13412
转杯纺纱机	66	5675	461	5855
喷气纺纱机	233	9173	340	54
其他自由端纺纱机	150	5868	25	56
棉细纱机	271	4194	1584	6383
毛细纱机	79	1764	4	24
其他环锭细纱机	38	340	20	96
自动络筒机	2141	31931	956	1643
剑杆织机	3102	19258	14363	8562
片梭织机	250	666	3042	260
喷水织机	1145	2458	9457	9763
喷气织机	4276	17754	2414	4572

数据来源：中国海关总署

风 采 篇

2017年中国棉纺织行业协会大事记

组织开展党建工作，深入开展“两学一做”、“党员活动日”等活动。集中观看“十九大”报告等现场直播，定期组织召开民主生活会，集中党员认真组织学习习近平系列讲话五次，自学相关知识百余条；积极组织参观央企“双创”、“砥砺奋进的五年”、“遵义会议遗址”等红色教育活动。

开展了专项及八项规定审计，完成了2016年的财务审计、2014~2016年专项审计和巡视组审查，对存在问题进行了及时整改，规范了财务管理和制度。

3月、10月，与贸促会共同组织举办2017中国国际纺织纱线（春夏）展览会和2017中国国际纺织纱线（秋冬）展览会。展会期间，举办棉纺推介交流论坛，推荐“中国混纺短纤纱特色产品生产基地”“最具影响力产品品牌”“新新纱线”创新企业，启动2017“白鲨境泉-青岛宏人”杯全国梳理技能大赛（山东赛区）活动的仪式。

3月，在上海组织召开第“第七届中韩棉纺织会议”，双方领导及企业代表参会，会议以“棉纺织行业概况及发展形势与展望”为主题，就各自棉纺织行业现状及关心的问题进行交流与讨论。中方主要从产能产量、行业运行、进出口、原料价格走势四个方面行业发展现状进行总结。韩方主要从纺纱设备、纺纱生产、原料消费、韩国最低工资走势、棉制产品以及纤维行业的进出口情况进行总结。

3月，在常州组织召开中国棉纺织行业协会第五届四次常务理事扩大会暨2017’棉纺织市场形势分析会，来自全国各地的300余名企业代表参会。会议内容涵盖本协会各项主要工作和成果，与会嘉宾围绕国内棉纺织市场情况、国外棉花市场走势、棉花目标价格补贴政策的变化等棉纺织行业当前的热点话题进行了探讨。

4月，在上海组织召开色织布专业委员会会议、色织布行业年会。色织布行业年会以“创新发展、引领时尚、绿色未来”为主题，交流研讨了新型纤维在色织布领域的应用、色织布新产品的创新与发展等内容。会上开展色织布新产品推荐活动，促进上下游企业间交流，积极引导行业向绿色环保、创意时尚方向发展。

5月，组织召开棉花差价表座谈会，针对棉花指标差异如何定价开展讨论，形成差价表给出了棉纺织企业的意见，对外发布并送达相关部门。制定合理的棉花升贴水差价表更加符合我国纺织市场形势，更有利于保障纺织用棉企业与棉花流通企业的利益。纺织企业提出的价差标准也更加与国际棉花升贴水幅度相近。

5 月，纺纱新技术专业委员会、纺纱器材应用技术专业委员会与中国纺织机械协会纺纱机械分会联席会议在江苏无锡召开，有关专家就纺纱智能化发展路径、纺纱行业现阶段如何开展设备升级工作，以及对国产纺纱设备、器材发展对策建议等方面展开了讨论。

5 月，与中国纺织机械协会合作共同主办 2017 棉纺设备技术升级研讨会，会议主题为“纺纱智能化与产品开发”。来自全国棉纺织、纺织机械及相关单位代表近 300 代表参加了此次会议。本次会议为棉纺企业和纺机企业相互交流搭建了有效平台，会议内容充实，密切贴合实际。

5 月，在浙江兰溪召开“大数据战略下的棉纺织产业”大数据会议，会议主题为我国棉纺织产业与信息产业的深度融合，对推动“大数据”战略服务于纺织产业，实现上下游深度对接有重要意义。

6 月，中棉行协喷气涡流纺专业委员会以“喷气涡流纺的技术创新与产品开发”为议题，举办了 2017 全国喷气涡流纺技术创新与产品开发专题研讨会，公布了新一届中棉行协专业委员会委员名单。这项新型纺纱技术有利于扩大涡流纺纱线的应用领域，为喷气涡流纺生产企业带来产品开发启示和帮助。

6 月，在广东江门召开“新齐力·中国织造技术创新发展论坛暨全国浆料和浆纱技术 2017 年会”，会议以“降本增效，绿色制造”为主题进行了主题报告和论坛交流，会议的成功召开有助于促进全行业浆料和浆纱技术的交流、推广。

6 月（西安）、12 月（成都）组织召开了两次标准审定会，共完成了十四项国家、行业标准制修订计划，其中纱线 7 项，本色布 7 项。准备 2017 年标准计划项目的答辩材料，于 6 月参加工信部组织的答辩会，棉纺织品所报标准项目全数通过；征集 2018 年度计划，经过筛选整理，共上报 25 项行标制修订计划。

7 月，在宁夏组织召开信息统计专业委员会会议暨财务统计工作年会，近百名代表参会，会议围绕“行业数据、行业排名等系列工作”，就棉纺织行业市场、财务、金融工具、数据统计等相关问题进行深入交流。会议期间发布了“2016/2017 年度中国棉纺织行业竞争力百强及成长型优良企业”名单，表彰了近百名“2016/2017 年度优秀统计单位/工作者”。

8 月，在新疆组织召开“一带一路”纺织服装产业发展论坛暨棉纺织产业集群工作会议，其中 100 余家棉纺织企业参会。会议作为 2017“一带一路”纺织服装产业发展论坛的一部分，围绕当前棉纺产业集群转型及创新升级经验进行了交流。会议表彰了棉纺织行业创新发展示范集群、2016 年度棉纺织产业集群工作突出贡献者及争先创优贡献企业，并为棉纺织产业新集群授牌。

8~11 月，分别在郑州、绍兴、淄博、上海及北京召开纱线期货论坛，会议主题为期现融合，积极推动期货工具与纺织产业的紧密融合，帮助企业开拓产品销售渠道、规避市场风险。

9 月，在青岛召开 “2017 棉纺织质量升级高峰论坛暨‘青岛宏大·白鲨境泉’中国棉纺织总工程师论坛”，会议以“精细 创新 促效益”为主题，特邀请 20 位行业领导及高校教授、优秀企业技术权威到会发言。近 400 位行业代表参会。本次大会以梳理技术提升为主线，从原料、工艺、设备、产品等多方面探讨行业技术升级。

9 月，在山东省举办全国梳理技能大赛（山东赛区），90 余位选手报名参赛。本次大赛促进了参赛人员间的技术交流，掀起了学习技能、苦练技能、立足岗位、奉献企业的热潮。

9 月，在山东淄博召开“如意·牛仔市场发展论坛暨 2017 中国牛仔年会”中国牛仔年会，会议主题是牛仔生产与绿色制造，本次会议也是“纺织之光”重点牛仔技术推广项目，对推动牛仔行业绿色生产技术的发展和技术交流起到积极作用。

10 月，召开 2017 中国棉纺织大会暨第五届第三次理事扩大会，本次会议共 300 余人参会。会上，多位专家及多家棉纺企业就 2017 年企业经营情况，棉花、棉纱期货、非棉纤维应用等新事件、新现象对行业的影响展开讨论，并对 2018 年储备棉轮出方案和棉花加工贸易配额监管办法提出建议。

11 月，在河南新野县组织召开棉纺织行业节能减排重点技术推广活动，会议以“创新驱动、绿色发展”为主题，推动最新的节能减排技术走进了集群。重点研讨并交流棉纺织行业节能减排新装备、新技术和新备件。将技术更好的应用于棉纺织生产实践，当地及周边的近百名企业相关技术人员参加会议。

2017 年，完成对推荐特色产品生产基地的审定，并对基地企业进行推广宣传。共推荐行业最具影响力产品品牌 40 个，为历年高峰。认证无 PVA 织物 16 个，推荐优质牛仔用纱 15 个。开展行业节能减排项目征集工作，发布第五批《棉纺织行业节能减排创新应用目录》20 项、推荐 4 家年度“节能减排创新型棉纺织企业”。组织开展检测平台服务工作，完成了网上系统的建设并审核通过了两家企业。

2017 年，在山东夏津县、河北鸡泽县、江苏沛县、河南新野县等地区召开纺织企业交流培训会议，邀请业内专家就纺织企业生产管理经验、人力资源、产品创新、原料市场发展趋势等方面分享经验。

2017 年，两次参与审定棉花颜色级实物标准、棉花颜色级实物标准制定技术规范标准审核，参与棉花国家标准清理整合工作，提出行业意见。并完成“棉花含杂率及相关指标对纱线质量影响的研究”课题，为标准指标修订提供依据。

2017 年，参与本年度储备棉政策的制定，并成功建议储备棉延期投放。抛储过程中与相关单位积极沟通协调，解决纺织企业投诉。

自 2014 年 2 月安徽实施高征低扣改革以来，在中棉行协的大力呼吁和建议下，目前全国山东、河南等绝大多数拥有棉纺织产能的省份已推广普及，但新疆、福建等省份至今仍未实施。2017 年 9 月，中棉行协起草《关于建议尽快解决新疆纺织企业用棉高征低扣的函》报送至新疆人民政府等有关单位。2017 年 10 月，将新疆、福建等省尚未落实高征低扣改革的情况反映至工信部，以促进问题的进一步解决。

2017 年，高度关注新疆纺织服装产业发展及行业产业转移情况。参与了新疆发展纺织服装促进就业政策中期评估，本次评估对于新疆纺织三年来的发展成果进行了全面总结，并对下一步发展趋势判断及规划提出政策建议。本次评估中棉行协从稳定产业发展，科学安排就业角度出发，提出相关建议。参加了工信部关于纺织产能国内国外科学布局课题的研讨会，会上对报告提出了棉纺织行业建议。

2017 年，向中纺联、工信部等有关部门提供纺织强国纲要评估报告、棉纺织十三五规划实施情况修订报告。向有关单位回复关于长江经济带产业发展市场准入负面清单的意见、纺织产业国际布局情况的意见，提出 2018 关税调整建议等。

2017 年，与产品开发中心合作开展产品开发—卓越能效奖，28 家企业参评，12 家获卓越能效奖，4 家获入围奖。通过奖项的评选，征集了一批具有明显效果的节能技术，同时也把建立企业能源管理体系的理念传达给广大企业。

2017 年，继续深入调研，赴浙江、江苏、山东、河北、河南、福建、江西、湖北、新疆等地棉纺、棉花及粘胶企业走访调研，共走访企业近 500 家/次，了解企业经营情况及诉求。赴印度、越南、柬埔寨、澳大利亚、埃塞俄比亚等国家进行调研，深入了解当地原料、产业、产能、生产成本、投资政策等信息并形成相关报告。

2017 年，印发会刊《棉纺织工业》6 期，发行 1 万余册。全年共更新网站信息 7636 条，共发送微信 622 条。通过会刊、网站及微信途径，向会员单位传递政策信息，行业动向，同时增强与会员单位的联系。

出版《中国棉纺织行业 2016 年发展研究报告》，全书共计 18 万字，免费发放给会员单位，得到会员单位的一致好评。报告汇总了 2016 年我国棉纺织行业和上下游产业的发展状况、特点及趋势，内容涉及棉纺织科技进步、产品创新、品牌建设、绿色可持续等行业发展中的课题。

“卓郎”2016年中国棉纺织行业主营业务收入排名名单

名次	企业名称	名次	企业名称
1	山东魏桥创业集团有限公司（棉纺织产业）	26	淄博银仕来纺织有限公司
2	天虹纺织集团有限公司	27	嵊州盛泰色织科技有限公司
3	华芳集团棉纺有限公司	28	江西金源纺织有限公司
4	济宁如意投资有限公司（棉纺织产业）	29	石家庄常山纺织集团有限责任公司（棉纺织产业）
5	鲁泰集团	30	巴州金富特种纱业有限公司
6	河南新野纺织股份有限公司	31	江苏大生集团有限公司
7	临清三和纺织集团有限公司	32	江苏省华宝纺织有限公司
8	华孚色纺股份有限公司	33	太康县万利源棉业有限公司
9	百隆东方股份有限公司	34	焦作市海华纺织股份有限公司
10	福建省长乐市新华源（集团）纺织	35	福州翔隆纺织有限公司
11	震纶棉纺	36	际华三五四二纺织有限公司
12	德州恒丰集团（理事单位）	37	江苏省华强纺织有限公司
13	溢达中国控股有限公司（棉纺织产业）	38	冠县冠星纺织集团总公司
14	华润纺织（集团）有限公司（棉纺织产业）	39	舞钢市银河纺织集团
15	江苏联发纺织股份有限公司	40	福建省长乐市锦源纺织有限公司
16	江苏天华纱业集团	41	湖南东信集团有限公司
17	利泰集团	42	临清市华兴纺织有限公司
18	安徽华茂集团有限公司	43	绍兴国周控股集团有限公司（棉纺织产业）
19	无锡一棉纺织集团有限公司	44	浙江立马纺织集团有限公司
20	三阳纺织有限公司	45	忠华集团有限公司（棉纺织产业）
21	山东岱银纺织集团股份有限公司（棉纺织产业）	46	南阳纺织集团有限公司
22	湖北孝棉实业集团有限责任公司	47	临清秋华纺织有限公司
23	孚日集团股份有限公司（棉纺织产业）	48	江苏泰达控股集团有限公司
24	福建省长乐市金源纺织有限公司	49	江苏悦达纺织集团有限公司（棉纺织产业）
25	福建省长乐市长源纺织有限公司	50	邓州市永泰棉纺股份有限公司

名次	企业名称	名次	企业名称
51	德州华源生态科技有限公司	76	张家港市金陵纺织有限公司
52	齐鲁宏业纺织集团有限公司	77	河北新大东纺织有限公司
53	江阴美纶纱业有限公司	78	广东前进牛仔布有限公司
54	泉州明恒纺织有限公司	79	常州市武进马杭色织布有限公司
55	浙江兰棉纺织有限公司	80	帛方纺织有限公司
56	尉氏纺织有限公司	81	江苏向阳集团有限公司（棉纺织产业）
57	江西华春色纺科技发展有限公司	82	山东华兴纺织集团有限公司（棉纺织产业）
58	湖南云锦集团股份有限公司	83	浙江鑫海纺织有限公司
59	天津天纺投资控股有限公司（棉纺织产业）	84	浙江七星纺织有限公司
60	河南平棉纺织集团股份有限公司	85	福建隆源纺织有限公司
61	山东大海集团有限公司（棉纺织产业）	86	浙江鑫兰纺织有限公司
62	山东澳亚纺织有限公司（棉纺织产业）	87	昌邑市华晨悦胜纺织有限公司
63	吴江京奕特种纤维有限公司	88	诸城市中纺金维纺织有限公司
64	河北宏润新型面料有限公司	89	南通双弘纺织有限公司
65	许昌裕丰纺织有限公司	90	际华三五零九纺织有限公司
66	山东宏诚集团有限公司（棉纺织产业）	91	河南华星科创股份有限公司
67	黑牡丹（集团）股份有限公司（棉纺织产业）	92	江苏通裕纺织集团有限公司
68	江西宝源彩纺有限公司	93	山东华龙纺织有限公司
69	江苏双山集团股份有限公司	94	江苏瓯堡纺织染整有限公司
70	山东明胜纺织有限公司	95	浙江春江轻纺集团有限责任公司
71	江苏康妮投资有限公司	96	南通纺织控股集团纺织染有限公司
72	枣庄海扬王朝纺织有限公司	97	青岛纺联控股集团有限公司
73	湖北金安纺织集团股份有限公司	98	东营市宏远纺织有限公司
74	浙江金梭纺织有限公司	99	河南永安纺织有限公司
75	江苏金昉纺织集团公司	100	南宁锦虹棉纺织有限责任公司

“卓郎”2016年中国非棉纱行业主营业务收入排名名单

名次	企业名称	名次	企业名称
1	福建省长乐市新华源（集团）纺织	16	临清秋华纺织有限公司
2	震纶棉纺	17	吴江京奕特种纤维有限公司
3	德州恒丰集团(理事单位)	18	帛方纺织有限公司
4	福建省长乐市金源纺织有限公司	19	南宁锦虹棉纺织有限责任公司
5	福建省长乐市锦源纺织有限公司	20	南通双弘纺织有限公司
6	福建省长乐市长源纺织有限公司	21	山东华龙纺织有限公司
7	巴州金富特种纱业有限公司	22	浙江湖州威达集团股份有限公司
8	江西金源纺织有限公司	23	诸城市中纺金维纺织有限公司
9	德州华源生态科技有限公司	24	陕西五环（集团）实业有限责任公司
10	福建隆源纺织有限公司	25	咸阳纺织集团有限公司
11	江苏大生集团有限公司	26	宏扬控股集团有限公司
12	江西宝源彩纺有限公司	27	武汉裕大华纺织服装集团股份有限公司
13	江苏向阳集团有限公司	28	山东阳谷顺达纺织有限公司
14	青岛纺联控股集团有限公司	29	东营市半球纺织有限公司
15	齐鲁宏业纺织集团有限公司	30	山东联润新材料科技有限公司

“卓郎”2016年中国色纺纱行业主营业务收入排名名单

名次	企业名称	名次	企业名称
1	华孚色纺股份有限公司	6	江西华春色纺科技发展有限公司
2	百隆东方股份有限公司	7	江苏金昉纺织集团公司
3	江苏天华纱业集团	8	江阴市广业纺织有限公司
4	江阴美纶纱业有限公司	9	江苏新金兰纺织制衣有限责任公司
5	江苏康妮投资有限公司	10	杭州萧山林芬纺织有限公司

"卓郎"2016 年中国色织布行业主营业务收入排名名单

名次	企业名称	名次	企业名称
1	鲁泰集团	6	张家港市金陵纺织有限公司
2	溢达中国控股有限公司（色织产业）	7	常州市武进马杭色织布有限公司
3	江苏联发纺织股份有限公司	8	绍兴国周控股集团有限公司（色织产业）
4	张家港广天色织有限公司	9	江苏瓯堡纺织染整有限公司
5	嵊州盛泰色织科技有限公司	10	江苏省华强纺织有限公司

"卓郎"2016 年中国牛仔布行业主营业务收入排名名单

名次	企业名称	名次	企业名称
1	黑牡丹（集团）股份有限公司（牛仔产业）	6	广东前进牛仔布有限公司
2	浙江金梭纺织有限公司	7	佛山市马大生纺织有限公司
3	浙江鑫兰纺织有限公司	8	浙江腾马纺织有限公司
4	枣庄海扬王朝纺织有限公司（牛仔产业）	9	山东岱银纺织集团股份有限公司（牛仔产业）
5	佛山市致兴纺织服装有限公司	10	河北新大东纺织有限公司（牛仔产业）

2016/2017 年度“卓郎”棉纺织行业竞争力百强企业名单

名次	企业名称	名次	企业名称
1	鲁泰集团	26	巴州金富特种纱业有限公司
2	山东魏桥创业集团有限公司（棉纺织产业）	27	华润纺织（集团）有限公司（棉纺织产业）
3	天虹纺织集团有限公司	28	震纶棉纺
4	百隆东方股份有限公司	29	黑牡丹（集团）股份有限公司（棉纺织产业）
5	济宁如意投资有限公司（棉纺织产业）	30	江西金源纺织（集团）
6	河南新野纺织（集团）	31	石家庄常山纺织集团有限责任公司（棉纺织产业
7	德州恒丰集团（理事单位）	32	德州华源生态科技有限公司
8	华孚色纺股份有限公司	33	湖北孝棉实业集团有限责任公司
9	临清三和纺织集团有限公司	34	焦作市海华纺织股份有限公司
10	江苏联发纺织股份有限公司	35	忠华集团有限公司（棉纺织产业）
11	华芳集团棉纺有限公司	36	湖南东信集团有限公司
12	福建新华源纺织（集团）	37	江苏天华纱业集团
13	无锡一棉纺织集团有限公司	38	福州翔隆纺织有限公司
14	安徽华茂集团有限公司	39	舞钢市银河纺织（集团）
15	淄博银仕来纺织有限公司	40	绍兴国周控股集团有限公司（棉纺织产业）
16	溢达中国控股有限公司（棉纺织产业）	41	际华三五四二纺织有限公司
17	福建金源纺织（集团）	42	齐鲁宏业纺织集团有限公司
18	福建长源纺织（集团）	43	江苏泰达控股集团有限公司
19	嵊州盛泰色织科技有限公司	44	浙江金梭纺织有限公司
20	山东岱银纺织集团股份有限公司（棉纺织产业）	45	江苏康妮投资有限公司
21	江苏悦达纺织集团有限公司（棉纺织产业）	46	张家港市金陵纺织有限公司
22	利泰集团	47	湖南云锦集团股份有限公司
23	三阳纺织有限公司	48	河南平棉纺织集团股份有限公司
24	江苏大生集团有限公司	49	南通双弘纺织有限公司
25	孚日集团股份有限公司（棉纺织产业）	50	浙江立马纺织（集团）

名次	企业名称	名次	企业名称
51	江苏省华宝纺织有限公司	76	江阴美纶纱业有限公司
52	泉州明恒纺织有限公司	77	天津天纺投资控股有限公司（棉纺织产业）
53	许昌裕丰纺织有限公司	78	山东华兴纺织集团有限公司（棉纺织产业）
54	南阳纺织集团有限公司	79	杭州宏峰纺织（集团）
55	临清秋华纺织有限公司	80	浙江兰棉纺织（集团）
56	常州市武进马杭色织布有限公司	81	尉氏纺织有限公司
57	江苏省华强纺织有限公司	82	海宁八方布业有限公司
58	枣庄海扬王朝纺织有限公司	83	山东大海集团有限公司（棉纺织产业）
59	江苏双山集团股份有限公司	84	浙江春江轻纺集团有限责任公司
60	江苏裕纶纺织集团有限公司	85	江苏向阳集团有限公司（棉纺织产业）
61	邓州市永泰棉纺股份有限公司	86	青岛纺联控股集团有限公司
62	山东宏诚集团有限公司（棉纺织产业）	87	山东澳亚纺织有限公司（棉纺织产业）
63	冠县冠星纺织集团总公司	88	武汉裕大华纺织服装集团股份有限公司（棉纺织产业）
64	太康县万利源棉业有限公司	89	佛山市马大生纺织有限公司
65	湖北金安纺织集团股份有限公司	90	帛方纺织有限公司
66	广东前进牛仔布有限公司	91	江苏瓯堡纺织染整有限公司
67	临清市华兴纺织有限公司	92	河南永安纺织有限公司
68	昌邑市华晨悦胜纺织有限公司	93	福建隆源纺织有限公司
69	山东明胜纺织有限公司	94	无锡四棉纺织有限公司
70	河北宏润新型面料有限公司	95	南宁锦虹棉纺织有限责任公司
71	吴江京奕特种纤维有限公司	96	浙江鑫海纺织有限公司
72	河南华星科创股份有限公司	97	山东联润新材料科技有限公司
73	浙江七星纺织有限公司	98	际华三五零九纺织有限公司
74	河北新大东纺织有限公司	99	浙江鑫兰纺织有限公司
75	诸城市中纺金维纺织有限公司	100	南通纺织控股集团纺织染有限公司

2016/2017 年度“卓郎”棉纺织行业成长型优良企业名单

（按企业名称拼音排序，排名不分先后）

序号	企业名称	序号	企业名称
1	安义县宏达纺织有限公司	14	江阴市广业纺织有限公司
2	常熟棉纺织有限公司	15	江阴市茂达棉纺厂有限公司
3	丹阳市丹盛纺织有限公司	16	荆州市奥达纺织有限公司
4	福建省三明纺织股份有限公司	17	巨野恒丰纺织有限公司
5	杭州萧山林芬纺织有限公司	18	兰溪市裕达纺织有限公司
6	河南省项城市纺织有限公司	19	宁波华东旭丰纺织品有限公司
7	河南省新野鹏升纺织有限公司	20	瑞昌市鸿达纺织有限公司
8	宏扬控股集团有限公司	21	山东阳谷顺达纺织有限公司
9	湖北安棉纺织有限公司	22	夏津县瑞鑫纺织有限公司
10	湖北富棣田纺织有限公司	23	云南纺织（集团）股份有限公司
11	辉县市中州棉纺有限公司	24	湛江纺织企业集团公司
12	江苏新光纺织有限公司	25	浙江云泰纺织有限公司
13	江西锦润纺织印染有限公司		

“卓郎”2017年中国棉纺织行业主营业务收入排名名单

序号	企业名称	序号	企业名称
1	山东魏桥创业集团有限公司（棉纺织产业）	26	嵊州盛泰色织科技有限公司（棉纺织产业）
2	天虹纺织集团有限公司	27	孚日控股集团股份有限公司（棉纺织产业）
3	华芳集团棉纺有限公司	28	淄博银仕来纺织有限公司
4	山东如意国际时尚产业投资控股有限公司（棉纺织产业）	29	江苏大生集团有限公司
5	华孚时尚股份有限公司（棉纺织产业）	30	巴州金富特种纱业有限公司
6	河南新野纺织（集团）（棉纺织产业）	31	江苏省华宝纺织有限公司
7	鲁泰集团（棉纺织产业）	32	际华三五四二纺织有限公司
8	临清三和纺织集团有限公司（棉纺织产业）	33	焦作市海华纺织股份有限公司
9	百隆东方股份有限公司	34	南阳纺织集团有限公司
10	德州恒丰集团（理事单位）	35	福州翔隆纺织有限公司
11	利泰集团	36	冠县冠星纺织集团总公司
12	福建新华源发展集团	37	舞钢市银河纺织集团
13	石家庄常山纺织集团有限责任公司（棉纺织产业）	38	太康县万利源棉业有限公司
14	福建长源纺织(集团）	39	浙江万舟控股集团有限公司
15	溢达中国控股有限公司（棉纺织产业）	40	临清秋华纺织有限公司
16	江苏联发纺织股份有限公司	41	忠华集团有限公司（棉纺织产业）
17	安徽华茂集团有限公司（棉纺织产业）	42	江苏省华强纺织有限公司
18	震纶棉纺	43	江苏泰达控股集团有限公司
19	福建金源纺织（集团）	44	德州华源生态科技有限公司
20	三阳纺织有限公司	45	江阴美纶纱业有限公司
21	华润纺织（集团）有限公司（棉纺织产业）	46	江苏悦达纺织集团有限公司（棉纺织产业）
22	湖北孝棉实业集团有限责任公司	47	湖南东信集团有限公司
23	江苏天华纱业集团	48	杭州宏峰纺织集团有限公司
24	无锡一棉纺织集团有限公司（棉纺织产业）	49	黑牡丹（集团）股份有限公司（棉纺织产业）
25	山东岱银纺织集团股份有限公司（棉纺织产业）	50	齐鲁宏业纺织集团有限公司

序号	企业名称	序号	企业名称
51	江西金源纺织有限公司	76	南通双弘纺织有限公司
52	吴江京奕特种纤维有限公司	77	浙江威臣纺织股份有限公司
53	帛方纺织有限公司	78	浙江七星纺织有限公司
54	河南平棉纺织集团股份有限公司	79	广东前进牛仔布有限公司
55	临清市华兴纺织有限公司	80	张家港市金陵纺织有限公司
56	河南华星科创股份有限公司	81	尉氏纺织有限公司
57	邓州市永泰棉纺股份有限公司	82	武汉裕大华集团股份有限公司（棉纺织产业）
58	河北宏润新型面料有限公司	83	山东华兴纺织集团有限公司（棉纺织产业）
59	河北新大东纺织有限公司	84	江苏双山集团股份有限公司
60	浙江鑫海纺织有限公司	85	江苏向阳集团有限公司（棉纺织产业）
61	绍兴国周控股集团有限公司（棉纺织产业）	86	江苏康妮投资有限公司
62	湖南云锦集团股份有限公司	87	浙江金梭纺织有限公司
63	天津天纺投资控股有限公司（棉纺织产业）	88	浙江鑫兰纺织有限公司
64	山东大海集团有限公司（棉纺织产业）	89	东营市宏远纺织有限公司
65	许昌裕丰纺织有限公司	90	际华三五零九纺织有限公司
66	浙江立马纺织（集团）	91	江苏裕纶纺织集团有限公司
67	山东澳亚纺织有限公司（棉纺织产业）	92	山东华龙纺织股份有限公司
68	山东明胜纺织有限公司	93	芜湖富春染织股份有限公司
69	常州市武进马杭色织布有限公司	94	青岛纺联控股集团有限公司（棉纺织产业）
70	湖北金安纺织集团股份有限公司	95	浙江湖州威达集团股份有限公司
71	枣庄海扬王朝纺织有限公司	96	昌邑市华晨悦胜纺织有限公司
72	咸阳纺织集团有限公司	97	诸城市中纺金维纺织有限公司
73	韶关市北江纺织股份有限公司	98	兰溪市裕达纺织（集团）
74	江苏瓯堡纺织染整有限公司	99	南宁锦虹棉纺织有限责任公司
75	山东宏诚集团有限公司（棉纺织产业）	100	西安纺织集团有限责任公司

“卓郎”2017 年中国非棉纱行业主营业务收入排名名单

序号	企业名称	序号	企业名称
1	福建新华源发展集团	16	江西德鑫纺织有限公司
2	德州恒丰集团（理事单位）	17	南通双弘纺织有限公司
3	福建长源纺织（集团）	18	南宁锦虹棉纺织有限责任公司
4	巴州金富特种纱业有限公司	19	帛方纺织有限公司
5	震纶棉纺	20	山东华龙纺织股份有限公司
6	福建省长乐市金源纺织有限公司	21	诸城市中纺金维纺织有限公司
7	德州华源生态科技有限公司	22	湖南云锦集团股份有限公司
8	杭州宏峰纺织集团有限公司	23	山东联润新材料科技有限公司
9	江苏大生集团有限公司	24	山东阳谷顺达纺织有限公司
10	江西金源纺织有限公司	25	青岛纺联控股集团有限公司（棉纺织产业）
11	江西宝源彩纺有限公司	26	陕西五环（集团）实业有限责任公司
12	临清秋华纺织有限公司	27	杭州奥华纺织有限公司
13	齐鲁宏业纺织集团有限公司	28	兰溪市裕达纺织有限公司
14	吴江京奕特种纤维有限公司	29	西安纺织集团有限责任公司
15	无锡四棉纺织有限公司	30	丹阳市丹盛纺织有限公司

“卓郎”2017 年中国色纺纱行业主营业务收入排名名单

序号	企业名称	序号	企业名称
1	华孚时尚股份有限公司	6	江西华春色纺科技发展有限公司
2	百隆东方股份有限公司	7	江苏新金兰纺织制衣有限责任公司
3	江苏天华纱业集团	8	江阴市广业纺织有限公司
4	江阴美纶纱业有限公司	9	浙江湖州威达集团股份有限公司
5	江苏康妮投资有限公司	10	江苏金昉纺织集团公司

“卓郎”2017年中国色织布行业主营业务收入排名名单

序号	企业名称	序号	企业名称
1	鲁泰集团（色织产业）	6	常州市武进马杭色织布有限公司
2	溢达中国控股有限公司（色织产业）	7	江苏瓯堡纺织染整有限公司
3	江苏联发纺织股份有限公司	8	张家港市金陵纺织有限公司
4	张家港广天色织有限公司	9	绍兴国周控股集团有限公司（色织产业）
5	嵊州盛泰色织科技有限公司	10	芜湖富春染织股份有限公司（色织产业）

“卓郎”2017年中国牛仔布行业主营业务收入排名名单

序号	企业名称	序号	企业名称
1	黑牡丹（集团）股份有限公司（牛仔产业）	6	佛山市马大生纺织有限公司
2	广东前进牛仔布有限公司	7	枣庄海扬王朝纺织有限公司（牛仔产业）
3	浙江金梭纺织有限公司	8	浙江腾马纺织有限公司
4	浙江鑫兰纺织有限公司	9	佛山市致兴纺织服装有限公司
5	韶关市北江纺织股份有限公司	10	山东岱银纺织集团股份有限公司（牛仔产业）

“纺织之光”2017 年度中国纺织工业联合会科学技术进步奖

（棉纺织有关项目获奖情况）

一等奖

序号	项目名称	主要完成单位
1	色织产业颜色数字化关键技术的研究与应用	鲁泰纺织股份有限公司、香港理工大学、东华大学、浙江大学
2	数字化棉纺成套设备	经纬纺织机械股份有限公司、江苏大生集团有限公司

二等奖

序号	项目名称	主要完成单位
1	经纬双弹轻薄机织免烫衬衣面料关键技术研发及产业化应用	鲁丰织染有限公司、鲁泰纺织股份有限公司

三等奖

序号	项目名称	主要完成单位
1	一种介入式合股彩色竹节纱的生产方法	山东岱银纺织集团股份有限公司
2	高档定心支片用间位芳纶纱线的技术研究及产品开发	德州华源生态科技有限公司
3	流星纱关键加工技术研究及应用	汶上如意技术纺织有限公司

2017 年度中国纺织工业联合会产品开发贡献奖

（排名不分先后）

<table>
<tr><th>企业名称</th><th>企业名称</th></tr>
<tr><td colspan="2">鲁泰纺织股份有限公司
魏桥纺织股份有限公司</td></tr>
<tr><td colspan="2">广东溢达纺织有限公司
山东联润新材料科技有限公司</td></tr>
<tr><td>华孚色纺股份有限公司</td><td>际华三五四二纺织有限公司</td></tr>
<tr><td>江苏联发纺织股份有限公司</td><td>山东岱银纺织集团股份有限公司</td></tr>
<tr><td>德州华源生态科技有限公司</td><td>丹阳市丹盛纺织有限公司</td></tr>
</table>

2016年度棉纺织行业创新示范集群

（排名不分先后）

地区	集群称号
新疆维吾尔自治区石河子市	中国棉纺织名城
浙江省兰溪市	中国纺织产业基地市
山东省临清市	中国棉纺织名城
山东省夏津县	中国棉纺织名城
江西省奉新县	中国棉纺织名城
湖北省樊城区	中国织造名城

发布单位：中国棉纺织行业协会

2016年度棉纺织行业产业集群工作突出贡献者

(按姓氏笔画排序)

姓名	单位
王　飞	河南省新野县（发展和改革委员会主任、党总支书记）
卢　勇	江苏省南通市通州区先锋街道（企业服务中心主任）
朱　新	江苏省塘桥镇（副镇长）
陈卫红	新疆维吾尔自治区石河子市（经济技术开发区经济发展局局长）
张莫江	新疆维吾尔自治区石河子市（经委书记、主任）
李文江	山东省广饶县（经济和信息化局局长）
李佳荣	湖南省华容县（工业和信息化局局长）
徐晓峰	江苏省南通市通州区先锋街道（办事处副主任）
高善玉	山东省夏津县（县委副书记、县长）
曹务鹏	山东省郓城市（中小企业局局长）
蒋金明	江苏省湖塘镇（人民政府党委书记）
童永生	浙江省兰溪市（经济和信息化局局长）
童福友	浙江省兰溪市（纺织行业协会会长）
戴天宏	江苏省黄桥镇（经济发展局局长）

发布单位：中国纺织工业联合会

2016中国纺织年度创新人物

姓 名	单位
李向东	德州华源生态科技有限公司总经理
吉宜军	南通双弘纺织有限公司董事长、总经理

发布单位：中国纺织工业联合会

第二批制造业单项冠军示范企业

示范企业名称	主营产品
鲁泰纺织股份有限公司	色织布
青岛环球集团股份有限公司	棉纺粗纱机

发布单位：工业和信息化部 中国工业经济联合会

第二批制造业单项冠军培育企业

培育企业名称	主营产品
百隆东方股份有限公司	色纺纱

发布单位：中国纺织工业联合会

第二批制造业单项冠军产品

单项冠军产品名称	单位
棉布	魏桥纺织股份有限公司

发布单位：中国纺织工业联合会

2017 全国纺织行业技术能手获得者

姓　名	单位
李克银	鲁泰纺织股份有限公司
王毅娜	陕西五环（集团）实业有限责任公司
卜冬平	汶上如意技术纺织有限公司
柔鲜古丽·阿西木	新疆鲁泰丰收棉业有限责任公司
刘　静	江苏悦达棉纺有限公司

发布单位：中国纺织工业联合会

2017 年全国纺织行业技能人才培育突出贡献奖获奖单位

单位
德州恒丰集团

发布单位：中国纺织工业联合会

2017 年全国纺织行业技能人才培育突出贡献奖获奖个人

姓　名	单位
徐跃红	石家庄常山纺织股份有限公司

发布单位：中国纺织工业联合会

第六届全国纺织行业管理创新成果大奖

单位
江苏悦达家纺有限公司
鲁丰织染有限公司

发布单位：中国纺织工业联合会

第六届全国纺织行业管理创新成果主创者

（按姓氏笔画排名）

姓 名	单位
王圣杰	江苏悦达家纺有限公司董事长
张战旗	鲁丰织染有限公司总经理

发布单位：中国纺织工业联合会

2017 全国优秀纺织企业家

（按姓氏笔画排名）

姓 名	单位
朱　勇	上海纺织（集团）有限公司总裁
杨为东	即发集团有限公司总经理
陈队范	山东康平纳集团有限公司董事长
陈宗立	长乐市新华源纺织（集团）董事长
周晔珺	无锡一棉纺织集团有限公司董事长、总经理
宛秋生	临清三和纺织集团有限公司董事长
赵焕臣	山东岱银纺织服装集团董事长
崔桂生	常州市同和纺织机械制造有限公司董事长

发布单位：中国纺织工业联合会

2017 全国优秀纺织青年企业家

（按姓氏笔画排名）

姓 名	单位
刘长城	际华三五四二纺织有限公司董事长
宁恒星	宁夏如意科技时尚产业有限公司董事长
郑　洪	福建省长乐市金源纺织有限公司董事长

发布单位：中国纺织工业联合会

全国纺织企业管理终身成就奖获得者

（按姓氏笔画排序）

姓 名	单位
苏瑞广	河北宁纺集团有限责任公司董事长
陈玉兰	青岛即发集团董事长兼党委书记
郑宝佑	福建省金纶高纤股份有限公司董事长
魏学柱	河南新野纺织股份有限公司董事长、党委书记

发布单位：中国纺织工业联合会

中国棉纺织行业“传承大工匠”名单

（按姓氏笔画排序）

序号	姓名	工作单位	工种
1	丁继惠	鲁泰纺织股份有限公司	面料设计
2	于芸芸	夏津仁和纺织科技有限公司	教练员
3	马彩云	江苏裕纶纺织集团有限公司	织布工
4	王子栋	冠县冠昌纺织有限责任公司	保全保养
5	王飞	孚日集团股份有限公司	细纱工
6	王云喜	福州翔隆纺织有限公司	保全保养
7	王利军	德州华源生态科技有限公司	工艺设计
8	王国庆	常州市润力助剂有限公司	技术服务
9	王昌雪	云锦集团衡阳天锦纺织有限公司	保全保养
10	王金玲	南阳纺织集团有限公司	细纱工
11	王波	江苏大生集团有限公司	检修工
12	王建设	焦作市海华纺织股份有限公司	保全保养
13	王树花	三阳纺织有限公司	质检员
14	王俗易	南通双弘纺织有限公司	教练员
15	王晓菲	德州兴德棉织造有限公司	细纱工
16	王瑾	西安纺织集团有限责任公司	保全保养
17	王燕玲	宁海华孚纺织有限公司	纺纱班长
18	卞晓云	江苏联发纺织股份有限公司	染纱管理
19	计万平	武汉裕大华纺织有限公司	皮辊工
20	邓建军	黑牡丹集团股份有限公司	技术总监
21	卢新霞	华芳集团有限公司	细纱工
22	田平	湖北金安纺织集团股份有限公司	保全保养
23	白秀莲	江阴市茂达棉纺厂有限公司	细纱工
24	吕显锋	枣庄海扬王朝纺织有限公司	面料设计

序号	姓名	工作单位	工种
25	朱晓英	浙江鑫兰纺织有限公司	工艺设计
26	朱海波	湖南东信集团	设备管理
27	朱娴	天虹纺织集团有限公司	工艺设计
28	任昌娟	淄博银仕来纺织有限公司	细纱工
29	刘冬	石家庄常山纺织股份有限公司恒盛分公司	织布工
30	刘自平	天虹纺织集团有限公司	设备管理
31	刘庆庆	魏桥纺织股份有限公司	粗纱工
32	刘军	汶上如意技术纺织有限公司	保全保养
33	刘树艳	天津天纺投资控股有限公司北洋纺织分公司	细纱工
34	刘涛	江苏悦达棉纺有限公司	电工
35	刘娟	山东铭宏纺织科技有限公司	粗纱工
36	刘淑娟	山东铭宏纺织科技有限公司	细纱工
37	刘静	江苏悦达棉纺有限公司	细纱工
38	江军芳	忠华集团有限公司	信息技术
39	孙远秀	福建省长乐市长源纺织有限公司	教练员
40	孙希宝	帛方纺织有限公司	保全保养
41	孙金艳	陕西五环（集团）实业有限责任公司	教练员
42	杜伟文	南阳纺织集团有限公司	保全保养
43	李兴芝	魏桥纺织股份有限公司	穿经工
44	李克银	鲁泰纺织股份有限公司	保全保养
45	李周霞	重庆三峡技术纺织有限公司	细纱工
46	李炎强	苏州新东南纺织科技有限公司	保全保养
47	李树生	河南平棉纺织集团股份有限公司	工艺设计
48	李艳丰	河南新野纺织股份有限公司	保全保养
49	李跃东	江苏省华宝纺织集团	保全保养
50	李深	山东宏儒纺织科技有限公司	设备管理
51	李琼	嵊州盛泰色织科技有限公司	工艺设计
52	李强	陵县恒丰纺织品有限公司	细纱管理

序号	姓名	工作单位	工种
53	杨幼安	湖北孝棉实业集团有限责任公司	保全保养
54	杨阳	滨州魏桥科技工业园有限公司	穿经工
55	杨普	石家庄常山纺织股份有限公司恒盛分公司	操作技术
56	吴娟	际华三五四二纺织有限公司	细纱工
57	何小东	广东溢达纺织有限公司	工艺设计
58	何海花	瑞昌市鸿达纺织有限公司	总教练
59	余祖祥	福建省长乐市金源纺织有限公司	保全保养
60	狄秀华	新疆喀什齐鲁纺织服装有限公司	总教练
61	闵雪芬	太仓利泰纺织厂有限公司	质检员
62	汪明朗	福建省长乐市华源纺织有限公司	保全保养
63	汪琳梅	安徽东至华源纺织有限责任公司	总教练
64	沈红影	嵊州盛泰色织科技有限公司	质检员
65	宋四红	福建省长乐市恒源纺织有限公司	教练员
66	宋奇峰	湖南云锦集团股份有限公司	电工
67	宋敬国	宁波百隆纺织有限公司	工艺设计
68	张正姣	安徽华茂集团织染公司	细纱工
69	张红利	湖北孝棉实业集团有限责任公司	保全保养
70	张利萍	际华三五零九纺织有限公司	教练员
71	张国杰	德州华源生态科技有限公司	保全保养
72	张昕	山东联润新材料科技有限公司	工艺设计
73	张学义	尉氏纺织有限公司	设备管理
74	张学明	福建省长乐市金源纺织有限公司	保全保养
75	张春秀	湖南东信集团	总教练
76	张润明	广东溢达纺织有限公司	工艺设计
77	张斌	淮北市华孚纺织有限公司	皮辊工
78	张新波	湖北安棉纺织有限公司	工艺设计
79	陈国仙	浙江达丰纺织有限公司	教练员
80	陈建森	西安纺织集团有限责任公司	质检员

序号	姓名	工作单位	工种
81	陈洁明	广东前进牛仔布有限公司	面料设计
82	陈超	天津天纺投资控股有限公司棉纺纺织分公司	保全保养
83	苗光明	山东宏诚集团有限公司	维修工
84	范静娟	浙江立马云山纺织股份有限公司	调度员
85	林庆慈	百隆东方股份有限公司	保全保养
86	明亮	山东宏诚集团有限公司	维修工
87	岳溪萍	无锡一棉纺织集团有限公司	工艺设计
88	周森	江苏联发纺织股份有限公司	工艺设计
89	庞一凡	华芳集团有限公司	电工
90	宓兰兰	魏桥纺织股份有限公司	细纱工
91	郎宇凤	重庆三峡技术纺织有限公司	细纱工
92	赵妙妙	三阳纺织有限公司	细纱工
93	赵国强	曹县百隆纺织有限公司	设备管理
94	钟友军	临清三和纺织集团有限公司	电工
95	侯桂娟	江苏裕纶纺织集团有限公司	细纱工
96	贺红立	河南省禹州市神禹纺织有限公司	电工
97	柔鲜古丽·阿西木	新疆鲁泰丰收棉业有限责任公司	细纱工
98	秦利	新疆奎屯锦孚纺织有限公司	细纱工
99	顾岩成	无锡一棉纺织集团有限公司	保全保养
100	徐仁利	山东岱银纺织集团股份有限公司	面料设计
101	徐建	湖北省枣阳市丝源纺纱公司	皮辊工
102	唐玲玲	际华三五四二纺织有限公司	教练员
103	黄云娜	陕西五环（集团）实业有限责任公司	织布工
104	黄文英	抚州市靖淞科技纱业有限公司	工艺设计
105	菅敏	山东宏杰纺织科技有限公司	细纱工
106	崔朋波	帛方纺织有限公司	保全保养
107	崇惊春	江苏康妮投资有限公司	保全保养
108	章学文	淄博银仕来纺织有限公司	工艺设计

序号	姓名	工作单位	工种
109	章美华	浙江金梭纺织有限公司	织布工
110	葛文军	石家庄常山纺织股份有限公司恒盛分公司	电工
111	董春山	河南平棉纺织集团股份有限公司	空调工
112	蒋秋香	云南纺织(集团)股份有限公司	细纱工
113	韩向军	舞钢市银河纺织有限公司	细纱工
114	舒畅	安徽华茂集团有限公司	电气管理
115	童玉堂	项城市纺织有限公司	设备管理
116	温春立	临清三和纺织集团有限公司	染色工
117	蔡志忠	黑牡丹集团股份有限公司	染色工
118	薛志刚	冠县冠星纺织有限责任公司	皮辊工
119	魏倍倍	石家庄常山恒新纺织有限公司	保全保养

2017/18 年度色织布新产品“最佳创意开发一等奖”

（按企业名称首字母排序）

序号	企业名称	品名	规格
1	安徽华茂纺织股份有限公司	灰柔轻尘	T/R21+21 花灰+R21+S70D 64*58 57/58"，涤 9.4%/粘胶 47%/棉 41%/氨纶 2.6%
2	常州市武进马杭色织布有限公司	七彩童年	40*40 120，100% Cotton
3	广东溢达纺织有限公司	DP 4.0 Precure Woven Fabric	40*80/2 160*72，100% Cotton
4	广东溢达纺织有限公司	Eco ETI	50*50 160*100，100% Cotton
5	河北新大东纺织有限公司	抗菌除臭牛仔	莫代尔/赛络纺棉 14 竹*T（中空咖啡灰）/黑 C20+40D*93*62 3/1 右斜 硫化黑 50.5/52.5 9.6OZ，CO44.5%/莫代尔 33.3%/咖啡炭纤维 20.7%/SP1.5%
6	河南新野纺织股份有限公司	丝毛交织布	TEN80/2*W/S68/2 120*93，TEN52.3% /W33.4% /S14.3%
7	江苏瓯堡纺织染整有限公司	至尊丝滑	200/2*S22D/3 240*120，60%Cotton /40%Slik
8	联发纺织股份有限公司	梦中的安卡拉	30L/C*30L/C 80*60，70%Cotton/ 30%Linen
9	联发纺织股份有限公司	幻影	60*60 150*120，100%Cotton
10	联发纺织股份有限公司	锗保健面料	30s L55C45 *75D 90*80 1/1，41.6%麻/34.1%棉/24.3%涤
11	鲁泰纺织股份有限公司	立体渐变	CPT50*CPT50 155*110，81%棉/19%天丝
12	鲁泰纺织股份有限公司	智能段染	L21+S/DL21*L21+S/DL21 60*54，100%麻
13	鲁泰纺织股份有限公司	双面提花	CPT50*CPT50 160*100，100% Cotton
14	鲁泰纺织股份有限公司	珍珠黑	CPT100/2*CPT100/2 160*90，100% Cotton
15	鲁泰纺织股份有限公司	立体褶皱	CPT40*CPT40 136*80，100% Cotton

序号	企业名称	品名	规格
16	鲁泰纺织股份有限公司	淳享精致	C/TENCEL(G100)CPT50*CPT50 150*80，81%棉/19%天丝
17	上海正家牛奶丝科技有限公司	正家卡普龙铜离子纤维家纺面料	75*48*106.5"，100%竹纤维 12%铜离子纤维/88%竹纤维
18	嵊州盛泰色织科技有限公司	汉麻真丝弹力免烫面料	120*70CPT100/2*SK42D+DN21+S100，COTTON50%/POLYESTER20%/HEMP25%/SILK5%
19	嵊州盛泰色织科技有限公司	棉凉感尼龙弹力产品	CPT70*NS40D+20D 210*130，cotton65%/ nylon30%/spandex5%
20	嵊州盛泰色织科技有限公司	雪胎梅骨面料	172*126 XH70*XH70+XH80/2，100% Cotton
21	苏州市纤维检验所	防汗渍四面弹	120*80 51"/52"，C66%/P30%/SPANDEX 4%
22	苏州市纤维检验所	铜离子纤维面料	140*90*106.5"，T：60%精梳棉/40%粘胶 W：15%铜离子纤维/45%精梳棉/40%粘胶
23	无锡太平洋集团有限公司	棉/天丝交织四面弹	60+40/40D*40 天丝+40/40D 90*72 55/56"，T：60 棉+40/40D W：40 天丝+40/40D
24	张家港广天色织有限公司	少女之心	32R/合金锗*32 R/合金锗 90*80，80%粘胶/20%合金锗
25	张家港广天色织有限公司	田园	50 涤/竹纤维*50 涤/竹纤维 124*82，50%涤/50%竹纤维
26	张家港三得利染整科技有限公司	定位段彩色织布	32/2*16/68*56，100% Cotton
27	张家港市金陵纺织有限公司	云窗月帐	70*64/HIGH TWIST YARN+40MELANGE YARN+21SLUB YARN*40HIGH TWIST YARN+40MELANGE YARN+21SLUB YARN，100% Cotton
28	浙江新乐纺织化纤有限公司	双色竹纤面料	172*110，50%竹纤维/50%聚酯纤维

2017/18 年度色织布新产品“最佳创意开发精品奖”

（按企业名称首字母排序）

序号	企业名称	品名	规格
1	安徽华茂纺织股份有限公司	红蓝染雪	40*40 117*96.5 59/60"，100% Cotton
2	安徽华茂纺织股份有限公司	西部世界	40*40 120*80 57/58"，100% Cotton
3	安徽华茂纺织股份有限公司	有红似白	30/2*(30+S40D) 72*83.8 70.5"，棉 97.7%/氨纶 2.3%
4	常州市武进马杭色织布有限公司	浪漫情怀	40*40+40/40D 100*80，97.97%棉/2%银丝/0.03%氨纶
5	常州市武进马杭色织布有限公司	田园牧歌	45*45 140*100，50%棉/50%Coolmax
6	常州市武进马杭色织布有限公司	大海的问候	40*40 110*70，78%棉/15.4 天丝/6.6%珍珠纤维
7	广东溢达纺织有限公司	超级白免烫面料	40*30 114*70 Poplin，100% Cotton
8	河北新大东纺织有限公司	柔软牛仔	紧密纺 40/2*(150/40D 空+20 靛蓝)*115*130 5/1+4/2 49/51 9.8OZ 白牛仔，CO87.0%/P12.1%/SP0.9%
9	河北新大东纺织有限公司	Seasons in The Sun	莫代尔/赛络纺棉 14 竹*Coolmax all season/C20/40D*98*61 3/1 右斜 兰加黑 48/50 9.6OZ，CO44.6%/莫代尔 33.4%/Coolmax all season20.6%/SP1.4%
10	河南新野纺织股份有限公司	雪花飞舞	100/2*S42D+M/L32 140*120，C54%/ S9%/M26%/L11%
11	河南新野纺织股份有限公司	舒弹丝面料	CVC45*40 舒 118*68，C62%/P24%/sorona14%
12	江苏瓯堡纺织染整有限公司	同而不和	50*50 140*120，100% Cotton
13	江苏瓯堡纺织染整有限公司	风平浪静	TEN60*TEN60 130*90，100%TENCEL
14	联发纺织股份有限公司	碧海蓝天	50*80+50 146*164，100%Cotton
15	联发纺织股份有限公司	泡沫	40*40 140*100，75.5%Cotton/24.5%Rayon
16	联发纺织股份有限公司	冰凉玉凉感面料	50*70D/40D 140*80 1/1，68.6%棉/27%锦/4.4%莱卡

序号	企业名称	品名	规格
17	联发纺织股份有限公司	火·焱	21*21 76*64，30%火山岩涤纶/50%人棉/20%棉
18	临清三和纺织集团	防辐射面料	21*21 124*64 57.5"，42%棉/38%人棉/20%金属短纤
19	上海正家牛奶丝科技有限公司	正家卡普龙铜离子纤维家纺面料	100*80 96.5"，100%竹纤维 12%铜离子纤维/88%竹纤维
20	无锡太平洋集团有限公司	涤弹大提花三防色织布	75D*32/70D 220*80 57/58"，T：75D 涤网络丝 W：32/70D 棉氨纶
21	张家港广天色织有限公司	彩虹	40JC+40JC 竹节*80/2JC 段染 120*80，100% Cotton
22	张家港三得利染整科技有限公司	喷染彩点色织布	21*21/56*56，100% Cotton
23	张家港三得利染整科技有限公司	喷染朦胧棉毛交织布	70N/2*80N/2，棉/羊毛
24	张家港三得利染整科技有限公司	定位段彩色织布	40C*40R/126*80，棉/粘
25	张家港市金陵纺织有限公司	湖光山色	120*90/100*80 TENCEL，49%C/51%TENCEL
26	张家港市金陵纺织有限公司	奇峰罗列	62*52/L21*L21，100%LI
27	张家港市金陵纺织有限公司	叠翠流金	90*70/40+40/2+COLOR WIRE*40+40/2+COLOR WIRE+TR32，C94%/P5%/R1%
28	浙江新乐纺织化纤有限公司	KFJ51-322	CPT50*RWJ40/2，41%棉/51%粘胶/8%羊毛
29	浙江新乐纺织化纤有限公司	NA49-302	CPT60*CPT60+SK22D/3(S)，91%棉/9%桑蚕丝

2017 年度推荐优质牛仔用纱名单

（按企业名称拼音排列，排名不分先后）

序号	企业名称	品牌	产品规格
1	湖南云锦集团股份有限公司	天锦	S-JC/MOD60/40-10^S超柔竹节纱
2	湖南云锦集团股份有限公司	天锦	S-JC10^S超柔竹节纱
3	临邑恒丰纺织科技有限公司	恒锦	R20.4 竹节纱
4	南宁锦虹棉纺织有限责任公司	锦虹	T 高温高压阳离子/R（70/30）36.9+氨纶（40D）包芯纱
5	宁夏如意生态纺织有限公司	如意	OEC26^SK 针织纱
6	宁夏如意生态纺织有限公司	如意	OEC50^S针织纱
7	山东岱银纺织集团股份有限公司	岱银	16^S棉氨纶包芯纱
8	山东岱银纺织集团股份有限公司	岱银	12^S竹节纱
9	山东宏业纤维科技股份有限公司	思力	OE 纱
10	山东阳谷顺达纺织有限公司	呈祥	M/A 80/20 30^S 涡流纺纱
11	石家庄常山恒新纺织有限公司	翠竹	紧密纺 JC40^S机织纱
12	魏桥纺织股份有限公司	魏桥	精梳棉赛络纺 30^S+40D 弹力纱
13	魏桥纺织股份有限公司	魏桥	精梳棉涤纶粘胶 40^S W 赛络纺 AB 竹节纱
14	浙江航民科尔纺织有限公司	科尔	棉氨纶包芯纱
15	忠华集团有限公司	忠华	普梳棉氨纶包芯竹节纱（经纱）

2017 年中国棉纺织行业推荐“最具影响力产品品牌”名单

申报产品类别	序号	企业名称	品牌名称
纯棉本色纱线	1-1	南通华强布业有限公司	倍优特
	1-2	德州华源生态科技有限公司	锦密纺
	1-3	河南新野纺织股份有限公司	汉凤
	1-4	魏桥纺织股份有限公司	魏桥
	1-5	石家庄常山恒新纺织有限公司	翠竹
	1-6	山东岱银纺织集团股份有限公司	岱银
	1-7	河南永安纺织有限公司	天女花
	1-8	华芳集团有限公司	华芳
	1-9	三阳纺织有限公司	三旸
	1-10	山东明胜纺织有限公司	鸥翎
纯棉色纺纱线	2-1	百隆东方股份有限公司	BROS®
	2-2	江阴市天华纱业有限公司	天华之星
化纤及混纺本色纱线	3-1	苏州震纶棉纺有限公司	震纶
	3-2	帛方纺织有限公司	龙牌
	3-3	福建省长乐市长源纺织有限公司	长源
	3-4	山东大海集团有限公司	大海
	3-5	福建省长乐市金源纺织有限公司	正源
	3-6	江苏双山集团股份有限公司	双山
	3-7	福州翔隆纺织有限公司	翔隆
	3-8	无锡四棉纺织有限公司	球鹤
纯棉本色布	4-1	际华三五四二纺织有限公司	福龙
	4-2	河南新野纺织股份有限公司	华珠
	4-3	石家庄常山纺织股份有限公司	松鼠
	4-4	魏桥纺织股份有限公司	魏桥
	4-5	三阳纺织有限公司	三旸
	4-6	浙江立马云山纺织股份有限公司	雲马
	4-7	浙江兰棉纺织有限公司	兰棉
	4-8	荆州市奥达纺织有限公司	奥达
纯棉色织布	5-1	鲁泰纺织股份有限公司	鲁泰格蕾芬
	5-2	江苏联发纺织股份有限公司	双钱
	5-3	江苏占姆士纺织有限公司	JAMES FABRIC
纯棉牛仔布	6-1	黑牡丹纺织有限公司	黑牡丹
	6-2	枣庄海扬王朝纺织有限公司	海揚

	6-3	魏桥纺织股份有限公司	魏桥
	6-4	广东前进牛仔布有限公司	ADVANCE DENIM
	6-5	佛山市致兴纺织服装有限公司	SEAZON
	6-6	山东兰雁纺织服装有限公司	兰雁
化纤及混纺牛仔布	7-1	枣庄海扬王朝纺织有限公司	海揚
	7-2	浙江鑫兰纺织有限公司	鑫兰
化纤及混纺本色布	8-1	淄博银仕来纺织有限公司	银仕来

2017 全国棉纺织行业梳理技能大赛（山东赛区）最佳梳棉技术能手

名次	单位	姓名
1	山东铭宏纺织科技有限公司	马清涛

2017 全国棉纺织行业梳理技能大赛（山东赛区）先锋能手

名次	单位	姓名
2	德州华源生态科技有限公司	张国杰
3	滨州魏桥科技工业园有限公司	马春亭
4	孚日集团股份有限公司	王　勇

2017 全国棉纺织行业梳理技能大赛（山东赛区）优秀能手

名次	单位	姓名
5	山东宏杰纺织科技有限公司	孙　宁
6	威海魏桥科技工业园有限公司	申成双
7	孚日集团股份有限公司	陈功华
8	魏桥纺织股份有限公司	曹景朕
9	德州卡姆帕特纺织有限公司	刘立军

2017全国棉纺织行业梳理技能大赛（山东赛区）技术能手

名次	单位	姓名
10	威海魏桥科技工业园有限公司	王琼
11	滨州魏桥科技工业园有限公司	徐廷发
12	山东宏儒纺织科技有限公司	李宝星
13	汶上如意技术纺织有限公司	周长建
14	济宁如意家纺有限公司	杨德新
15	山东铭宏纺织科技有限公司	魏景涛

2017全国棉纺织行业梳理技能大赛（山东赛区）优秀组织奖

名次	单位
一等奖	山东魏桥创业集团有限公司
二等奖	德州恒丰集团 山东如意科技集团有限公司 德州华源集团
三等奖	冠县冠星纺织有限责任公司 山东岱银纺织集团股份有限公司 山东滨州华润纺织有限公司 孚日集团纺织股份有限公司 三阳纺织有限公司

2017 年度行业标准发布情况

序号	标准号	标准名称	第一起草单位
1	FZ/T 10006-2017	本色布棉结杂质疵点格率检验方法	上海市纺织工业技术监督所
2	FZ/T 12054-2017	普梳棉与铜氨纤维混纺本色纱	山东岱银纺织集团股份有限公司
3	FZ/T 12055-2017	精梳棉与桑蚕绢纺原料混纺本色纱	诸城聚利棉纺有限公司
4	FZ/T 12056-2017	对位芳纶（中长型）本色纱线	常熟市宝沣特种纤维有限公司
5	FZ/T 12057-2017	腈纶羊毛混纺本色纱	德州恒丰纺织有限公司
6	FZ/T 12002-2017	精梳棉本色缝纫专用纱线	浙江春江轻纺集团有限责任公司
7	FZ/T 12058-2017	筒子染色涤纶低弹丝	绍兴国周针织科技有限公司
8	FZ/T 13042-2017	棉双层本色布	河南新野纺织股份有限公司
9	FZ/T 13043-2017	棉与锦纶长丝交织本色布	青岛纺联控股集团有限公司
10	FZ/T 13044-2017	棉氨纶本色弹力灯芯绒	常州市武进红盛织造有限公司
11	FZ/T 13045-2017	棉锦混纺本色布	无锡一棉纺织集团有限公司
12	FZ/T 13046-2017	棉与涤混纺本色灯芯绒	常州市武进花园绒布厂
13	FZ/T 15001-2017	纺织经纱上浆常用变性淀粉浆料	上海新齐力助剂科技有限公司

来源：工业和信息化部

中国棉纺织行业协会节能减排推荐

创新型棉纺织企业

帛方纺织有限公司
福建省长乐市长源纺织有限公司
河南平棉纺织集团股份有限公司
江苏悦达棉纺有限公司
南阳纺织集团有限公司
魏桥纺织股份有限公司

德州恒丰纺织有限公司
际华三五四二纺织有限公司
开平奔达纺织有限公司
平原恒丰纺织科技有限公司
黑牡丹纺织有限公司
石家庄常山纺织股份有限公司
江苏联发纺织股份有限公司
际华三五零九纺织有限公司
夏津仁和纺织科技有限公司
山东万泰创业投资有限公司
枣庄海扬王朝纺织有限公司

推荐技术

铜陵松宝智能装备股份有限公司—自动落纱系统-智能落纱机（第三代）
永旭晟机电科技（常州）有限公司—基于机器视觉技术的智能穿经机系统研发
山东省金信纺织风机空调设备有限公司— JXJF30/35-12 桨翼型低噪声节能轴流风机
立信染整机械（深圳）有限公司—再生纤维素前处理设备及工艺-高乐精炼机

河南省昊昌科技有限公司
（高效节能精梳设备）
青岛环球集团股份有限公司
（CMT1800粗细联合智能全自动粗纱机系统）
河南二纺机股份有限公司
（YD系列高速节能锭子）
立信染整机械(深圳)有限公司
（高乐退浆机、高乐丝光机、SUPERWIN高温筒子纱单向外流染色机）

铜陵松宝智能装备股份有限公司
（自动落纱系统— 环锭纺智能落纱机）
同心纺织机械（芜湖）有限公司
（TXD61系列新型高性能高速节能锭子）
陕西金翼通风科技有限公司
（纺织节能风机）
常州润力助剂有限公司
（常温水调浆和常温上浆的新型浆料-CWS常温浆的研发和使用）
约克夏化工控股有限公司
（中温低碱活性染料及其染色技术）

中国棉纺织行业最具影响力产品品牌荣誉榜

纯棉本色纱

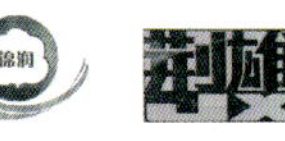

南通华强布业　山东华源生态　河南新野　魏桥纺织　石家庄常山恒新纺织　山东岱银　河南永安

华芳集团　三阳纺织　山东明胜　湖北孝棉　安徽华茂　江苏华宝

无锡一棉　舞钢银河　江苏悦达　安义宏达　湖北金安　重庆三峡　天纺控股北洋纺织

纯棉本色布

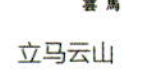

际华三五四二　新野纺织　石家庄常山纺织　魏桥纺织

三阳纺织　立马云山　兰棉纺织　荆州奥达

安徽华茂　际华三五零九　无锡一棉　天津天纺

纯棉牛仔布

黑牡丹　海扬王朝　魏桥纺织　广东前进

佛山致兴　山东兰雁　浙江金梭　临邑奥泰

纯棉色纺纱

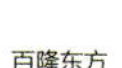

百隆东方　江阴天华纱业

广东溢达　汶上如意技术

纯棉色织布

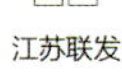

山东鲁泰　江苏联发

占姆士　广东溢达

化纤及混纺本色纱

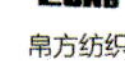
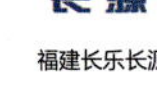

江苏震纶　帛方纺织　福建长乐长源　山东大海　福建长乐金源　江苏双山

福建翔隆　无锡四棉　石家庄常山纺织　福建长乐华源　山东联润　泉州明恒　江苏大生

重庆三峡　南通双弘　南通华强布业　福建长乐锦源　湖南东信　福建长乐长源

化纤及混纺本色布

山东银仕来　际华三五四二　石家庄常山纺织　际华三五零九

化纤及混纺牛仔布

海扬王朝　鑫兰纺织　山东岱银　山东兰雁

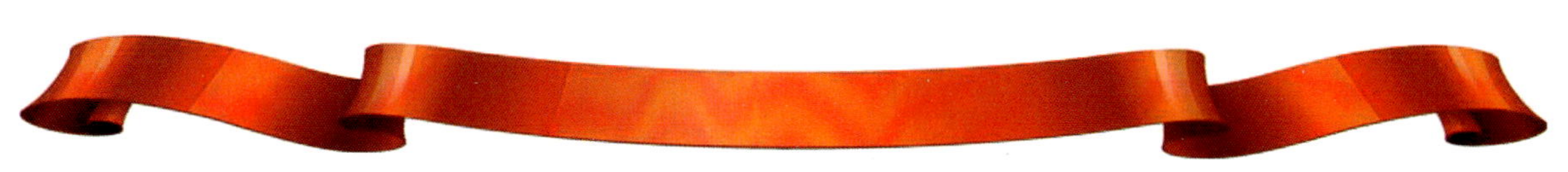

中国棉纺织精品基地

（按申请时间排列）

安徽华茂集团

“中国棉纺织精品基地”

BROS®

百隆东方有限公司

“中国色纺纱精品基地”

华孚时尚股份有限公司

“中国色纺纱精品基地”

德州华源生态科技有限公司

“中国差别化纱线精品基地”

青岛纺联控股集团有限公司

“中国多组份纱布精品基地”

南通双弘纺织有限公司

“中国化纤混纺纱精品基地”

三阳纺织有限公司

“中国纯棉高支漂白纱线精品基地”

福建省长乐市新华源纺织有限公司

“中国粘胶纱线精品基地”

中国棉纺织特色产品生产基地

（按申请时间排列）

福建省长乐市华源纺织有限公司

“中国粘胶纱特色产品生产基地”

湖南云锦集团股份有限公司

“中国新型纤维牛仔纱特色产品生产基地”

福建省长乐市恒源纺织有限公司

“中国粘胶混纺产品生产基地”

浙江湖州威达集团股份有限公司

“中国色纺新型纺纱特色产品生产基地”

吴江京奕特种纤维有限公司

“中国喷气涡流纺纱特色产品生产基地”

南通纺织控股集团纺织染有限公司

“中国纯棉中粗支漂白纱特色产品生产基地”

杭州金丰纺织有限公司

“中国差别化纱线特色产品生产基地”

舞钢市银河纺织有限公司

“中国纯棉紧密纺纱线特色产品生产基地”

福建省长乐市长源纺织有限公司

“中国混纺短纤纱特色产品生产基地”

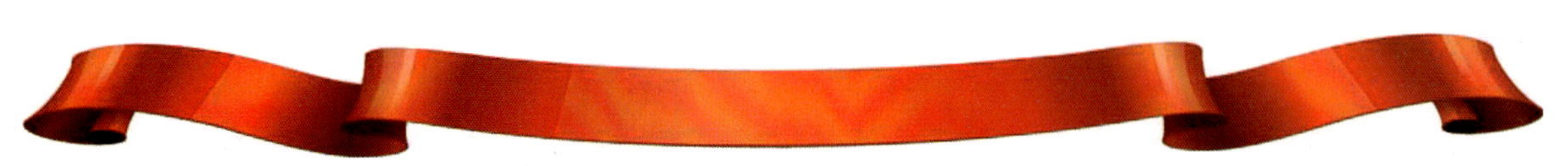

“中国棉纺织行业协会检测平台——纱线检测中心”

（按申请时间排列）

南通双弘纺织有限公司

“纱线检测中心”

福建省长乐市金源纺织有限公司

“纱线检测中心”

中国棉纺织行业产业集群试点地区

截至2017年，棉纺织行业已形成以纺纱、白坯、色织（含牛仔）、印染、服装为特点的27个产业集群（包括与印染、服装等行业协会共建集群），分布在10个省，主要集中在长江三角洲、环渤海经济带等地区。山东省、江苏省集群数量最为集中，约占棉纺织产业集群数量的50%以上。河南、湖北、湖南、江西、新疆、浙江、广东、福建等省均有零星分布。以下是2017年加入中国棉纺织行业产业集群试点的新地区。

河南省太康县——“中国棉纺织名城”

纺织产业是太康县最大的支柱产业，近年来，太康县以特色产业园区为基点，以区域优势产业为依托，加快纺织服装产业集聚，壮大集群规模，逐步形成了“研发—纺纱—织布—染整—面料—服装—市场—物流”等为一体的较完整的产业链。太康县现有规模以上纺织企业43户，投产及在建纺纱规模150万锭，喷水、喷气、圆盘织布机6000台，年产棉纱13万吨，坯布4.7亿米，服装年加工能力2.3亿件，产品以中高端纱线、高档床上用品及高档服装面料为主，2017年被中国棉纺织行业协会授予“中国棉纺织名城”称号。

江苏省沛县——“中国粘胶纱生产基地县”

沛县地处江苏省最北部，东濒微山湖，苏、鲁、豫、皖四省交界处，在全国区域经济格局中，处于东部沿海开放和中西部开发的连接带。纺织产业是沛县的特色产业，近年来，沛县通过“突出规划引领、优化发展环境、促进资源整合、淘汰落后产能、发挥协会作用”等措施，大力推进纺织产业发展，目前全县拥有纺织企业540余家，环锭纺规模200万锭以上，气流纺500余台（套），已成为国内主要的粘胶纱生产基地之一，年产各种规格纱线60多万吨，2017年被中国棉纺织行业协会授予“中国粘胶纱生产基地县”称号。

河北省鸡泽县——“中国棉纺织名城”

鸡泽县纺织产业起源于上世纪80年代，是县域经济四大产业之一，经过30多年的发展，现有棉花、纺纱、织布、家纺、服装加工等企业162家，其中气流纺生产线450多条，环锭纺12万锭，年产6-32支纱15万吨、40-80支纱3万吨，年产坯布9000万米，家纺生产能力800万件（套），服装加工能力1500万件。按照“做精做细气流纺、做大做强健康家纺”的思路，鸡泽县不断调整优化产业结构，加大研发力度，呈现出链条长、后劲足的良好态势，2017年被中国棉纺织行业协会授予“中国棉纺织名城”称号。

2017年协会活动照片

党建述职

党员民主生活会

“五四”党员活动日

党员红色教育活动

参观砥砺奋进的五年成就展

参观香港回归20周年展

2017年协会活动照片

国际纺联年会

中韩会议

美国棉商到访

埃塞俄比亚调研

春夏季纱线展

秋冬季纱线展

2017年协会活动照片

理事会

产业集群会议

总工程师论坛

设备技术升级研讨会

大数据会议

期货会议

2017年协会活动照片

财务统计会议

再生纤维素纤维座谈会

牛仔行业年会

色织布行业年会

浆料年会

“节能减排”成果推广活动

2017年协会活动照片

专业委员会联席会议

标委年会

最具影响力品牌授牌

"传承大工匠"

纺织复合人才高级培训班

梳理技能大赛

2017年协会活动照片

河南调研

福建调研

浙江调研

山东调研

新疆调研

棉纺织集群调研

兰溪市纺织行业简介

纺织行业作为兰溪市主要的传统产业和出口创汇产业，兰溪市委、市政府始终以提升行业整体装备水平和企业创新能力、增强纺织产业核心竞争力为主要目标，给予强有力的政策扶持和引导，促进纺织产业集群发展。兰溪现有纺织企业近1600家，规上企业147家,产值超亿元企业55家，从业人员达6万人，织布机3万台。2017年，纺织业实现规上产值286亿元，同比增长10%，纺织品出口452781万元，同比增长6%，规上工业增加值56.2亿元，同比增长7.1%，占全市规上增加值的37%。年产休闲面料21亿米，居全国第一，据浙江省纺织行业协会提供的数据，兰溪市牛仔产业年产量占全省65%左右，产量占全国七分之一。

近年来区域品牌影响力不断扩张，兰溪纺织不断加大纺织品牌建设力度。成功创建了“中国织造名城”、“中国纺织产业基地市”、“中国牛仔面料出口共建基地”、“国家火炬兰溪差别化纤维及纺织特色产业基地”、“全国棉纺织产业集群创新发展示范地区”、“浙江省区域国际品牌试点产业”、“浙江省区域经济向现代产业集群转型升级示范区”、“浙江省外贸出口基地”、“浙江省棉纺织精加工先进制造业基地”、“兰溪棉纺织品省级出口基地”、“科技部差别化纤维和纺织特色产业基地”、“浙江省专业商标品牌基地”、“纺织制造业改造提升省级试点”、“浙兰纺织”浙江区域名牌等14个国家级、省级金名片。兰溪作为中国织造名城，名城效应有着积极的影响，兰溪纺织品牌数量在国内同行中占有较明显的优势。